Ralf Gréus

MIT DEM WOHNMOBIL IN DIE PROVENCE

UND AN DIE CÔTE D'AZUR

Teil 2: Der Osten

Die Anleitung für einen Erlebnisurlaub

DER WOHNMOBIL-VERLAG
D-98634 Mittelsdorf/Rhön

Die Deutsche Bibliothek – CIP-Einheitsaufnahme

Bibliografische Information der Deutschen Bibliothek

Die Deutsche Bibliothek verzeichnet diese Publikation in der Deutschen Nationalbibliografie.
Detaillierte bibliografische Daten sind im Internet über <http://dnb.ddb.de> abrufbar.

Titelbild: Menton (Tour 4)

Karten: alle vom Autor
Fotos: S. 119, 139, 227, 236, 271 von Regine Staudt
S. 82, 96, 122, 181, 233, 279 von Reinhard Korn,
alle anderen vom Autor

4. vollständig überarbeitete und erweiterte Auflage 2011

Druck:
www.schreckhase.de

Vertrieb:
GeoCenter, 70565 Stuttgart

Herausgeber:
WOMO-Verlag, 98634 Mittelsdorf/Rhön
GPS: N 50° 36' 38.2" E 10° 7' 55.6"
Fon: 0049 (0) 36946-20691
Fax: 0049 (0) 36946-20692
eMail: verlag@womo.de
Internet: www.womo.de

Autoren-eMail: Greus@womo.de

Alle Rechte vorbehalten.
Alle Angaben ohne Gewähr.

ISBN 978-3-86903-384-6

EINLADUNG

Kein Ziel des neuzeitlichen Tourismus wurde früher bereist als die Côte d'Azur. Und doch dauerte es nach dem ersten Erscheinen eines Provence-Buches in der WOMO-Reihe weitere 10 Jahre, bis jener Küstenabschnitt, einer der beliebtesten in Europa, in unser Programm aufgenommen worden ist.

Die Gründe der Zurückhaltung liegen nicht im Fehlen landschaftlicher Reize, die sich sogar im Übermaß präsentieren, sondern in den Wohnmobil-Problemzonen dieser Küste, die auch erfahrene Wohnmobilisten vor so schwere Aufgaben stellen, dass sich Ralf Gréus lange nicht an sie heran getraut hat.

Sehen Sie nun selbst, wie es ihm gelungen ist, an der Côte d'Azur Nischen für einen Wohnmobilurlaub zu entdecken; für ein paar Tage oder für mehrere Wochen.

Aber nur, weil es noch ein Leben hinter dem Strand gibt. Am Fuß der Seealpen, an den Ufern des Verdon und ganz besonders dazwischen hat unser Autor ideale Reviere ausfindig gemacht, für Wasserratten und Wanderer, für Feinschmecker und Fotografen und für alle anderen, die im Wohnmobil unterwegs sind.

Wahrscheinlich waren Sie schon mit Teil 1 auf Tour. Setzen Sie diese nun mit vorliegender, völlig überarbeiteter Neuauflage fort.

Ihre

Waltraud Roth-Schulz

Sehr geehrter Leser, lieber WOMO-Freund!

Reiseführer sind für einen gelungenen Urlaub unverzichtbar – das beweisen Sie mit dem Kauf dieses Buches. Aber aktuelle Informationen altern schnell, und ein veralteter Reiseführer macht wenig Freude.

Sie können helfen, Aktualität und Qualität dieses Buches zu verbessern, indem Sie uns nach Ihrer Reise mitteilen, welchen unserer Empfehlungen Sie gefolgt sind (freie Stellplätze, Campingplätze, Wanderungen, Gaststätten usw.) und uns darüber berichten (auch wenn sich gegenüber unseren Beschreibungen nichts geändert hat).

Bitte füllen Sie schon während Ihrer Reise das Info-Blatt am Buchende aus und schreiben Sie evtl. Korrekturen auch in unser Forum unter: www.forum.womoverlag.de

Dafür gewähren wir Ihnen bei Buchbestellungen direkt beim Verlag (mit beigefügtem, vollständig ausgefülltem Info-Blatt oder entsprechender eMail) ein Info-Honorar von 10%. Aktuelle Korrekturen finden Sie unter:
www.forum.womoverlag.de

Um die freien Übernachtungs- und Campingplätze auf einen Blick erfassen zu können, haben wir diese im Text in einem Kasten nochmals farbig hervorgehoben und, wie auf den Karten, fortlaufend durchnummeriert. Wir nennen dabei wichtige Ausstattungsmerkmale und geben Ihnen eine kurze Zufahrtsbeschreibung. »Max. WOMOs« soll dabei andeuten, wie viele WOMOs dieser Platz maximal verträgt und nicht, wie viele auf ihn passen würden (schließlich gibt es auch Einwohner und andere Urlauber)!

Übernachtungsplätze mit **B**ademöglichkeit sind mit hellblauer Farbe unterlegt. **W**anderparkplätze sind grün gekennzeichnet. **P**icknickplätze erkennen sie an der violetten Farbe. Auf Schlafplätzchen, denen die gerade genannten Merkmale fehlen – also auf einfache **S**tellplätze – weist die Farbe Gelb hin. Empfehlenswerte **C**ampingplätze haben olivgrüne Kästchen. Wanderungen, die wir Ihnen besonders ans Herz legen möchten, haben wir ebenfalls grün unterlegt.

Und hier kommt das Kleingedruckte:
Jede Tour und jeder Stellplatz sind von uns meist mehrfach überprüft worden, wir können jedoch inhaltliche Fehler nie ganz ausschließen. Bitte achten Sie selbst auf Hochwasser, Brandgefahr, Steinschlag und Erdrutsch!
Verlag und Autoren übernehmen keine Verantwortung für die Legalität der veröffentlichten Stellplätze und aller anderen Angaben. Unsere Haftung ist, soweit ein Schaden nicht an Leben, Körper oder Gesundheit eingetreten ist, ausgeschlossen, es sei denn, unsere Verantwortung beruht auf Vorsatz oder grober Fahrlässigkeit.

Inhaltsverzeichnis

GEBRAUCHSANWEISUNG 7

ANREISE.. 14

DIE TOUREN 20

Tour 1: Wenn und aber - Die Côte d'Azur im Westen
St. Cyr - Sanary-sur-Mer - Toulon - Giens - Hyères
Le Lavandou... 20

Tour 2: Meer und mehr - Die Küste bei St. Tropez und das Massif des Maures
Cavalière - St. Tropez - Ramatuelle - Gassin
Port-Grimaud - La Garde-Freinet - Gonfaron 48

Tour 3: Strand und Berge - Die Esterel-Küste
Les Issambres - Fréjus - St. Raphaël - Agay................ 70

Tour 4: Côte d'Azur für Fortgeschrittene
Antibes - Cagnes-sur-Mer - Nice - Monaco - Menton
Ste. Agnès - Peille - La Turbie....................................... 84

Tour 5: Grenzland
Sospel - Breil-sur-Roya - Saorge - La Brique
Castérino - Tende 112

Tour 6: Im Zeichen der Spitzkehre
Col de Turini - La Bollène-Vésubie - St. Martin-Vésubie
Lantosque - Madonne d'Utelle - Lucéram
Braus-Pass 130

Tour 7: Pflichtprogramm in zweiter Reihe
St. Paul-de-Vence - Vence - Gourdon
Le Bar-sur-Loup - Grasse - Auribeau 146

Tour 8: Traumstadt und Bergklötze
Aix-en-Provence - Montagne-Ste.-Victoire
Vauvenargues - Rians - St. Maximin
Ste. Baume Massiv 169

Tour 9: Rundtour über Tourtour
Carcès - Abbe. du Thoronet - Draguignan - Tourtour
Aups - Sillans - Salernes - Cotignac............................ 188

Tour 10: Die Mutter aller Schluchten
Moustiers-Ste. Marie - Grand Canyon du Verdon
La Palud 200

Tour 11: Verdon, die 2te
See von Ste. Croix - Riez - Valensole
See von Esparron - Castellane - See von Castillon
Entrevaux 214

Tour 12: Tour-Napoléon
Les Mées - Manosque - Volonne
Sisteron - Orpierre 242

DIE TIPPS UND INFOS 253

Campingplätze.. 206
Diebstahl.. 254
Freie Übernachtung/Stellplätze 256
Fremdenverkehrsbüros 258
Gas 259
Geld 260
GPS 260
Landkarten... 261
Lebensmittel/Getränke 262
Literatur 263
Notfälle 264
Preise 265
Reifen 265
Reisezeit/Klima.. 268
Restaurants 271
Sehenswürdigkeiten/Öffnungszeiten 272
Sprache 272
Strände/Bademöglichkeiten....................................... 272
Straßenverhältnisse/Verkehrsregeln 274
Telefonieren/Internet.. 276
Toiletten 276
Unfall 277
Wanderungen 278
Wasserversorgung 280

STICHWORTVERZEICHNIS 282

TOURENÜBERSICHT................hintere Umschlaginnenseite

GEBRAUCHSANWEISUNG

Waltraud Roth-Schulz vom WOMO-Verlag hat am Anfang des Buches, in der *Einladung*, schon angedeutet, dass die französische Riviera kein unproblematisches Ziel für Wohnmobile ist. Zurückhaltend formuliert. Wenn vorliegender Reiseführer trotzdem entstanden ist, hat das verschiedene Gründe, die Sie kennen müssen, um das Buch richtig zu gebrauchen:

Der größte Teil der Côte d'Azur ist landschaftlich sehr reizvoll. Als ich mit den Vorüberlegungen für das Werk begonnen hatte, war ich selbst überrascht, dass noch so viel Natur geblieben ist, die Sie auf unseren Touren begeistern soll.

Es sind also in erster Linie nicht die bekannten, für eine WOMO-Reise eher ungeeigneten Städte, die ich Ihnen nahe bringen werde. Das Ehepaar Schulz konnte mich nämlich nur mit dem Zugeständnis gewinnen, dass ich die eine oder andere berühmte Stadt ausblenden darf. Sie fahren in erster Linie wegen der Landschaft in diesen Teil Südfrankreichs.

Sie werden in tollen Buchten baden. Aber Sie werden diese nicht flächendeckend finden und dort meistens auch keinen Stellplatz antreffen. Erst die Einbeziehung von Campingplätzen in die WOMO-Reihe hat dieses Buch möglich gemacht. Leider ist auch die Anzahl der am Meer gelegenen Zeltplätze geringer als man erwartet, und im Juli/August finden Sie unmittelbar am Strand nur mit Glück oder nach Voranmeldung Einlass. Ich habe daher bei solchen Plätzen die Telefonnummern angegeben. Alle Campingplätze dieses Buches ohne Nennung der Telefonnummer dürfen von Ihnen insoweit als unproblematisch angesehen werden. Ich hatte erst Spaß am Schreiben dieses Reiseführers, nachdem ich mir klar gemacht hatte, dass mir die Quadratur des Kreises nicht gelingen wird, und dass meine Ambitionen nicht darin bestehen können, Ihnen eine Anleitung zu liefern, die in allen beschriebenen Gebieten während aller Sommermonate die perfekte Reise garantiert. Der Küstentraum vom Juni kann auch mit diesem Buch Anfang August zum Albtraum entarten. Damit lebe ich als Autor genauso schlecht wie Sie als Anwender. Aber so ist es eben, Sie müssen sich darauf einstellen.

Gäbe es nicht das phantastische Hinterland, wäre das Buch nie geschrieben worden. Die wohnmobile Reise an die Côte d'Azur wird, zumindest im Hochsommer, erst durch die Ziele landeinwärts zum großen Vergnügen, besonders durch die Verdon-Seen und die Flüsse. Hier finden Sie auch im August noch immer, was Sie an der Küste oftmals vergeblich suchen. Kurz gesagt, die Küste ist nicht alles. Nicht in diesem Buch und auch nicht auf Ihren Reisen! Nur wenn Ihnen das in Fleisch und Blut übergegangen ist, werden Sie die Freude empfinden, die ich bei den Vortouren hatte!

Sie halten ein Buch in der Hand, mit dem Sie so urlauben können, als gäbe es den ersten Teil über den Westen der Provence nicht. Trotzdem lässt es sich nicht vermeiden, dass Sie bei den **Tipps**, dem Allgemeinen Teil hinten nach den Touren, Passagen lesen müssen, die ähnlich auch in Teil 1 vorkommen. Ein Schwerpunkt liegt auf Angaben, die speziell auf die Ost-Provence und die Côte d'Azur bezogen sind.

Die angegebenen **Öffnungszeiten** und noch mehr die **Preise** haben ein sehr kurzes Verfallsdatum, sie dienen hauptsächlich einer groben Orientierung (Kinderermäßigungen gebe ich meist nicht an). Auch die genannten **Ruhetage** der Restaurants wechseln oft von Jahr zu Jahr.

Sogar die markierten **Wanderstrecken** verändern sich bisweilen, jedoch selten. Ich berichte Ihnen von ausnehmend schönen Küstenpfaden und ebenso interessanten Wegen in den Bergen dahinter. Ich nenne Ihnen die erforderliche Wanderkarte (häufig geht es auch ohne, weil die Markierungen erstaunlich präzise geworden sind) und meist die von uns benötigten Gehzeiten. Damit die gehfaulen Leser leichter weiterlesen können, sind die Beschreibungen von Wanderstrecken grün unterlegt.

Leider musste ich auch in dieser Auflage erneut einige **Stellplätze** streichen, weil sie gesperrt oder bebaut worden waren. An der Küste gibt es inzwischen nur noch so wenige »freie« Stellplätze, dass ich beinahe Stellplatzempfehlungen in dieses Buch aufgenommen hätte, bei denen ich nicht mehr nach den Reizen, sondern nur noch nach der Legalität geschielt habe. Ich konnte mich gerade noch bremsen und habe mich auf Plätze beschränkt, auf denen ich selbst genächtigt habe oder mir das vorstellen könnte. Aber nicht alle kommen ausnahmslos für Wohnmobile im Lastwagenformat in Frage, wenngleich ich meistens auch auf die möglichen WOMO-Größen eingehe. Es ist allerdings schwierig, sich nur in der Vorstellung in ein Wohnmobil größerer Dimensionen zu setzen – Maßangaben sind daher nicht mehr als eine grobe Schätzung. Manche unserer Tipps sind Fahrzeugen mit einem Gesamtgewicht über 3,5 t nicht zugänglich, weil einige von uns genannten Strecken für LKW verboten sind, zumeist um Lastwagen aus Wohngebieten fern zu halten.

Bitte beachten Sie auch, dass sich nicht alle Plätze – ebenso wenig wie die empfohlenen Campingplätze – für jede Jahreszeit gleichermaßen eignen. Bei meinen Reisen habe ich mich beispielsweise an Ostern für Stellen begeistert, die mir aus verschiedenen Gründen im Sommer zuvor kaum aufgefallen waren (und umgekehrt). Und bedenken Sie, dass sich die WOMO-Reihe von Konkurrenzprodukten dadurch unterscheidet, dass wir uns nicht auf offizielle Plätze beschränken, sondern auch solche veröffentlichen, die wir aufgespürt haben, auf die bisweilen nur wenige Fahrzeuge passen, die aber auch schnell mal wieder gesperrt und bebaut werden oder aus anderen Gründen nicht mehr da sind. Manche Leser wollen das nicht ganz wahrhaben und entwickeln mit meinen Büchern eine Stellplatz-Kasko-Mentalität, für die am Mittelmeer kein Anlass besteht.

In diesem Buch wird Ihnen verraten, wenn Plätze **klappstuhlgeeignet** sind, wenn Sie dort also auch außerhalb Ihres Fahrzeuges sitzen und essen können. Niemand zwingt Sie aber, dort auch Ihre Campingmöbel vor die Tür zu stellen, falls sich meine Einschätzung als zu unsensibel erweist, was ich nie ausschließen kann.

Kein Stellplatz dieses Buches und meiner anderen Bücher, wirklich keiner, ist dafür geeignet, sich tagelang wie auf dem Campingplatz aufzuhalten, mit Vordach, Möbeln, Grill und Satelliten-Antenne. Kein Stellplatz meiner Bücher eignet sich dafür, Campingmöbel über Nacht vor der Tür zu belassen, sich leicht bekleidet zu sonnen, und nur wenige Stellplätze sind Grillplätze. Wohnmobile werden nicht nur immer breiter und länger, was das Problem, sie über Nacht abzustellen, vergrößert, bei nicht wenigen Nutzern wächst die Rücksichtslosigkeit auch mit dem Kaufpreis der Fahrzeuge. Man muss leider in Südfrankreich von einem regelrechten Stellplatzsterben sprechen. In Meeresnähe ist der Vorgang nahezu abgeschlossen. Und trotzdem nehmen Bedenkenlosigkeit und Eigennutz auf den noch verbliebenen Plätzen weiter zu.

Nicht nur wegen des Stellplatzsterbens hat sich auch im WOMO-Verlag die Auffassung durchgesetzt, dass Tage auf einem **Campingplatz**, besonders in einem Urlaub mit Kindern oder wenn Sie im Sommer für ein paar Tage zur Ruhe kommen möchten, eine Facette des Wohnmobil-Urlaubs sind. Zu einem Wohnmobil-Reiseführer gehört demnach auch die Erwähnung der besten Zeltplätze, zu denen es an der Küste, von wenigen Ausnahmen abgesehen, ohnehin keine Alternative gibt. Ich muss sogar Campingplätze empfehlen, die nicht ideal sind, weil Sie sonst das eine oder andere Ziel überhaupt nicht bereisen könnten. Strandurlaube mit mehrtägigem Aufenthalt an Frankreichs Mittelmeerküste finden heutzutage fast ausschließlich auf Campingplätzen statt. Im Landesinnern ist der Urlaub ein anderer. Hier überlassen wir die Entscheidung, wo Sie Ihr Haupt betten, ob frei oder gegen – in Frankreich maßvolles – Entgelt, eher Ihnen. Und ich bewerte weniger die sanitäre Ausstattung, denn viele von Ihnen ziehen den Sanitärraum des Wohnmobils einer angeschmutzten Campingplatz-Dusche vor. Mein Augenmerk liegt bei den landschaftlichen und atmosphärischen Reizen.

Die Nachfrage des Marktes regelt das Angebot, weshalb ich nicht mehr vermeiden konnte, mich im Geiste neben die Leser in viel zu große, vor allem zu breite Autos zu setzen (welche die Industrie den Lesern zur Verfügung stellt, weil sie dazu angeblich von der Nachfrage gezwungen wird – ich glaube, der Effekt ist ein umgekehrter), und mein virtueller Golden-Retriever hat im Laufe seines Daseins gelernt, jeder gestrengen Rezeptionsdame artig Pfötchen zu geben und um Einlass zu winseln. Selten war sein Dackelblick auch mal nicht überzeugend, manchmal saß gerade der Kollege der Dame am Tresen, oder die Vorschriften erwiesen sich einfach als hundefeindlich. Derartige Ausnahmen werden in diesem Buch schonungslos und hoffentlich vollständig aufgedeckt. Aber das Buch ist dennoch weiterhin, so sehr Sie das auch bedauern mögen, kein WOMO-Hundeführer. Und insgesamt bitten wir Sie, nicht zu vergessen, dass sich die WOMO-Führer dem **freien Übernachten** verschrieben haben (die Terminologie dieses Buches versteht darunter auch den kostenpflichtigen Stellplatz außerhalb eines Campingplatzes).

Ich habe in diesem Reiseführer, soweit mir bekannt, die Straßennamen aller Stell- und Campingplätze angegeben. Wo Straßennamen fehlen, kenne ich sie nicht oder es gibt keine. Seit die **Navigationsgeräte** Einzug in die Führerhäuser der meisten Wohnmobile gehalten haben, muss man Ihnen nicht mehr erklären, wie Sie die Stellplätze finden. Falls Sie Ihr Gerät mal vergessen, sollten Sie sich mit den **Himmelsrichtungen** vertraut machen, weil ich Sie mit den Angaben ‚rechts' oder ‚links' nur so lange zum Ziel führen kann, wie Sie sklavisch an den Tourenstrecken kleben. Weitere Einzelheiten zur Satellitennavigation finden Sie hinten bei den Tipps unter der Überschrift *GPS*.

Von einem Wohnmobil-Führer erwarten Sie natürlich Angaben über **Entsorgungsstationen** und über **Wasserstellen**. Aber Sie können nicht an jedem erwähnten Wasserhahn mit dem Schlauch Wasser fassen, sondern Sie benötigen teilweise eine Gießkanne oder ein anderes Hilfsmittel.

Meine **Restauranttipps** sind rückläufig. Das Preis-Leistungsverhältnis wird im Süden Frankreichs immer schlechter. Und zu viele Leser empfinden es als persönliche Zumutung, wenn ihnen gute, aber dann leider auch keine Billigrestaurants empfohlen werden, weil gute Gaststätten nun mal teurer sind. Trotzdem gehören in einen Reiseführer auch Restaurantempfehlungen, die sich auf Gasthäuser beziehen, die ich bezüglich der Essensqualität oder der Stimmung für überdurchschnittlich, nicht unbedingt außergewöhnlich halte. Niemand wird gezwungen, dort zu essen, wie auch niemand gezwungen wird, alle in diesem Buch empfohlenen Museen zu betreten. Und der Umfang des Buches hat insgesamt so zugenommen, dass die Selbstkocher und Selbstgriller (auf keinem in diesem Buch erwähnten Campingplatz darf man über Feuer grillen) nicht zu kurz kommen.

Die den Touren vorangestellte **Tourenkarte** soll Ihnen die Orientierung ermöglichen und vor allem den Lesern helfen, die Probleme mit den Himmelsrichtungen haben (in den Zeiten der Navigationsgeräte werden das bald alle sein). Frankreichs Straßennummerierung befindet sich gerade im Umbruch, weil die Republik die Unterhaltung der Fernstraßen den Departements aufs Auge gedrückt hat. Aus **N**ationalstraßen wurden **D**epartementstraßen, aus N wurde D, und die Ziffernfolge wurde eine andere. Gefordert sind daher neue Karten, viel Aufmerksamkeit und nicht weniger Nachsicht, wenn in diesem Buch noch die eine oder andere überkommene Nummerierung durchgerutscht sein sollte.

Sie benötigen zum Verständnis dieses Buches die **Michelinkarten** 1 cm = 2 km *(Région)* oder 1 cm = 1,5 km *(Départements)*. Näheres erläutere ich unter dem Stichwort *Landkarten*.

In der hinteren Umschlagseite finden Sie eine **Übersichtskarte** der Touren dieses Buches, die Ihnen ein erstes Verständnis darüber verschafft, in welchen Teilen des Reisegebietes die einzelnen Fahrten verlaufen.

Sanary-sur-Mer (Tour 1)

Sie wissen schon, dass weder der Verlag noch ich als Autor dafür einstehen können, dass das Übernachten auf den von mir erwähnten Plätzen behördlich erlaubt ist. Genauso wenig übernehmen wir die Gewähr dafür, dass auf unseren Plätzen keine Gefahren, zum Beispiel durch Hochwasser, drohen und dass alle sonstigen Angaben richtig sind. Wie alle Reiseführer enthält auch dieses Buch Fehler, und es wird unaktuell. Eine Restaurant-Empfehlung, erst recht ein Geheim-Tipp, ist kurzlebig, was noch gar nichts gegen das möglicherweise kurze Leben eines Stellplatz-Tipps ist. Sie helfen uns also wirklich sehr, wenn Sie uns schreiben und uns dabei auch Orte nennen, die in diesem Buch (noch) nicht vorkommen (einige Leser werden Ihre Hinweise in dieser Auflage wieder entdecken). Gehen Sie bitte nicht davon aus, dass uns von Ihren Erfahrungen schon ein anderer Leser berichtet hat. **Wir sind auf die Mithilfe unserer Kunden angewiesen**. Sie unterstützen uns genauso, wenn Sie berichten, dass alles noch so ist, wie ich es beschrieben habe (nichts ist öder als für die Neuauflage einen halben Tag bereits empfohlene Stellplätze abzuklappern, um dann festzustellen, dass sich nichts verändert hat). Wir bitten Sie daher <u>dringend</u> um Ihre Zuschrift an den Verlag oder an

Dr. Ralf Gréus
Bahnhofanlage 18
D 68723 Schwetzingen
Fax: 0049/6221/980531
e-mail: greus@womo.de

denn ein Wohnmobil-Reiseführer lebt - je älter er ist, umso mehr - von den Tipps seiner Leser. Um Ihnen das Feedback zu erleichtern, befindet sich hinten im Buch eine vorbereitete **Antwortkarte**. Ich danke für die zahlreichen Zuschriften und entschuldige mich bei allen Lesern, die keine Danksagung erhalten haben (sollte nicht vorkommen, passiert aber) oder monatelang darauf warten mussten (am schnellsten reagiere ich auf eine e-mail – ausgefüllte Antwortkarten kann ich nicht beantworten).

Stellplätze außerhalb von Campingplätzen werden an der Küste immer seltener, weil Wohnmobile unbeliebt sind. Das liegt nicht daran, dass Toiletten rücksichtslos ausgeleert werden oder Müll zurückbleibt. Ursachen sind vielmehr das hemmungslose Campieren mit Markise, abgelegtem Surfbrett und Stromgenerator sowie unsensibel große Wohnmobilansammlungen. Am meisten liegt das aber daran, dass Sie nichts konsumieren, dass Sie kein Geld in die Gemeinde tragen. Der Tourismus ist ein Geschäft. Und das fällt aus, wenn Sie nur Dosen und Flaschen von zu Hause oder aus dem Supermarkt öffnen. So schmerzlich es ist, Sie helfen uns allen, wenn Sie **vor Ort Geld ausgeben**. Damit sichern Sie auf Dauer die freien Plätze genauso wie mit rücksichtsvollem Verhalten, auch wenn viele Leser dies nicht wahrhaben wollen.

Anreise

In keinem anderen meiner Bücher war die Auflistung möglicher Anreisewege so abhängig von den Herkunfts- und den Zielorten. Ich beschränke mich daher auf die Autobahnen und die Hauptfernstraßen:

Wer dort weiter macht, wo wir in Teil 1 aufgehört haben, also beispielsweise bei Aix-en-Provence, hält sich am besten an die Routen, die ich in Teil 1 empfohlen habe. Das gilt zumindest für die Badener, die Pfälzer, die Saarländer und für alle, die von weiter im Norden anreisen. Die **Strecke über Lyon** (bzw. östlich davon über die A 39 und die A 40) ist definitiv die schnellste, unkomplizierteste und leider auch die teuerste. In Teil 1 finden Sie Übernachtungsplätze für die Etappe.

Liegt der Zielpunkt, den Sie als Erstes ansteuern, weiter östlich, beispielsweise an den Verdon-Stauseen, dürfte die Routenwahl, vermutlich auch für die Südost-Deutschen, die Österreicher und erst recht für die Schweizer genauso eindeutig sein. Die Schweizer Autobahnvignette *(CHF 40,00)* ist aber hier unverzichtbar: Sie fahren auf der **Route Napoléon**, oder deren westlicher Schwester. Sie wählen damit den landschaftlich schöneren Anreiseweg: Auf der Autobahn geht es zunächst durch die Schweiz über Basel (oder Zürich), Bern und Genf und dann in Frankreich über Annecy nach Grenoble. Etwa 30 km südlich dieser ehemaligen Stadt olympischer Winterspiele endet die Autobahn. Schon kurz nach Grenoble hat man zu dieser Strecke, der Route d'Hiver, die Alternative der östlicheren Route Napoléon, die über Gap und fast von dort auf der Autobahn nach Sisteron führt, wo die beiden beinahe gleich langen Strecken wieder zusammen treffen. Die westlichere ist rund 20 Kilometer kürzer und seit der Verlängerung der Autobahn südlich von Grenoble inzwischen auch eindeutig schneller als die Route Napoléon.

Seit zwischen Annecy und Genf (Génève) die Autobahnverbindung vervollständigt worden ist, lohnt es sich nicht mehr, ab Lyon nach Grenoble zu fahren. Ganz im Gegenteil ist die Strecke durch die Schweiz die landschaftlich eindeutig schönste, besonders die Strecke zwischen Lausanne und Genf wegen der Blicke auf die Schweizer Hochalpen.

In Sisteron ist man dann schon in der Provence, außerdem beginnt dort die Autobahn nach Aix-en-Provence. Die Route Napoléon führt weiter über Digne, Castellane und – sehr kurvenreich – ans Meer bei Nice (Nizza). Ich kam auf der Landstraße zwischen Grenoble und Sisteron immer zügig voran.

Wer seinen Urlaub in der Gegend von Nizza oder in den Seealpen beginnt, hat mehrere Alternativen und muss sich zwischen Schnelligkeit und Schönheit entscheiden:

Die zweifelsfrei schnellste Strecke ist, auch wenn Sie in Tende ankommen wollen und selbst wenn Sie nicht in Bayern oder Österreich wohnen, die **Mailand-Alessandria-Savona-Route**, auf der Sie besonders früh das Meer sehen und entlang der Küste durch **Ligurien** fahren. Das ist Thema in Band 52 der WOMO-Reihe.

Schöner und wesentlich erlebnisreicher sind die **Mailand-Cuneo-Route** oder die **Großer Sankt Bernhard-Torino-Cuneo-Route**. Auf der Mailand-Cuneo-Route fahren Sie über Milano, Alessandria, Asti, Alba, und Cuneo (die Strecke über Torino ist bei dieser Variante weiter), um dann am südlichen Ausgang des **Tunnel de Tende** zum ersten Mal provenzalischen Boden zu betreten. Ab Frühlingsbeginn werden Sie auf dem Weg zu dieser 3 km langen Straßenröhre, die 1882 als erster Alpentunnel eröffnet wurde, normalerweise nicht mehr von Schneeresten behindert (durch Ampel geregelte Einbahnstraße für WOMOs und Busse, Blockabfertigung, die Wartezeit beträgt inzwischen leider bis zu zweieinhalb Stunden; eine Fahrt über den Pass ist mit Wohnmobilen nicht möglich). Eine zweite Tunnelröhre ist in der Planung oder sogar schon in Arbeit.

Auf der Mailand-Alessandria-Savona-Route wie auch auf der Mailand-Cuneo-Route durchqueren Sie meist den Gotthard-Tunnel (im Sommer bei hohem Verkehrsaufkommen und Staugefahr spätestens bei Erstfeld auf die Landstraße ausweichen und über den Gotthardpass fahren), Sie nehmen bei Milano auf der Autobahn Kurs zum südwestlichen Alessandria und blättern schon mal bei der Beschreibung von Tour 5, um sich dort das erste Tagesziel auszusuchen. Die Mailand-Cuneo-Strecke und die noch schnellere Mailand-Savona-Schwester haben den Nachteil der Alpendurchquerung via Gotthard- oder San Bernadino-Tunnel, möglicherweise sogar über den Brenner, was alles stauträchtig ist und Zeit kostet.

Aber sie haben von der kürzeren Distanz abgesehen, erhebliche Vorteile: Der Autobahnanteil ist größer als auf der Route Napoléon, die Maut ist in Italien wesentlich niedriger als in Frankreich (zumindest wenn man die Schweizer Vignette ohnehin jährlich kauft), und man kann in einem liebenswerten Reisegebiet Station machen, falls man die Fahrt ein wenig durch das Herzstück des **Piemont**, südlich von Alba, abwandelt. Das schreibe ich nicht nur, weil ich von diesem Teil Italiens ebenfalls in Band 52 der WOMO-Reihe berichte.

Die Piemontanreise lässt sich auf verschiedene Weise abwandeln: Den Brenner habe ich schon erwähnt, die anderen, östlich gelegenen Alpenpässe kenne ich wegen meiner Heimat in Baden nicht. Aber zum Gotthard-Tunnel gibt es die Alternative des **San Bernadino-Tunnels**. Sie werden an der Autobahn sowohl nördlich wie auch südlich des Gotthard vor den Abzweigungen zum San Bernadino-Tunnel auf eine etwaige Staulänge aufmerksam gemacht, auf dem Weg nach Süden können Sie auch Verkehrsfunk-Nachrichten hören. Bis zum Gotthard-Tunnel und – auf dem Heimweg – sogar südlich desselben empfangen Sie den deutschsprachigen schweizerischen Sender DRS 1 auf den Frequenzen 95,4 oder 89,4 oder DRS 3 auf 104,4. Die Bernadino-Strecke führt über Chur, und bei Bellinzona vereinen sich beide Wege wieder.

In Zeiten hohen Verkehrsaufkommens – auch darüber berichten die Verkehrsnachrichten – steht man an der Grenze nach Italien in Chiasso gelegentlich im Stau (die Fahrspur für Wohnwagen nehmen), den man umfahren kann, wenn man an der Abfahrt Bellinzona/Süd am **westlichen Ufer des Lago Maggiore** (auch in Band 52) die landschaftlich reizvolle Landstraße nach Verbania nimmt, wo man auf die A 26 stößt, die wiederum nach Alessandria und Savona weiterführt. Sie vermeiden auf diese Weise zudem das Nadelöhr bei Como und den dichten Verkehr bei Milano.

Eine ernst zu nehmende Alternative ist die Strecke über Bern, Montreux, Martigny durch den **Tunnel des Großen Sankt Bernhard**. Der ist privat betrieben, kostet deshalb 32 € extra und wird schneefrei gehalten (aktuelle Auskünfte unter www.tcs.ch/; im Sommer können Sie gut, kostenlos, aber langwierig über den Pass fahren). Südlich davon erreicht man dann bei Aosta die A 5 nach Turin; der Nachteil sind etwa zusätzliche 70 km Landstraße, dafür ist die Landschaft sehr abwechslungsreich.

WOMOs mit mehr als 3,5 t brauchen in der Schweiz keine Vignette, dafür bezahlen sie zwingend eine **Schwerverkehrsabgabe** (*Wohnmotorwagen* kosten beispielsweise 32,50 SFr für zehn frei wählbare Einzeltage; das entsprechende Formular gibt's an der Grenze oder im Internet unter www.ezv.admin.ch/aktuell/).

Bei der Fahrt durch **Italien** müssen Sie unbedingt beachten: Außerorts ist Abblendlicht auch tagsüber Pflicht. Ihr Fahrradträger am Heck benötigt ein *Panello*, eine rot-weiße Warntafel (gibt's beim ADAC oder im Zubehörhandel), die Sie auch anknoten müssen, wenn der Träger hochgeklappt ist, aber, wie meistens, über die hintere Stoßstange hinausragt.

An den Mautstellen der Autobahn bilden sich nicht selten unterschiedlich lange Staus, die Sie in der Regel elegant umfahren, wenn Sie die mit *'Viacard'* gekennzeichnete Spur nehmen und dort mit Ihrer Kreditkarte bezahlen; ohne Geheimzahl - die Karte in den Schlitz, falls Sie verkehrt herum drinsteckt, ertönt eine freundliche Stimme, rausziehen und oftmals 5 Minuten nervende Warterei umschiffen. Wenn Sie aus Versehen auf die falsche Maut-Spur geraten sind, z.B. die für automatisches Abbuchen, wäre es eine Todsünde, dort rückwärts zu fahren. Angeblich sind die Strafen saftig und der Führerschein ist weg! Bleiben Sie dort stehen, bis das Bedienpersonal kommt! Es ist, um den Italien-Exkurs abzuschließen, im Übrigen kein Fehler, die Autobahn zu verlassen, um sich in Italien einen Schlafplatz zu suchen. Kein Land in Europa ist wohnmobilfreundlicher!

Autobahngebühren in Frankreich sind hoch, aber sie können mit der Visa-Karte bezahlt werden. Das Bedienpersonal zieht die Karte durch, und Sie fahren auf schnellstmögliche Weise weiter. Etwas schwieriger ist der Bezahlvorgang an den zunehmend installierten **automatischen Kassen**, die Sie daran erkennen, dass über der entsprechenden Mautdurchfahrt ein gelbes *‚T'* aufleuchtet. Ich hatte dort einmal Schwierigkeiten mit erstaunlich geduldigen Hintermännern, vermutlich weil ich zu schnell die Karte in den Schlitz gesteckt habe. Man muss nämlich warten, bis an einem mehrerer in Frage kommender Schlitze ein gelber Pfeil aufleuchtet. Dann funktioniert die Visa-Karte – ohne Geheimzahl – ebenfalls problemlos.

Nachstehend ein paar kurz gefasste Empfehlungen für die **Nächte unterwegs.** Haben Sie die Zeit und Muße, Ihre An- oder Rückreise gemütlich zu gestalten und da und dort einen Tag Zwischenaufenthalt abseits der Autobahnen einzulegen? Dann liefern Ihnen die Nachbarbücher aus der WOMO-Reihe zahlreiche ergänzende Übernachtungs- und Ausflugstipps abseits der Anreisestrecke. Aus den mehr als 50 Büchern möchte ich Band 6 (Elsass), Band 16 (Schwarzwald-Bodensee), Band 18 (Schwabenländle), Band 50 (Westschweiz), Band 51 (Zentral-/Ostschweiz) und Band 52 (Piemont/Ligurien) erwähnen und daraus ein paar Möglichkeiten verwerten:

(A 01) Ottmarsheim (Elsass): Nehmen Sie die erste Abfahrt von der französischen A 36 im Elsass und folgen Sie dem Wegweiser ‚*Centre*' und ‚*Église*' zum Parkplatz an der sehenswerten Kirche (Näheres in meinem Elsass-Führer); **GPS**: N 47°47'12" E 07°30'28"; Rue de l'Église.

(A 02) Neuhausen, Rheinfall (Schweiz): Reisen Sie aus dem Schwäbischen über die A 81 an, fahren Sie am *Dreieck Hegau* Richtung Schaffhausen und legen Sie eine Pause auf dem WOMO-Stellplatz am **Rheinfall** ein. Dieser ist von der Autobahn her ausgeschildert. (**GPS**: N 47°40'24" E 08°36'31"; Nohlstraße; WC, Gebühr; (siehe Band 51 / Zentral- und Ostschweiz).

(A 03) Gotthard-Pass (Schweiz): Verlassen Sie die A 2 bei Airolo bzw. Göschenen und fahren Sie ca. 16 km zum **St. Gotthard-Pass**. Auf dem Pass finden Sie eine gemütliche Gaststätte und ruhig-frische Parkplätze u. a. neben dem kleinen See auf der Passhöhe **GPS**: N 46°33'25"; E 08°34'07"; 2102 m. Der lohnende Umweg über den Pass (statt Tunnel) beträgt 17 km. Zwei Varianten sind möglich: die alte, gepflasterte Passstraße oder die gut ausgebaute, neue Streckenvariante für WOMOs aller Größen (siehe WOMO-Band 51: Zentral/Ostschweiz).

(A 04) Wohlensee/Wohleibrügg (Schweiz): Die Anreise Basel-Bern bietet am nicht weit von der Autobahn entfernten Wohlensee diesen netten Stellplatz. Fahren Sie auf der A1/E25 Richtung Lausanne/Bern/Biel/Oensingen und verlassen Sie die Autobahn auf der *Ausfahrt Bern/Bethlehem* Richtung Aarberg/Wohlen. Fahren Sie weiter auf der Eymattstraße und später auf der Bernstraße. Nehmen Sie am Kreisel die 3. Ausfahrt in die Hofenstraße und biegen Sie nach 750 m bei der Brücke links zum Parkplatz ab (**GPS**: N 46°58'02" E 07°21'31", geschotterter Parkplatz, WC (siehe WOMO-Band 51/Zentral- und Ostschweiz).

Wer in der Schweiz die Strecke Solothurn-Biel-Neuchâtel und dann die westlich des Lac de Neuchâtel (Neuenburger See) verlaufende Autobahn Richtung Yverdon-Les-Bains gewählt hat, hat mehrere WOMO-Stellplätze zur Auswahl (alle siehe WOMO-Band 50/Westschweiz):
(A 05) Der ruhigste davon liegt in **St. Aubin**, an der Kantonalstraße 5 in der Ortsdurchfahrt links hinab zum Jachthafen ausgeschildert;
GPS: N 46°53'31" E 06°46'27"; Rue du Bayard; V/E-Station, Stromanschluss,

WC/Dusche, morgens im Sommer Brötchenservice von der örtlichen Bäckerei. Da der Platz in der Sommersaison recht beliebt ist, hier ein paar nicht weit entfernte **Alternativen**, die leider nicht ganz so ruhig sind:

(**A 06**) **St. Blaise**, **GPS**: N 47°00'41" E 06°59'17" gebührenpflichtig,

(**A 07**) **Concise-Lac**: Chemin du Lac, kostenfrei, V/E-Station mit Münzeinwurf, Münzen erhält man in der Auberge de l'Union; **GPS**: N 46°51'07" E 06°43'35";

(**A 08**) **Grandson**: vor der Einfahrt zum ausgeschilderten Campingplatz Stellplatzmöglichkeit für max. 2 WOMOs bei der Ver-/Entsorgungsstation/ max. 24 Std. Parken erlaubt (kein Camping!); **GPS**: N 46°48'10" E 06°38'03".

(**A 09**) **Lausanne** (Schweiz): Nehmen Sie auf der A1 von Bern kommend die Ausfahrt A1a, suchen Sie im Kreisel die 4. Ausfahrt zur *Route de Chavannes* und biegen Sie 700 m später beim *Chemin du Bois de Vaux* links ab. Im nächsten Kreisel wählen Sie die 2. Ausfahrt in den *Chemin du Camping*. Stellplatzanmeldung bei der Rezeption des Campingplatzes.
GPS: N 46°31'20" E 6°35'53"; Stellplatzgebühr, dafür sind die Sanitäranlagen des Campingplatzes nutzbar, Restaurant, Busticket in die Stadt im Preis inbegriffen (siehe WOMO-Band 50 / Westschweiz).

(**A 10**) **Cannobio** (Westufer des Lago Maggiore): Suchen Sie am südlichen Ortseingang den leicht übersehbaren Hinweis ‚*Area Service*' mit dem Wohnmobil-Signet und fahren Sie an die dem See abgewandte Seite des Ortes am Bach; der Platz ist groß, aber leider auch sehr gut besucht; **GPS**: N 46°03'42" E 08°41'33".

(**A 11**) **Certosa di Pavia** (sehr sehenswert und südlich von Milano): Die Certosa di Pavia liegt ca. 10 km nördlich von Pavia und östlich der A 7. Sie verlassen die A 7 entweder im Norden an der Abfahrt ‚*Binasco*' oder im Süden bei ‚*Pavia Nord*'. Sie fahren in beiden Fällen Richtung ‚Pavia' und folgen später dem Wegweiser zur ‚*Certosa di Pavia*'. Vor dem Klosterkomplex fahren Sie rechts auf einen tiefer liegenden Parkplatz unter Bäumen. **GPS**: N 45°15'18" E 09°08'46"; Viale Certosa.

(**A 12**) **La Morra** (südlich von Alba): Wählen Sie den großen Parkplatz unterhalb der Markt- und Mehrzweckhalle, an der man in La Morra auf jeden Fall vorbei kommt; **GPS**: N 44°38'19" E 07°55'53".

(**A 13**) **Vernante** (13 km nördlich des Tunnels von Tende): Biegen Sie nördlich des Zentrums von der E 74 über die Brücke ans Flussufer ab (falls nicht zwischenzeitlich gesperrt); **GPS**: N 44°14'41" E 07°31'57".

(**A 14**) **San Bartolomeo** (westlich von Savona und Albenga): Biegen Sie westlich der Flussbrücke an der Ampel auf der Zufahrtsstraße zur Autobahn landeinwärts, ca. 250 m nördlich der Ampel rechts ab, beim leicht zu übersehenden Schild ‚*Area di Sosta*'; **GPS**: N 43°55'27" E 08°06'19"; Via A. Manzoni.

(**A 15**) **Aspres-sur-Buëch** (knapp 60 km nördlich von Sisteron): Der beschilderte Parkplatz in der Ortsmitte seitlich der D 1075, bei Post und Touristeninfo (Toilette auf deren Rückseite) ist nicht zu übersehen; **GPS**: N 44°31'17" E 05°45'09"; Avenue de la Gare.

Doch kommen wir nun zum Wesentlichen dieses Buches, zu unseren 12 Touren, deren erste allerdings nicht im Grenzland zu Italien beginnt, sondern dort, wo wir mit Teil 1 aufgehört haben, an der Küste östlich von Marseille.

Tour 1: Wenn und aber - Die Côte d'Azur im Westen

St. Cyr - Sanary-sur-Mer - Toulon - Giens - Hyères
Le Lavandou

Stellplätze:	in St. Cyr, bei Toulon, in Port-de-Miramar, in Bormes-les-Mimosas
Campingplätze:	in Sanary-sur-Mer, bei Giens, bei La Londe-des-Maures und bei Le Lavandou
Besichtigen:	Museum in Les Lecques, Sanary-sur-Mer, Mont Faron bei Toulon, Halbinsel von Giens, Île de Porquerolles, Hyères, Bormes-les-Mimosas
Wandern:	auf der Halbinsel von Giens, auf der Île de Porquerolles, bei Bormes-les-Mimosas
Essen:	Restaurant *St. Trop* in St. Cyr; Restaurant *Le Pradeau-Plage* bei und *Hôtel Provençal* in Giens, Restaurant *Lou Portaou* in Bormes-les-Mimosas

Wenn meine Aufgabe nicht darin bestünde, Ihr Interesse für alle Ziele dieses Buches zu wecken, würde ich Sie vielleicht nur mit einem aufmunternden »Bringen wir sie hinter uns« zu unserer 1. Etappe begrüßen. Oder mit »Was sein muss, muss sein«. Vielleicht würde ich Ihnen empfehlen, Reise und Buch bei Tour 5 zu beginnen. **Aber** vor ein paar Jahren hatte ich mich dann doch zu einem Reiseführer entschlossen, in dem die Côte d'Azur vorkommt; aus guten Gründen erst nach langem Zögern.

‚Wenn' und ‚aber' stehen am Anfang, ‚doch auch', ‚zumindest', ‚immerhin' werden folgen und ‚außerhalb der Saison' wird Sie penetrant begleiten.

Die 1. Tour führt nämlich ans Meer, ans Mittelmeer zudem, wo der WOMO-Liebhaber Abstriche machen muss. Bei aller Schönfärberei, die französische Riviera ist für Wohnmobilbesitzer kein ideales Reiseziel, große Bereiche sind WOMO-Sperrgebiet. Die Côte d'Azur – wir reden nicht vom Hinterland – wird umso weniger wohnmobilgeeignet, je weiter Sie nach Osten vorstoßen. Damit ist zugleich klargestellt, dass wir uns der modernen geographischen Betrachtung angeschlossen haben, nach welcher die Côte d'Azur im Westen schon bei Marseille beginnt und im Osten, insoweit stimmen auch die Traditionalisten zu, bei Menton endet. Man ist sich aber nicht einig, welchen Bereich der Schriftsteller Liégeard genau im Sinn hatte, als er im Jahre 1887 mit einem Romantitel den Namen **Côte d'Azur** geprägt hat. Sollte die *Blaue Küste* nach seiner Vorstellung im Westen nur bis Nizza oder vielmehr bis Hyères reichen? Ähnlich kontrovers wird die Ausdehnung der *Französischen Riviera* diskutiert. Côte d'Azur und Riviera sind in diesem Buch dasselbe. Sie, liebe Leser, werden andere Sorgen haben.

Aber Sie werden wunderschöne Bereiche entdecken, beinahe Nischen, denn eigentlich ist die Côte d'Azur, jedenfalls so wie der liebe Gott sie einst geschaffen hat, eine der schönsten Küsten Europas. Ich will mich bemühen, Sie dorthin zu führen, wo trotz des Würgegriffs des Massentourismus und der starken Bevölkerungszunahme die Schönheit geblieben oder wieder neu entstanden ist – und man mit dem WOMO hinfahren sowie die Behausung parken kann, was an dieser Küste nicht selbstverständlich ist. Das Kunststück einer freudvollen Reise an die Côte d'Azur gelingt nur, wenn man viel, genau genommen sogar sehr viel, auslässt. Ich kenne kein Reiseziel rund um das Mittelmeer, wo sich die Wohnmobilreise ebenso sehr von der klassischen Reise unterscheidet. Ich klammere daher die Ziele aus, die sich für den Wohnmobilurlaub nicht eignen. Ich unterstelle außerdem, dass Sie meine Vorbehalte bezüglich der richtigen Reisezeit ernst nehmen (Näheres siehe hinten unter *Reisezeit/Klima*), und dass Sie zwischen dem 10.7. und 25.8. Ferien direkt am Strand nur dann planen, wenn Sie einen Campingplatz vorgebucht haben. Auch die schon erwähnten Nischen sind in diesen beiden Monaten nur schwer zu finden.

In Teil 1 (Tour 8) waren wir etwas gefrustet, als wir uns bei La Ciotat die Küste vorgenommen hatten. Entsprechend gedämpft sind unsere Erwartungen, als wir nun in dieser Stadt, die einst mit ihren Schiffswerften vielen Menschen Brot und Arbeit geboten hat, in die andere Richtung (und das Département Var, in dem dieses Buch beginnt) starten. Es ist April und **Les Lecques** erwacht nur zögerlich aus dem Winterschlaf. Die Uferpromenaden und die daran angrenzenden Parkplätze sind gähnend leer. Aber auch hier hat man inzwischen zur Begrüßung der WOMOs Stahlbarrieren aufgestellt, wie fast überall an der Küste. Wie schön könnte man hier direkt am Strand besinnliche Stunden verbringen, wäre man nicht an der gesamten Küste zu unflexibel, um die Restriktionen auf die Hochsaison zu begrenzen. Wir können nur immer wieder an die Verantwortlichen appellieren, doch wenigstens in der Nebensaison ihre großräumigen Parkflächen, die bis in den Sommer leer stehen, freizugeben. Man kann es sich aber offenbar leisten, das ganze Jahr über auf die Kundschaft der Wohnmobilurlauber zu verzichten, oder man hofft darauf, die in dieser Zeit leeren Campingplätze zu belegen.

Wir können uns nicht aufraffen, den Gemeindesäckel zu füllen und strafen auch das örtliche **Musée romain de Tauroentum** mit Missachtung, obgleich man dort auf den Grundmauern einer römischen Villa antike Mosaiken, Freskenfragmente, gewundene Säulen, Münzen, Schmuck und Figürchen sowie eine Grabkammer besichtigen kann; in der Nähe sogar einen römischen Ziegelbrennofen *(Juni-September täglich außer Dienstag, 15-19 Uhr, sonst nur samstags und sonntags 14-17 Uhr; 3,50 €)*. Leider empfängt man uns auch landeinwärts, in **St. Cyr**, nicht mehr mit offenen Armen, weshalb der folgende Tipp nur noch sehr eingeschränkt und weit außerhalb der Hochsaison funktioniert. Das Städtchen ist eigentlich, zumindest im Frühsommer, provinziell und liebenswürdig. Die meisten Parkplätze sind aber inzwischen ebenfalls mit Barrieren verrammelt. Davon und von Verbotsschildern verschont ist noch ein wunderbar von Platanen beschirmter Parkplatz in der Ortsmitte. Das ist kein richtiger Stellplatz. Aber vielleicht fühlen Sie sich dort genauso wohl wie wir an einem Abend, Anfang April:

---

(001) WOMO-Stellplatz: St. Cyr
GPS: N 43°10'53" E 05°42'39";   Square G. Peri;   **max. WOMOs**: 3-4.
Ausstattung/Lage: Wasser, Toilette, Mülleimer, Gaststätten, Geschäfte / im Ort.
Zufahrt: Der große, baumbestandene Parkplatz in der Mitte des Ortes ist nicht zu verfehlen.
Hinweise: Wegen des Marktes nicht in der Nacht auf Samstag. Der tagsüber meist zugeparkte Platz leert sich ab 19 Uhr

so stark, dass dann auch große WOMOs keine Probleme haben werden, wenn sie sich nicht an die eingezeichneten Markierungen halten. Im Juli/August können Sie hier sicher nicht stehen. Nachts weckt Sie das Müllauto, und abends nerven bisweilen die Kids mit Mopeds.

Nach wenigen Schritten sitzen wir auf der benachbarten *Place* am Fuße einer Miniaturausgabe der Freiheitsstatue beim ersten Pastis, um uns zwecks Abendessen zu orientieren: Unsere Wahl fällt auf den Pizza-Verkaufsladen (gegenüber der Freiheitsstatue). Aber als wir uns gerade an der Schlange der Einheimischen anstellen, baut der Besitzer des benachbarten **Fischrestaurants** einen Stand mit Krustentieren auf und drapiert unter einer schwachen Funzel Austern, Muscheln und Seeigel derart appetitlich auf reichlich Eis, dass wir nicht widerstehen können. Statt einer Pizza auf unserem WOMO-Tisch steht so im Gasthaus eine Meeresfrüchteplatte vor uns, von bester Qualität und zu maßvollem Preis.

Die Côte d'Azur im Westen

in St. Cyr

Der Unterschied zur unmittelbaren Küste wird uns dann doch vor Augen geführt, als am Nachbartisch eine örtliche Männerrunde Wein aus Krügen leert, mit unserem Wirt die Tagesereignisse bequatscht und dazu Pizza von der benachbarten Konkurrenz vertilgt. Nein, nicht aus dem Karton und auch nicht aus der Hand. Der Wirt bringt Teller und Bestecke und, nachdem die Herren uns in ihr Gespräch einbezogen haben, auch für uns ein Gedeck. So bin ich in die glückliche Lage geraten, Ihnen auch lobend von den Fähigkeiten des Pizza-Bäckers zu berichten, und, als wir uns mit Wein revanchieren durften, zu vernehmen, dass ein *Peugeot* eine Schrottmühle gegenüber einem *Audi* ist. Der Franzose hingegen vom lieben Gott an dessen bestem Tag erschaffen wurde.

Als ich zu später Stunde meine Kamera auf dem Stativ verschraube, um für Sie den Stellplatz bei Nacht festzuhalten, darf ich mir in Gedanken zufrieden notieren, dass schon am ersten Abend meine Vorurteile über die Côte d'Azur ins Wanken geraten. Sie sind aber bei den Nachrecherchen für diese Auflage wieder aufgelebt. Ich halte trotzdem vorläufig an St. Cyr fest, weil an diesem Abend die Keimzelle dafür gelegt worden ist, dass ich es wagen konnte, dem Wunsch des Verlages nachzugeben, die Französische Riviera in die WOMO-Reihe aufzunehmen. Als mein Entschluss dann endlich gefasst wurde, war ich am nächsten Tag schon ein paar Kilometer weiter und hatte mir nicht einmal den Namen des Krustentier-Lokals notiert (ich habe nachrecherchiert: *St. Trop*).

Leider musste ich schon in der zweiten Auflage die nahe, östlich gelegene Bucht, die Calanque de Port d'Alon, streichen.

24   Tour 1

Sie kann von einem WOMO nicht mehr angefahren werden. Und für vorliegendes Update bin ich im Umkreis von La Ciotat und Les Lecques die Campingplätze abgefahren, weil ich Ihnen gerne eine frühe und gediegene Anlaufstation für den ersten Anfang dieses Buches geliefert hätte. Es ist beim besten Willen nichts Empfehlenswertes dabei herausgekommen.

Sanary-sur-Mer

Auch ein paar Kilometer weiter östlich muss man Kompromisse eingehen, wenn man sich in **Sanary-sur-Mer** (18.000 Einwohner), einem der malerischsten Orte an der Côte d'Azur, länger aufhalten möchte. In allen Vorauflagen sind wir schnell weitergefahren, was definitiv ein Fehler war. Ganz im Gegenteil: Sanary gehört zu den Top-Zielen, auch wenn nicht wenige der bunten Boote ihrem ursprünglichen Zweck nicht mehr dienen. Wobei man sich fragt, ob ein kleines, farbenfroh angestrichenes Holzboot heutzutage nicht von vornherein mit der Zweckbestimmung angefertigt wird, in einem Mittelmeerhafen eine Atmosphäre von Folklore und Fischfang zu erzeugen, den

Die Côte d'Azur im Westen 25

es mit diesen Booten schon seit einem halben Jahrhundert nicht mehr gibt. Das stört uns wenig. Ganz im Gegenteil haben diejenigen, die in Sanary-sur-Mer die Farben für die Boote ausgesucht und diese am Uferkai gruppiert haben, perfekte Arbeit geleistet. Ähnlich bunte Fotomotive finden Sie an Frankreichs Mittelmeerküste selten. Erfreulicherweise sind daneben auch noch Kutter real existierender Fischfänger festgebunden, und an kleinen Verkaufsständen wird der Fang angeboten, ohne dass der Verdacht aufkeimt, das Meeresgetier sei heimlich im LKW angeliefert worden. Man kann sich so heute noch gut vorstellen, welchen Reiz das Fischerdorf zu Beginn der 30er Jahre auf Maler und Literaten ausgeübt hat, die vor allem aus Deutschland und Österreich so zahlreich kamen, dass Ludwig Marcuse von der »Hauptstadt der deutschen Literatur im Exil« schrieb.

Hauptstadt der deutschen Literatur im Exil

36 Namen deutscher und österreichischer Schriftsteller sind auf einer Gedenktafel untereinander gereiht, die an die Außenwand der Touristeninformation (auf der linken Seite des Hafenbeckens) geschraubt ist: Ludwig Marcuse, Thomas Mann, Heinrich Mann, Bertold Brecht, Franz Werfel, Lion Feuchtwanger...... Und die Aufzählung auf dieser Tafel ist nicht einmal vollständig.

Schon kurz nach dem Ersten Weltkrieg hatten Maler, die man heute kaum noch kennt, wie Masson und Kisling, das Fischerdorf für sich entdeckt, ähnlich anderen Malern, die sich schon früher in anderen, vergleichbar bunten, französischen Küstenorten, beispielsweise St. Tropez oder Collioure, niedergelassen hatten. Den Malern folgten Autoren, und in Deutschland wurde Sanary vor allem durch den 1931 erschienenen Riviera-Reiseführer von Klaus und Erika Mann (Kinder von Thomas Mann), die ihrerseits auf Empfehlung des französischen Schriftstellers Cocteau das Dorf besucht hatten, bekannt. Nach Hitlers Machtübernahme im Jahre 1933 mussten viele deutsche Schriftsteller, gerade wenn sie jüdischer Abstammung waren, ihre Heimat verlassen und zogen gerne in das verschlafene Fischernest, in dem sich vielfältige Kontakt- und Diskussionsmöglichkeiten ergaben. Manche blieben nur ein paar Wochen, viele bis zum Herbst 1939, als Frankreich als Reaktion auf Hitlers Angriffskrieg auf Polen die Internierung der deutschen Exilanten angeordnet hat. Viele wurden im Zuge dieser Maßnahme in ein Sportstadion verbracht, andere kamen in das Lager Les Milles bei Aix-en-Provence (Tour 8). Einige, darunter die Familien Mann, Brecht und Werfel, konnten auf Veranlassung der Ehefrau des amerikanischen Präsidenten später nach Amerika fliehen.

Man kann sich inzwischen auf einem Spazierweg, zu dem Sie im Touristenbüro nähere Informationen erhalten, auf etwa 40 Tafeln über Leben und Werk der Flüchtlinge informieren. Die Route ist rund 6 km lang und führt auch an der Villa Valmer vorbei, in der Lion Feuchtwanger und seine Frau Martha das aufwändigste Leben der Exilanten führen konnten. Feuchtwanger (,*Jud Süs*', ,*Die Geschwister Oppermann*' und ,*Die Jüdin von Toledo*' als Spätwerk) war Anfang der 30er Jahre einer der auflagenstärksten deutschen Autoren und konnte sogar noch zahlreiche Kollegen finanziell unterstützen. Der Rundweg führt auch zu den früheren Hafenlokalen *Le Nautique* und *La Marine* (*Witwe Schwab* genannt), wo sich die Exilanten häufig trafen. Auch ohne nähere Anleitung finden Sie das *Hôtel de la Tour*, am Hafen, in dem viele der Flüchtlinge zunächst einmal abgestiegen waren.

Für die Übernachtung in Sanary-sur-Mer kommt eigentlich nur ein Campingplatz in Frage. Zwar weist der Nachbarort Six-Fours-les-Plages direkt hinter der Strandpromenade und in fußläufiger Entfernung zu Sanary eine Ver- und Entsorgungsstation aus und daneben sogar Parkplätze ohne »Pkw-Schablone«, die aber im Sommer, falls sie dann überhaupt zugänglich sind, was wir noch nicht selbst getestet haben, wirklich nicht empfehlenswert sind. Nur der Vollständigkeit halber die Koordinaten: **(002)** N 43° 06' 45" E 05 48'42"; Square Hippolyte Cesmat.

Unglücklicherweise wurde unlängst der bestgelegene Campingplatz geschlossen, vermutlich als Opfer der Gier nach edlem Baugrund (ich kenne spontan drei Campingplätze an der Côte d'Azur, die in den letzten Jahren Neubauprojekten weichen mussten). Geblieben sind zwei weitere Plätze, von denen einer günstiger liegt als der andere, so günstig, dass wir nicht einmal an einem Mittwoch in der zweiten Septemberwoche Platz fanden *(Campasun Parc Mogador)*. Wir sind deshalb auf ein Gelände direkt nördlich der Autobahn ausgewichen, was schlimmer klingt als es tatsächlich war, weil man durchaus noch zu Fuß an den Hafen gelangen konnte:

> **WOMO-Campingplatz-Tipps: Sanary-sur-Mer**
>
> **(003)** Campasun Parc Mogador
> **GPS**: N 43°07'25" E 05°47'16";   167 Chemin de Beaucours.
> **Ortszentrum**: 1,8 km, man kann zu Fuß an den Hafen gehen.
> **Zeiten**: Mitte Februar – Mitte November.   **Tel**: 04 94 74 53 16.
> **Ausstattung**: Pool, Snack, Brotverkauf.
> **Zufahrt**: Der Platz ist an der Straße nach Bandol beschildert.
> **Hinweis**: Häufig belegt.
>
> **(004)** Campasun Mas de Pierredon
> **GPS**: N 43°07'54" E 05°48'53";   652 Chemin Raoul Coletta.
> **Ortszentrum**: 2,6 km, man kann gerade noch zu Fuß an den Hafen gehen, aber noch besser radeln; wir haben zu Fuß bei strammer Gangart knapp 30 Minuten benötigt, der ganze Weg, zu dem Sie an der Rezeption einen Plan erhalten, ist beleuchtet.
> **Zeiten**: Mitte April – Mitte September.   **Tel**: 04 94 74 25 02.
> **Ausstattung**: Riesiger Pool mit großer Rutsche, große Gaststätte, Brotverkauf.
> **Zufahrt**: Der Platz ist an der Straße nach Ollioules beschildert.
> **Hinweise**: Obwohl direkt nördlich der Autobahn gelegen weniger laut als befürchtet. Infrage kommt auch ein **weiterer Campingplatz** in Six-Fours-les-Plages, von dem man ebenfalls noch nach Sanary laufen kann.

Am liebsten hätten wir auch mit Blick auf den Hafen zu Abend gegessen und getestet, ob die Fischgerichte im Restaurant des *Hotels de la Tour* so gut sind, wie verschiedentlich beschrieben wird. Es war aber Dienstag, und das Restaurant war geschlossen *(im Juli/August gibt es keinen Ruhetag)*, weshalb wir uns für das **Restaurant du Théâtre** entschieden haben. Es lohnt sich, den Impasse de L'Enclos zu suchen, eine Seitenstraße der Fußgängereinkaufsstraße (in gedanklicher Verlängerung der Touristeninformation landeinwärts) und sich auch an warmen Sommertagen nicht von dem Holzkohlefeuer, über dem leckere Fleisch- und Fischgerichte gegrillt werden, abschrecken zu lassen. Der Raum ist nämlich klimatisiert. Frankreichliebhaber wird es vielleicht interessieren, dass ich Kalbsnieren in Madeira selten ähnlich gut gegessen habe; den Durchschnittsdeutschen wird der Gedanke daran eher abschrecken. Für ihn gibt es aber auch ein dickes Steak – auf Wunsch schön durchgebraten *(Tel. 04 94 88 04 16; sonntagabends und montags geschlossen, mittleres Preisniveau)*.

Nun hält auch **Toulon** (170.000 Einwohner) Einzug in diesen Reiseführer, auch wenn hier nicht die (im Krieg und bei Modernisierungen stark zerstörte) Altstadt sowie Frankreichs größter Hafen am Mittelmeer beschrieben werden sollen. Wir schauen nur von 542 m Höhe auf beides hinab. Die gefühlte Höhe ist allerdings doppelt so groß, und man muss sich entscheiden, ob man sich mit dem Wohnmobil auf diesen Aussichtspunkt wagt oder dazu lieber die Seilbahn nimmt. Lohnend ist der **Mont Faron** auf jeden Fall und nicht ohne Grund im grünen Michelin-Führer mit der Höchstnote von drei Sternen

Toulon - Blick vom Mont Faron

dekoriert. Auch wenn nicht alle Reisenden die große Liebe der Franzosen in Bezug auf Aussichtspunkte teilen, ist diese Bewertung nur wenig übertrieben und wahrscheinlich an einem klaren Tag mit Mistral vollständig gerechtfertigt.

Dass sich bei klarer Luft die Fahrt auf den Berg lohnt, dachten Sie sich, weshalb wir zum Test bei trübem Wetter hinaufgefahren sind und Ihnen nun melden dürfen, dass sich auch das rentiert, und zwar mehr als es nach unserem Foto den Anschein hat. Wir haben uns mit dem WOMO hinaufgetraut, aber wir empfehlen dies nicht solchen Fahrern, die unter deutlicher Höhenangst leiden. Die schmale Aussichtsstraße ist zwar zugelassen für Fahrzeuge bis 3,5 t und breit genug für alle Wohnmobile, jedoch fehlen an den meisten Stellen Leitplanken, weshalb man deutlich am Abgrund fährt, was manchen Fahrer irritieren könnte. Die Straße ist überwiegend eine Einbahnstraße, weshalb Sie nicht mit Gegenverkehr rechnen müssen, weshalb Sie aber auch nicht mehr umkehren können, sondern das Unterfangen durchstehen müssen. Der Rückweg ist weniger abenteuerlich als der Hinweg, und ich vermute, dass Wohnmobile, die deutlich länger als 7 m sind, einige enge Kurven nicht ohne Zurückstoßen bewältigen. Unser Fahrzeug gehört bekanntlich nicht zu den großen Wohnmobilen, wir sahen aber unterwegs deutlich grö-

Stellplatz auf dem Mont Faron

Die Côte d'Azur im Westen

ßere Fahrzeuge. Der Lohn des Mutes sind ein fantastischer Blick über Toulon und den Hafen und ein Stellplatz mit kaum weniger schönem Panorama auf der anderen Seite des Berges:

---

(005) WOMO-Stellplatz: Mont Faron
GPS: N 43°09'04" E 05°55'48";   Route du Faron;   **max. WOMOs** >5.
Ausstattung/Lage: Toilette, Mülleimer, Tagesgaststätte, Wanderwege, Zoo / außerorts, einsam.
Zufahrt: Verlassen Sie die Autobahn bei der Abfahrt *‚Toulon-Ouest'*, fahren Sie ein kurzes Stück auf der D/N 8 Richtung Aubagne und biegen Sie dann nach rechts Richtung *‚Le Revest'* ab (der Wegweiser war nur von einer Seite zu sehen). Sie stoßen dann auf einen Wegweiser zum *‚Mont Faron'*, dem Sie nun einfach hinterher fahren. Der Stellplatz ist ein riesiger Parkplatz fast auf der höchsten Stelle, noch vor dem Zoo.
Hinweise: Wir haben dort nicht selbst übernachtet. Verbotsschilder haben wir nicht entdeckt, aber wir wissen nicht, ob nicht doch noch mit Überraschungen zu rechnen ist; <u>nur bis 3,5 t</u>.
Falls Sie mit Blick auf Toulon und den Hafen übernachten wollen, müssen Sie schon kurz unterhalb des Gipfels anhalten. Es kommt dafür nur eine einzige Stelle rechts der Straße in Frage, die Sie nicht verfehlen werden.

Den Weg auf den Gipfel habe ich Ihnen gerade bei der Zufahrt zum Stellplatz beschrieben. Falls Sie mit der Seilbahn hochfahren wollen, müssen Sie in Toulon zunächst denselben Weg wählen, Sie werden dann mit einem Wegweiser zur Talstation geleitet, die auf der Michelin-Karte eingezeichnet ist. Der Rother-Wanderführer schildert Ihnen auch eine anspruchsvolle **Wanderung** auf den Mont Faron.

Auf dem Mont Faron befindet sich der **Zoo** von Toulon, der tierreicher ist als man dies an der doch etwas abgelegenen Stelle vermutet, weshalb der Sonntag vermutlich kein empfehlenswerter Tag ist, um sich im WOMO auf den Berg zu wagen. Die perfekte Gipfelrundumsicht können Sie nur von der Aussichtsbastion der **Gedenkstätte zur Landung der Alliierten** besichtigen *(mit kleinem Museum; täglich außer montags von 10 - 12 und 14 – 16:30 Uhr, im Sommer bis 17:30 Uhr; 4 €)*.

Auf dem weiteren Weg nach Osten soll **Giens** wieder einen breiteren Raum einnehmen, auch wenn man sich dort alle Mühe gegeben hat, unsere Zunft zu verprellen. Hat man doch, die schlechteste Nachricht zuerst, einen über die Jahre hoch gelobten freien Stellplatz am Westzipfel der Halbinsel vor ein paar Jahren geschlossen. So bedauerlich das ist, ich kann dafür Verständnis aufbringen, denn die westliche Hälfte der **Presqu'Île de Giens** gehört zu den Bereichen der Côte d'Azur, die noch am wenigsten vom Tourismus verschandelt worden sind. Die Anbindung an das Festland ist zudem ein ausgesprochenes Naturphänomen, weil die Halbinsel, die bis zur Römerzeit noch eine richtige Insel war, durch zwei jeweils 4 km lange Sandstreifen an das Land angeschlossen ist. Das liegt daran, dass

Presqu'Île de Giens - Plage de Almanarre

hier zwei Flüsse ins Meer münden und demnach in doppelter Weise Sand angeschwemmt haben. Zwischen diesen parallel verlaufenden Verbindungen hat sich eine Lagune gebildet, die der Vogelwelt einen einmaligen Lebensraum bietet und wo man, vornehmlich im Herbst, besonders viele Flamingos beobachten kann. Außerdem hat dort eine einzigartige Vegetation überdauert, die unter behördlichem Schutz steht. Andererseits bildet der Wind ein seltenes Kleinklima und nagt beängstigend an der schmaler werdenden Sandanschwemmung, zu deren Schutz seit einigen Jahren Vorkehrungen getroffen werden. Der hier besonders kräftige Mistral und die durch die Halbinsel zum offenen Meer gebildete Barriere schaffen ideale Voraussetzungen für **Windsurfer**, die den Strand der westlichen Verbindungszunge, die **Plage de l'Almanarre**, als eine der Toplagen in Europa schätzen, an der auch schon Weltmeisterschaften ausgetragen worden sind. Die Liebhaber dieser Sportart sind oftmals auch Besitzer von Wohnmobilen, weshalb ich bei günstigen Witterungsbedingungen schon bis zu 30 Wohnmobile

Die Côte d'Azur im Westen

am Rand der westlichen Verbindungsstraße stehen sah. Das wird in den letzten Jahren am Rande des Flamingoteiches nur noch tagsüber geduldet. Im Winter wird das Verbindungssträßchen, die so genannte *Route du Sel (Salzstraße)*, sogar ganz gesperrt. Auch der von mir früher angedeutete Ausweichplatz am Anfang der Sperrzone kommt für die freie Übernachtung nicht mehr in Frage.

Das gilt auch für die geräumigen Parkplätze unterhalb des Ortes Giens auf der Nordseite der Insel, also Richtung Festland, mit teilweise sehr schönem Blick, die bestens geeignet wären. Hier haben wir, Ihnen darf ich es verraten, in der Nebensaison neben anderen Wohnmobilen hervorragend auf dem Parkplatz für Reisebusse gestanden. Nur publizieren darf ich das nicht, weil sich dann die Kritiker meines Buches die Mäuler zerreißen, und weil die Leser, die dann doch vielleicht einmal in die Fänge der Polizei geraten, mir hinterher böse Briefe schreiben. Und dabei vergessen, dass nicht wenige so genannte »freie« Übernachtungen am Rande oder jenseits der Legalität stattfinden und dass sie sich mit der Anschaffung eines Wohnmobilreiseführers nicht, in heutiger Zeit und an der Côte d'Azur schon gar nicht, die Gewähr für ein gesetzestreues Dasein erkaufen. Das Feeling dafür, Einheimische und Umwelt nicht zu beeinträchtigen, und wann Sie sich eine freudvolle und vor allem angstfreie Nacht zutrauen dürfen, müssen Sie selbst entwickeln.

Giens - Küste bei La Tour Fondue

Den Gesetzestreuen sei gesagt, dass sie auf der Halbinsel Giens nirgends mehr einen richtigen legalen »freien« Stellplatz finden werden. Sie sollten daher schon am Anfang unserer Tourenfolge ein paar Tage Wurzeln fassen und einfach mal nichts tun. Also lesen, baden oder in die Luft gucken. Vielleicht noch wandern. Wer meine Bücher kennt, weiß, dass ich mit solchen Worten häufig die Empfehlung eines Campingplatzes einleite. Auf der Halbinsel von Giens bleibt mir auch nichts anderes mehr übrig. Sie werden an der Côte d'Azur kaum schönere Plätze finden, den folgenden allerdings, Sie ahnen es, im Juli/August vermutlich auch nur nach Voranmeldung. Selbst am ersten Septemberwochenende war der Platz am Abend belegt. Die Fluktuation ist aber hoch, vormittags wird fast immer was frei:

> ### (006) WOMO-Campingplatz-Tipp: Giens (La Tour Fondue)
> **GPS**: N 43°01'47" E 06°09'19"; Av. des Arbanais. **Ortszentrum**: 3 km; **Zeiten**: 1.4.-30.9. **Tel**: 04 94 57 20 18.
> **Ausstattung**: Der Platz liegt direkt an einer schmalen, für Kinder nur bedingt geeigneten Strandbucht mit viel Seegras, teilweise Felsküste, Tauchschule, Restaurants, Laden (in der Nähe).
> **Zufahrt**: Der Platz ist auf der Ostspitze der Halbinsel, südöstlich von Giens an der D 97 und vor der Schiffsanlegestelle (beschildert).
> **Hinweise**: Die Bezahlung erfolgt am anderen Campingplatz *Presqu'Île de Giens*! Am Strand beim Platz ist seit 2010 das Baden verboten, woran sich niemand hält. Das Verbot ist eine Maßnahme französischer Haftungsvermeidung, weil der Strand theoretisch Bestandteil eines kleinen, real nicht benutzten Hafens ist. Rund 100 m weiter besteht das Verbot nicht. Einen Strand ohne Seegras fand man im Jahr 2010 erst in der übernächsten, westlichen Bucht.

Einen respektablen Sandstrand ohne Seegras (siehe Stichwort *Strände*) finden Sie in der übernächsten Bucht westlich des Hafens. Es ist die **Plage du Pradeau**, Sie können ab dem Hafen auf einem schmalen Pfad hinlaufen (gelbe Markierung).

Plage du Pradeau

Dort entdecken Sie auch das reizend gelegene **Restaurant *Le Pradeau-Plage***, wo Sie wunderbar über dem Meer sitzen. Das Lokal hat sich seit der vorigen Auflage zum Geheimtipp entwickelt – und mit ihm leider auch die Preise. Dafür sind die Portionen ordentlich. Sie können problemlos nur ein überwiegend aus Meeresgetier zubereitetes Hauptgericht nehmen *(Tel. 04 94 58 29 06; an einem Samstagabend Anfang September bekamen wir ohne Voranmeldung den letzten der zahlreichen Tische).*

Sie werden sich die Augen reiben, weil hinter jenem Strand und dem Lokal auf dem Gelände einer Gärtnerei ein kleiner, fast geheimer Campingplatz eingerichtet ist; von der Straße nicht beschildert und sehr schlicht. Man traut sich kaum, nach einem freien Platz zu fragen – und noch weniger, darüber hier zu schreiben:

(007) WOMO-Campingplatz-Tipp: Giens (Gärtnerei)

GPS: N 43°01'42" E 06°09'05"; Chemin du Pradeau (die Straße, von der man abzweigt und die Adresse, heißen 1420 Avenue des Arbanais – es ist die D 97).
Ortszentrum: 2 km.   **Zeiten**: 1.4 – Anfang Oktober.   **Tel**: 04 94 58 90 97.
Ausstattung: Direkt am Sandstrand, sehr einfach und preiswert, ganz schlichte Toilette, eher ein großer Garten, WOMOs höchstens 5 Tage, für Alkovenmobile wegen der Bäume nur wenige Plätze, Brotverkauf, Restaurant.
Zufahrt: Die Zufahrt beginnt auf der Ostspitze der Halbinsel, südöstlich von Giens an der D 97, wenn die Straße vor dem Fährhafen abschüssig geworden ist, etwa 800 m vor dem Hafen, sehen Sie (nur von einer Seite, wenn Sie von Giens kommen !!) meerwärts zwei Wegweiser mit ,*Earl de la Presqu'Ile / Familie FABRE*' und *Restaurant Le Pradeau-Plage*', die Sie auf einem Weg bergab kerzengerade zum Ziel führen (Koordinaten der Abzweigung von der Av. des Arbanais : N 43°01'53" E 06°09'08").

Um die Übernachtungsfrage abzuschließen, darf ich Ihnen noch berichten, dass es mehrere weitere Campingplätze gibt (schöner Sandstrand bei den Plätzen an der Hauptverbindungsstraße nach Hyères) und einige Notbehelfe für die Nacht vor der Fluktuation auf dem Campingplatz:

WOMO-Stellplätze: Giens (reine Notbehelfe)

(008)
GPS: N 43°01'48" E 06°09'26", Avenue de l'Estérel; **Max. WOMOs**: 3-4;
Ausstattung/Lage: Strand nach etwa 400 m, Geschäft und Gaststätten (nach etwa 400 m), am Straßenrand, Wanderwege;

Zufahrt: Direkt oberhalb des Campingplatzes 006 nach links abbiegen und bei nächster Gelegenheit an der Straße parken (das klappt allenfalls am Abend nach dem Abzug der Touristen, dafür ist der Blick schön).

(009) Unschöner, aber mit höherer Platzgarantie stehen Sie seitlich der Zufahrtsstraße nach Giens am nördlichen Beginn der Halbinsel, beispielsweise neben dem Sportplatz, soweit dort trotz Wackersteinen noch Raum ist: **GPS**: N 43°02'39" E 06°08'41"; Allée du Pousset.

Der Ort **Giens** ist ein Dorf, ein Kaff beinahe, das man in der Relation zum sonstigen Touristenrummel an der Côte d'Azur fast noch als verschlafen bezeichnen könnte. Auf jeden Fall trägt es noch provinzielle Züge, und Massentourismus gibt es nur im Hochsommer. Falls Sie für ein gepflegtes Abendessen mehr suchen als das Strandlokal, kommt noch mitten im Ort das *Hotel Provençal* in Frage, das mit einem erstklassigen Menü, maßvollen Preisen und familiärer Atmosphäre überzeugt *(Tel. 04 98 04 54 54; kein Ruhetag)*. Bei unserem mehrtägigen Campingplatzaufenthalt kamen auf dem Weg dorthin unsere Fahrräder zum Einsatz. Durchaus empfehlenswert, jedenfalls wesentlich besser als vermutet, ist das **Restaurant *Le Prado*** gegenüber der Anlegestelle des Schnellbootes zur Insel.

Außerdem sollten Sie bei Giens wandern, vielleicht auch nur spazieren, auf einem der schönsten Wege an Frankreichs Mittelmeerküste. Ich übertreibe nicht, zumal Sie die Länge der Wanderstrecke nach Ihren Bedürfnissen frei bestimmen und im Sommer sogar mit Badeaufenthalten anreichern dürfen. Es ist von jeder Stelle der Halbinsel möglich, eine Rundwanderung zu starten und diese beliebig zu dosieren. Der schönste Wanderweg allerdings zieht sich entlang der Südseite auf der westlichen Hälfte. Auf beiden Strecken gibt es inzwischen ein kurzes, gesperrtes Stück. Bei unseren Wanderungen waren die Wege trotzdem begehbar. Aber Sie wandern auf eigene Verantwortung und auf die Gefahr, einen Umweg nehmen oder sogar umkehren zu müssen, was ich bei Benutzung der Wanderkarte für unwahrscheinlich halte.

Halbinsel von Giens im Westen

Wir starten oben in der **Ortsmitte von Giens**, beim Hotel *Provençal*, und nehmen zunächst die Straße, die hinunter zum Hafen führt. Wer sein WOMO noch parken muss, stellt sich in eine Seitenstraße, die an der abschüssigen Stelle, bei einem kleinen Rondell, nach rechts abzweigt (das ist nicht ganz legal, aber am nicht zu späten Vormittag meistens machbar). Wenn Sie den pittoresken Hafen, den **Port du Niel**, fotografiert haben, müssen Sie auf der Straße wieder etwa 100 m zurück gehen, wo Sie dann am linken (westlichen) Straßenrand eine gelbe Markierung entdecken, die Sie teils auf einem Pfad, teils auf Treppen und zwischendurch auch auf einem kurzen Straßenstück bergauf leitet. Sie wandern nun auf dem *Sentier litoral*, einem fast um die ganze Halbinsel angelegten und stets so hervorragend gelb markierten Wanderweg, dass Sie sich nicht verirren werden. Sie müssen einfach der Markierung gehorchen und sich von einer unbeschreiblich schönen Natur einfangen lassen.

Der Pfad verläuft nun meist oberhalb der steilen Küste, uralte Pinien bieten Ihnen Schatten und unter Ihnen rauscht das Meer. Sollten Sie über entsprechende Kondition verfügen, können Sie derart die ganze Westseite der Halbinsel umrunden, um ermattet nach etwa 6 Stunden wieder in Giens einzutreffen. Den Ehrgeiz für solche Gewalttouren besitzen wir seit Jahren nicht mehr.

Wir begnügen uns mit einem Teil. Wir laufen bis zur Aussichtsplattform des **Pointe Escampo-Barriou**. Dort kehren wir um und schlagen uns nach etwa 30 Minuten Rückweg bei der Badebucht, der **Plage du Pontillon** (sie heißt auch Plage d'Escampo-Barriou), bergauf in die Büsche. Man erkennt am Anfang noch einen deutlichen, stellenweise sogar markierten Pfad, der sich durchs Unterholz ziemlich steil nach oben schlängelt (auf der Wanderkarte eingezeichnet). Den *Sentier litoral* haben wir an dieser Stelle verlassen. Auch wenn auf dem kurzen Stück die Orientierung etwas schwierig wird, kann nichts schief gehen, solange man stets bergauf klettert. Wenn man nämlich fast die Anhöhe erklommen hat, erreicht man einen breiten Fahrweg, auf dem man sich nach rechts in Richtung Giens wendet.

Nach gut 20 Minuten bewegen wir uns wieder in bewohnten Gefilden, wo wir bei passender Gelegenheit nach links auf die Nordseite der Halbinsel abbiegen. Verirren kann man sich im Grunde nicht, denn alle Wege oder Sträßchen münden irgendwann auf die Küstenstraße, die entlang der gesamten Halbinsel-Nordseite angelegt ist. Man kann auf ihr entlang des Strandes wandern, bis man in die Nähe des Friedhofs kommt, oder man entscheidet sich schon früher für eine Straße, die zwischen Ferienhäusern rechts bergauf in den Ortsmittelpunkt von **Giens** führt.

Die von uns gewählte Variante dauert etwa 4 Stunden, man erlebt auf ihr alles, was die Halbinsel zu bieten hat, und wird nach getaner Arbeit, noch mehr am Ende des Urlaubs, für sich verbuchen, einen traumhaften Abschnitt der Côte d'Azur kennen gelernt zu haben. Wildere und abwechslungsreichere Abschnitte müssen Sie am Mittelmeer lange suchen *(Karte: 3446 OT, zur Not geht es auch ohne).*

Halbinsel von Giens im Osten

Inzwischen bin ich auch um die **östliche Hälfte** gewandert, was kaum weniger eindrucksvoll war. Ich stieß allerdings immer wieder auf **Verbotsschilder**, die signalisierten, der Pfad könne vorübergehend nicht begangen werden. Daran hielt sich niemand, und es waren auch keine Hindernisse erkennbar (möglicherweise ist inzwischen eine Brücke nicht begehbar). Ich vermute, dass man sich damit von einer Haftung bei Stürzen auf ungesicherten Wegen (sie sind nicht wirklich gefährlich) freizeichnen wollte.

Strand von Badine

Sie starten am **Fährhafen** auf der Südseite der Halbinsel und umwandern die Ostseite bis zum **Sandstrand von Badine**, wo Sie mit der gelben Markierung landeinwärts gehen. Auf halber Strecke zwischen den beiden Landzungen stiefeln Sie bergauf nach **Giens**, wenden sich dort nach Osten, und biegen mit der Markierung östlich des Krankenhauskomplexes nach Süden zum Meer hin ab. Nun beginnt der schönste Teil des Weges, der nach der **Plage du Pradeau** wieder bei **La Tour Fondue** endet *(3 Stunden, Karte wie oben).*

Gönnen Sie sich das Vergnügen der Wanderungen – feste Schuhe sollten Sie allerdings tragen, um zu erleben, welche wunderbare Landschaft die Côte d'Azur trotz aller Zersiedelung und touristischer Scheußlichkeiten bereit hält. Sie werden noch nach Jahren von diesen wilden Küstenwegen schwärmen.

Die Côte d'Azur im Westen

Falls maulende Kinder untrennbarer Bestandteil Ihrer Reisen sind, packen Sie im Sommer einfach die Badesachen in den Rucksack, um sich unterwegs im kristallklaren Wasser zu aalen. Kinder finden die Strandwege mit der Suche nach Markierungen und sonstiger Abwechslung meistens unerwartet gut.

Und halten Sie sich möglichst lange auf der Halbinsel von Giens auf. Besonders, wenn Sie auf dem oben empfohlenen Campingplatz Einlass gefunden haben. Sie müssen dann auch unbedingt einen Tag auf der **Île de Porquerolles** einschieben, die uns (im Mai) weitaus besser als erwartet gefallen hat.

Île de Porquerolles

Sie finden auf der Südseite der Halbinsel von Giens, am Hafen, geräumige und bewachte Parkplätze für Ihr WOMO *(9 €/24 Stunden)*, wo Sie aber nicht übernachten dürfen. Auf der Insel sind WOMOs und andere fremde Kraftfahrzeuge verboten. Nach der nur 15 Minuten dauernden Überfahrt auf affenartig schnellen Booten. können Sie auf der Île de Porquerolles an wunderbaren Stränden baden, am Hafen sitzen, spazieren oder wandern. Die meisten fahren Rad. Die Mitnahme des eigenen Drahtesels auf der Fähre lohnt sich aber nur, wenn man ihn individuell ausgerüstet oder eingeritten hat. Nie sah ich mehr Fahrradvermietungen. Die Miete *(13.50 € für einen Tag)* entspricht dem Preis des Fahrradtickets *(12,50 € für das Rad und weitere 15 € für den Pedalritter beim Kauf des Tickets auf dem Campingplatz).* Ein Rennrad ist wegen der holprigen Wege völlig ungeeignet. Sie können alles mieten, vom Kinderrad über den Anhänger bis zum Tandem, mit Helm, Kindersitz und Schloss (es gibt 1.500 Mieträder, die im Hochsommer um die Mittagszeit angeblich auch mal vergriffen sind).

Die Pflichtaufgaben sind: **Hameau agricole**, eine Art Museum für Mittelmeerbäume, darunter Mandel- und Brombeerbäu-

Île de Porquerolles - Fort Sainte-Agathe

me, der **Leuchtturm** auf der Südseite (Phare de Porquerolles) und das **Fort Sainte-Agathe**, die alle auf Ihrer Wanderkarte eingezeichnet ist, aber auch auf jedem Plan, den Sie vor Ort oder beim Kauf des Fährtickets erhalten.

Da ich im Dienste des Lesers unterwegs bin, muss ich mich viel zu schnell wieder von diesem kleinen Paradies verabschieden, um Ihnen zu berichten, dass **Hyères-les-Palmiers** (48.000 Einwohner) eine der Städte an der Riviera ist, die Sie ebenfalls besuchen sollten. Zumal Ihnen hier auch noch die Chance geboten ist, wenigstens einen Parkplatz zu finden (an der nervtötenden Sucherei nach einer Parklücke, die ja für den

in Hyères-les-Palmieres

Die Côte d'Azur im Westen 39

Chauffeur eines Wohnmobils eine besondere Herausforderung darstellt, sind einige der von mir geplanten Besuche anderer Städte gescheitert; ein Grund dafür, dass ich die Küste lückenhaft beschreibe; Leser hatten aber auch in Hyères öfter Probleme). Hyères ist das älteste und südlichste Seebad an der Côte d'Azur, das allseits dafür bekannt ist, dass man dort besonders viele **Palmen** angepflanzt hat, weshalb die Stadt in neuerer Zeit ihren Namen um den Zusatz ‚*Les Palmiers*' erweitert hat. Ganze Straßenzüge sind von jenen Gewächsen gesäumt, und man hat eine ausgefeilte Zuchttechnik entwickelt, die es erlaubt, die Palmen von Hyères sogar nach Saudi Arabien zu exportieren. Aber man kämpft in den letzten Jahren gegen einen Schädling.

Das Palmensterben am Mittelmeer

Im Jahre 1993 wurden gehäuft erstmals an der Costa del Sol in Spanien Exemplare des so genannten Palmrüsslers entdeckt. Eines Käfers, dem nur Dattelpalmen schmecken und der vermutlich aus Ägypten eingeschleppt worden war. Inzwischen hat das Insekt die gesamte spanische Mittelmeerküste, die Kanarischen Inseln, Mallorca und die Côte d'Azur heimgesucht und ist sogar in Sizilien angekommen.

Das Insekt ähnelt ein wenig dem Junikäfer, es besitzt einen langen Stachel auf seiner Vorderseite und kann eine Palme bis zu 20 km (!) weit riechen. Es frisst sich durch einen Palmenstamm und legt in die so geschaffenen Gänge Hunderte von Eiern. Jeder Käfer hat bis zu 400 Nachkommen, deren hungrige Larven sich im Stamm weiter voran fressen. An einem derart zerstörten Holz kann kein gesunder Palmwedel mehr wachsen. Die Wedel werden deshalb gelb, und der Baum stirbt allmählich ab.

Bislang hat man noch kein erfolgreiches Mittel gegen den Schädling gefunden, so dass sich das große Palmensterben am Mittelmeer derzeit noch verschärft fortsetzt. An der Côte d'Azur sind die Schäden längst noch nicht so schlimm wie in Spanien. In Marbella beispielsweise waren im Jahr 2008 3.000 Palmen befallen, und im berühmten Palmenwald von Elche an der Costa Blanca, Weltkulturerbe, mussten 2.000 Palmen entsorgt werden, wobei man damit nicht zu lange warten darf, da der Palmenkiller ansonsten auf die Nachbarpalmen übergreift. Zur Zeit gilt es, die Palmen möglichst frühzeitig zu verbrennen – und dabei Waldbrände zu vermeiden.

Um die Wedel zu betrachten, müssten Sie nicht einmal aussteigen, falls Sie allerdings durch die malerischen **Altstadtgassen** streifen möchten, muss die Parklücke in irgendeiner Seitenstraße erst einmal entdeckt werden. Seien Sie unbesorgt, auch Sie werden fündig, Sie werden die Wertsachen einpakken, die Türen bestmöglich verrammeln (siehe hinten unter dem Stichwort *Diebstahl*) und sich dann auf die Suche nach den Sehenswürdigkeiten begeben, dem prunkvollen Casino, diversen Plätzen und Kirchen, die zu beschreiben, ich mir hier erspare. Lassen Sie sich einfach dort treiben, wo die Straßen am schmalsten sind, und gehen Sie bergauf in Richtung Burg, von der Sie einen schönen Ausblick genießen.

Hyères - Villa de Noailles

Ein architektonisches Highlight muss man allerdings herausheben, die **Villa de Noailles** samt ihrem terrassenförmigen Park, unterhalb der Burgruine. Sie werden an verschiedenen Stellen der Altstadt Wegweiser zu diesem Bauwerk entdecken, wo Sie eine Ahnung vom aufregenden Leben der 20er Jahre spüren. Im Jahre 1923 beauftragte der reiche Industrielle de Noailles einen belgischen Architekten mit dem Bau einer für damalige Verhältnisse revolutionären Residenz, einem Eigenheim mit 1.600 m^2 Wohnfläche, in bester Hanglage und mit weitem Blick aufs Meer. Das Ferienhäuschen wurde nur im Winter (!) bewohnt und hatte schon ein überdachtes Schwimmbad. Das Ehepaar de Noailles unterstützte viele Künstler. So waren die meisten von denen zu Gast, die damals zur Szene gehörten. Beispielsweise Picasso, Dali und der Fotograf Man Ray, der hier Szenen des surrealistischen Bunuel-Films *‚Das goldene Zeitalter'*, einen der provokantesten und kompromisslosesten

Die Côte d'Azur im Westen 41

Filme der Geschichte, drehte. Die Restaurierung der Villa ist inzwischen abgeschlossen, und wir waren von der Modernität stark überrascht. Wäre uns nicht das Alter des Gebäudes bekannt und hätten wir nicht bei einzelnen Materialien genau hingeschaut (zum Beispiel den Fenstern), würden wir als Bauzeit die 50er Jahre vermuten. Da das Haus in so angenehmem Kontrast zu den sonst reichlich vorhandenen Schwülstigkeiten steht, mit denen sich reiche Leute in den Glanzzeiten der Côte d'Azur verewigt haben, gehört die Villa de Noailles, auch wenn sie in vielen Reiseführern nur im Nebensatz erwähnt ist, nach unserem Geschmack zu den Top-Sehenswürdigkeiten an der Côte d'Azur *(kostenlos, das Gebäude wird für Wechselausstellungen benutzt, entsprechend wechselnde Öffnungszeiten; vor Drucklegung: tägl. außer dienstags 14-19 Uhr, freitags nur 16-22 Uhr; kleine WOMOs können sogar hinfahren).*

Dass wir in Hyères unsere beiden Hinterreifen wechseln lassen mussten, wird Sie vermutlich weniger interessieren. Auch nicht, dass die Reparaturmaßnahme kaum eine Stunde gedauert hat. Dass der liebe Gott es aber gut mit uns gemeint hat, als er einen aufmerksamen Franzosen hinter uns herfahren ließ, dem die Beule an der Innenseite unseres linken Hinterrads aufgefallen war und der uns danach mit wildem Gehupe gestoppt hat, bevor der Reifen geplatzt ist, sollte Sie schon etwas stärker rühren. Wer weiß, ob es ohne diesen freundlichen Helfer vorliegendes Buch überhaupt gegeben hätte. Auf jeden Fall aber sollten Sie an dieser Stelle mal nach hinten blättern und fast am Ende des Buches nachlesen, was ich Ihnen dort unter dem Stichwort *Reifen* mit auf den Weg gebe.

Wenn Sie danach Ihre Pneus begutachtet haben, dürfen Sie uns nach Osten folgen und dem angestrengten Bemühen, Stellplätze dort herauszukitzeln, wo die Verwaltung weiterhin lieber einen Schlosser beauftragt als bei ihren italienischen Kollegen in die Lehre zu gehen, wo sie lernen könnte, wie man in einer touristisch hochgerüsteten Ferienlandschaft den Wohnmobiltourismus lenkt und ihm dabei akzeptable und für einen mehrtägigen Aufenthalt geeignete Stellplätze anbietet. Bei der letzten Recherchereise habe ich mich immer wieder dabei ertappt, wie ich mir Stellen aus dem einzigen Grund notiert habe, dass man hier vielleicht im Wohnmobil übernachten konnte. Ob ich das selbst getan hätte oder es empfehlen kann, spielte dabei schon keine Rolle mehr.

Auf dem Stellplatz von **L'Ayguade** zum Beispiel würde ich möglicherweise nicht bleiben, auch wenn er am Strand liegt. Fast jeder Campingplatz wäre mir lieber. Aber die Bedürfnisse sind unterschiedlich, weshalb ich den Platz stets gut gefüllt sah, ihn aber trotzdem nur der Vollständigkeit halber hier erwähne:

> **(010) WOMO-Badeplatz: L'Ayguade**
> **GPS**: N 43°06'29" E 06°10'45"; Bv. du Front du Mer; **max. WOMOs**: >5.
> **Ausstattung/Lage**: Ver- und Entsorgung, Toilette (jeweils in der Nähe, ein paar Meter weiter östlich), klappstuhlgeeignet, direkt am Strand, aber auch an einer stark befahrenen Straße / Ortsrand.
> **Zufahrt**: Der Platz liegt zwischen Uferstraße (D 42) und Strand, östlich von L'Ayguade.

Wegen der schlechten Stellplatzbedingungen musste ich in dieser Auflage zwangsläufig bei den Campingplätzen nachlegen – und mich bei allen früheren Käufern entschuldigen, dass ich ihnen einen der besten Plätze an Frankreichs Mittelmeerküste bislang vorenthalten hatte. Schöner stehen Sie auf einem naturbelassenen Gelände selten, mit Glück sogar direkt am, teilweise sogar schon auf dem Strand. Wer Rummel sucht, wird eher enttäuscht, und wer kein Surfbrett besitzt, fühlt sich schnell als Eigenbrötler. Aber wer meine Bücher kennt, hat mich noch nie in Neopren gesehen und sollte sich daher vor den allzu Sportlichen ebenfalls nicht verstecken:

> **(011) WOMO-Campingplatz-Tipp: La Londe-des-Maures (Le Pansard)**
>
>
>
> **GPS**: N 43°06'59" E 06°14'07"; Chemin des Moulières.
> **Ortszentrum**: 0,5 km;   **Zeiten**: 1.4 - 30.9.   **Tel**: 04 94 66 83 22.
> **Ausstattung**: Direkt am Sandstrand, Laden. Snack, relativ teuer.
> **Zufahrt**: Der Platz ist in La Londe-des-Maures an der D 559 beschildert.

In **Port-de-Miramar** hat man inzwischen teilweise mit Stahltoren aufgerüstet, teilweise die Zufahrt mit Beton schmal gemacht (2 m Breite passen jedoch wohl durch) und dort, wo jeder Verbote erwartet, die Schilder vergessen. Ich kann das kaum glauben und erwähne den Platz am Hafen daher nur beiläufig (**012** - GPS: N 43°07'00" E 06°14'51"; in der Nähe liegt landeinwärts ein weiterer Campingplatz).

Die Côte d'Azur im Westen   43

Während Sie hier meine Angaben überprüfen, beginnen Ihre Kinder zu quengeln, weil die Einschaltzeit zur Seifenoper in heimischen Fernsehkanälen unerbittlich näher rückt. Der Moment, mit dem Wohnwagenbesitzer zur Linken zu fachsimpeln, wie man die Schüssel auf dem Dach am besten ausrichtet, rückt also näher. Sie sind am Ziel, wenn Sie Le Lavandou ansteuern. Und es spricht nichts, wirklich gar nichts, gegen ein paar Tage, vielleicht sogar eine Woche oder mehr auf dem Campingplatz *Camp du Domaine*, einem der schönsten und größten Plätze an der Côte d'Azur. Sie können hier trotzdem einigermaßen ruhige Tage der Entspannung finden. Aber es wäre schade, wenn Sie bei der Anschaffung oder bei der Miete unglaublich viel Geld für ein Wohnmobil ausgegeben hätten, um nach einem oder zwei Zwischenstops den Urlaub eingekeilt und unbeweglich gerade auf einem solchen Riesencampingplatz zu fristen und sich damit alle Schönheiten einer Region und die Vielfältigkeit des mobilen Lebens entgehen zu lassen, zu dem das Wohnmobil eigentlich geschaffen worden ist. Ich werde Sie fortan mit derartigen Überlegungen nicht weiter belästigen, aber der Campingplatz *Camp du Domaine* ist ein Beispiel für ein unmobiles Urlaubsleben im Mobil. Wenden wir uns nach diesem Exkurs den Fakten zu:

**(013) WOMO-Campingplatz-Tipp: La Favière
(Camp du Domaine)**
GPS: N 43°06'56" E 06°21'06"; Route de Cap Bénat. **Ortszentrum**: 1 km.
Zeiten: Ostern bis Ende Oktober.　　　　　　**Tel.**: 04 94 71 03 12
Ausstattung: Der Platz ist riesig und liegt direkt am Strand, Supermarkt, Restaurant, alle erdenklichen Sportmöglichkeiten.
Zufahrt: Westlich von Le Lavandou ab der D 559 beschildert.
Hinweis: Juli/August keine Hunde.

Vermutlich war ich niemals auf einem anderen Zeltplatz mit gleich vielen Parzellen. Entsprechend professionell ist die Organisation, entsprechend ist auch der touristische Auftrieb, und entsprechend eng wird es am Strand. In den Nischen mit Meerblick stehen die, von denen eben schon die Rede war. Aber auch die restlichen Teile des Geländes, das sich in einem Pinienwald den Hang entlang streckt, sind überdurchschnittlich schön. Es gibt ungewöhnlich viele, durch natürliches Buschwerk abgeteilte Ecken. Auf der Spitze des Campingplatzhügels steht noch die ehemalige Villa eines Fabrikanten aus Lyon, dem in der Gründerzeit die halbe Landzunge gehört hat. Falls Sie länger an der Côte d'Azur stationär urlauben wollen, sollten Sie eine Reservierung von zu Hause ernsthaft in Betracht ziehen.

Leider ist es zu Fuß nach **Le Lavandou** (5.200 Einwohner) zu weit (Fahrräder sind hier sinnvoll), obgleich der Ferienort am

Stadtstrand von Le Lavandou

Hafen noch eine Ahnung an früher aufkommen lässt. Vielleicht bewegen Sie Ihr WOMO dann doch etwas häufiger als von mir befürchtet, das Hinterland ist wunderschön. Schon nach wenigen Kilometern fahren Sie durch beinahe unberührte Natur.

Ein lohnender Ausflug könnte nach **Bormes-les-Mimosas** (5.000 Einwohner) führen, in ein touristisch nicht gerade unbelecktes Dorf, oberhalb von Le Lavandou, dem die Mimosenblüte, die Sie in den ersten Frühlingstagen, bzw. im Spätwinter, bewundern können, zu seinem Beinamen verholfen hat. Am neuen großen Parkplatz fehlen (noch) die Verbotsschilder:

(014) WOMO-Stellplatz: Bormes-les-Mimosas

GPS: N 43°09'04"
E 06°20'42";
max. WOMOs: >5;
Ausstattung/Lage: Wasser, Toilette, Mülleimer, Gaststätten, Geschäfte, Wanderweg / Ortsrand.
Zufahrt: Fahren Sie bergauf nach Bormes-les-Mimosas und auf der Hauptstraße durch den Ort. Vor der Kirche fahren

Sie rechts und abwärts auf den großen Hangparkplatz. Der linke von zwei Parkplätzen hat keine »Teppichstange«.
Hinweis: Die Zu- und Rückfahrt ist <u>sehr steil</u>. Mein heckgetriebenes Fahrzeug hatte auf trockenem Asphalt keine Traktionsprobleme. Ich warne aber vor nassem Belag und übernehme keine Verantwortung dafür, dass ihr WOMO den Rückweg schafft. Auf jeden Fall sollten sich nur geübte Fahrer diesen Parkplatz zutrauen und mit Schwung hochfahren.

Falls Sie diesen Parkplatz meiden, finden Sie im Sommer tagsüber erst weit außerhalb eine Abstellmöglichkeit. In Bormes-les-Mimosas können Sie sich zu einer schönen Wanderung, womöglich auch nur zu einem ausgedehnten Spaziergang, auf den Weg machen:

Die Côte d'Azur im Westen

Bormes-les-Mimosas

Rundweg bei Bormes-les-Mimosas

Kaufen Sie sich die Karte *3446 ET, Le Lavandou* und folgen Sie dem dort eingezeichneten Wanderweg, der Sie vom nördlichen Ortsrand auf einem Kreuzweg mit vielen, auf der Wanderkarte eingezeichneten Oratorien hoch zu einem auf dem Hügel liegenden Gotteshaus leitet, der **Chapelle de Constance**. Dieses Stück des Weges unter Eichen und Zypressen, Pinien und vielen Mimosenbäumen zu der kleinen Wallfahrtskapelle ist samt Rückweg nicht länger als 3 km, und schon deshalb zu allen Jahreszeiten (besonders im frühen März, wenn die Mimosen blühen) ein schöner Kontrast zu den Tourismusstrukturen an der Küste, die Sie aber von einem Aussichtspunkt im Blick behalten.

Sie werden das Erlebnis steigern, wenn Sie nun dem markierten Wanderweg weiter nach Norden folgen, weil Sie ausgedehnte **Korkeichenwälder** durchqueren. Selten habe ich die Korkeiche besser betrachten können, samt ihrer dicken, sich vom Stamm ablösenden Rinde. Und Sie werden bemerken, dass auch dieser Baum, der angeblich besonders feuerresistent ist, einem ausgedehnten Waldbrand nicht stand hält. Vor Jahren ist einmal ein Feuersturm über das Gelände gefegt, von dem an vielen Stellen nur noch die schwarzen Strunken der Korkeichen geblieben sind. Aber das Unterholz hat sich wieder regeneriert, so dass wir Anfang April stundenlang zwischen und unter blühenden Ginstersträuchern wandern. Der Weg ist ein hervorragendes Zeugnis dafür, welch schöne Wanderungen Sie im **Massiv des Maures** unternehmen können, einer wilden Region nördlich der Küste, die in unserem Reiseführer immer noch ein wenig zu kurz kommt.

Bei gutem Gehvermögen werden Sie problemlos bis zum **Col de Gratteloup** durchhalten und sich dort entweder für den Rückweg auf gleicher Strecke entscheiden oder mit Hilfe der Wanderkarte zunächst dem GR 51 - GR 90 ein Stück nach Osten folgen, um dann auf nicht mehr markierten Wegen den Heimweg anzutreten.

Wer sich den Parkplatz für die Nacht zutraut, wird vielleicht gerne im Ort essen. Empfehlenswert ist das originelle **Restaurant** *Lou Portaou* in einem mittelalterlichen Gebäude an der oberen Gasse des alten Ortsteils *(Tel. 04 94 64 86 37; sonntags abends und dienstags geschlossen, möglichst reservieren)*. Außerdem wurde uns das relativ preiswerte **Relais du Vieux Sauvaire** empfohlen, das wir aber weder betrachtet noch getestet haben. Der Blick aufs Meer ist angeblich ebenso lohnend wie die Küche, die Ihnen auch Pizza aus dem Holzkohleofen zubereitet und besonders leckere Miesmuscheln. Schauen Sie selbst. Sie müssen allerdings hinfahren (in Bormes-les-Mimosas bergauf und nach dem Ort bei erster Gelegenheit rechts auf eine schmale Straße, die Route Forestière des Crêtes; das Lokal liegt dann östlich der Abzweigung nach Aiguebelle). Vielleicht können Sie in der Nähe auch schlafen und mir berichten *(nur von Juli – Sept.)*.

in Bormes-les-Mimosas

Die Côte d'Azur im Westen

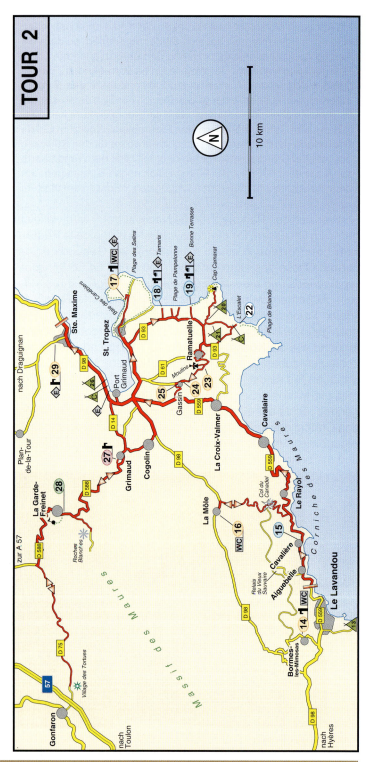

Tour 2: Meer und mehr - Die Küste bei St. Tropez und das Massif des Maures

Cavalière - St. Tropez - Ramatuelle - Gassin
Port-Grimaud - Grimaud - La Garde-Freinet - Gonfaron

Stellplätze:	in Cavalière, in La Môle, in St. Tropez, bei Ramatuelle, bei den Moulins de Paillas, in Gassin, in Grimaud, in La Garde-Freinet
Campingplätze:	bei Ramatuelle, bei Port-Grimaud
Besichtigen:	St. Tropez, Plage de Pampelonnne, Gassin, Port-Grimaud, Grimaud, Village des Tortues bei Gonfaron
Wandern:	an die Strände von St. Tropez, entlang der Küste bei Ramatuelle, bei La Garde-Freinet
Essen:	*Le Migon* am Strand von Ramatuelle, Restaurant *La Bretonnière* in Grimaud

Auf dem weiteren Weg von Le Lavandou nach Osten beginnt eine Küstenstraße, die **Corniche des Maures** (D 559), wie sie für die Côte d'Azur nicht typischer sein könnte: Durch unendlich viele Kurven tasten Sie sich langsam vor. Im Hochsommer werden Sie genauso lange stehen wie Sie fahren, die Besiedelung endet so gut wie nicht.

Die Gesichter der Mitreisenden auf den hinteren Plätzen könnten schon etwas grünlich schimmern, während Sie sich an hinreißenden Ausblicken auf das blaue Meer erfreuen. Gegen

Die Küste bei St. Tropez 49

Reisekrankheit im Wohnmobil sind auch die Tipps und Tricks der WOMO-Reihe machtlos, und leider müssen Sie sich die Ziele dieses Reiseführers mit ziemlicher Gurkerei erarbeiten (weshalb ich im wirklichen Urlaubsleben, wenn ich mit Kindern unterwegs war, häufiger die Autobahn benutzt habe, als ich dies in meinen Büchern zugebe, und weshalb ich an dieser Stelle, auch wenn dies manchmal anders anklingt, viel Verständnis dafür habe, dass Sie unsere Touren mit Hilfe der Autobahn begradigen).

Nehmen wir also an, dass neben Ihnen eine kurvenfeste Beifahrerin sitzt, die **Cavalière** von Cavalaire unterscheiden kann und Ihnen am östlichen Ende der kleinen Ortschaft kund tut, wo Sie landeinwärts, also nach Norden, von der D 559 abzubiegen haben. Auf einen der wenigen privaten Stellplätze in Meeresnähe, einen richtig guten sogar, auf dem Sie vom Strand nur durch die Straße und einen Pkw-Parkplatz getrennt mehrere Tage verbringen können:

(015) WOMO-Badeplatz: Cavalière
GPS: N 43°09'07" E 06°25'50"; Avenue du Cap-Negre; **max. WOMOs**: 30.
Ausstattung/Lage: Der Platz ist nur von der nachts erträglichen Durchgangsstraße und einen Pkw-Stellplatz vom Strand getrennt und naturbelassen, Gaststätten, Geschäfte, auch für sehr große WOMOs geeignet, klappstuhlgeeignet / Ortsrand.
Zufahrt: Biegen Sie etwa 7 km östlich von Le Lavandou und am östlichen Ortsende von Cavalière von der D 559 auf ein großes, unübersehbar nördlich der Durchgangsstraße gelegenes Parkplatzgelände ab.
Parkgebühr: 15 €/Tag.

Sie könnten nun auf dem kürzesten Weg St. Tropez erreichen oder uns stattdessen zuvor auf einem kurvenreichen Umweg über den **Col du Canadel** folgen. Der Pass liegt zwar nur auf 269 m, die aber für zwei Sterne im grünen Michelin-Führer reichen und manchen WOMO-Einsamkeitsfanatiker in ihren Bann ziehen. Stets sah ich auf dem großräumigen Gelände wenigstens ein Fahrzeug mit Zweistern-Blick aufs Meer. Die weniger unerschrockene Minderheit (die Masse bleibt sowieso an der Küste) übernachtet ein Stück weiter nördlich im Tal, im Weiler **La Môle** (800 Einwohner), solange man nicht auch dort dem Trend folgt, die wirklich freien Stellplätze sogar hinter der Küste zu sperren. Falls sich nichts geändert hat, eignet sich der Platz auch für die Nacht nach dem Tag am Strand:

(016) WOMO-Stellplatz: La Môle
GPS: N 43°12'30" E 06°27'48";   Rue du Four;   **max. WOMOs**: >5.
Ausstattung/Lage: Toilette, Mülleimer, Gaststätten, Geschäfte / im Ort.
Zufahrt: Der Platz liegt seitlich der D 98 am westlichen Ortsrand und ist nicht zu übersehen.

Auch wer nicht mit uns diesen Umweg fährt, sollte sich von Osten der Bucht von St. Tropez nähern. Mit dem bergigen Teil südlich von St. Tropez werden wir uns gleich näher beschäftigen und ihn von Norden her aufrollen:

Fangen wir mit **St. Tropez** an: Selbst wenn Sie mein Pessimismus nervt, sollten Sie den erstbesten Parkplatz nehmen. Im Sommer werden Sie länger als befürchtet im Stau stehen und Fußwege bewältigen, die Sie am Sinn Ihres Vorhabens zweifeln lassen (der große Parkplatz am Ortsanfang ist für WOMOs gesperrt – Tipps zur Anreise per Rad oder Bus siehe bei den nachfolgenden Stell- und Campingplätzen – dienstags und samstags ist Markt, am späten Vormittag werden Sie dann keinen Parkplatz finden). Sie werden dennoch irgendwann am Hafenbecken den zahlreichen Malern über die Schulter

in St. Tropez

schauen und bei dem Versuch scheitern, Kunst von Kitsch zu trennen. Sie werden nach Prominenten Ausschau halten, vor allem auf den gigantischen Yachten, die am Hafenkai vertäut sind. Sie werden vermutlich kein bekanntes Gesicht entdecken, aber Sie werden sich wundern, wie sehr St. Tropez bei der High Society wieder in Mode gekommen ist und nichts von seiner Anziehungskraft eingebüßt hat. Wahrscheinlich werden Sie auch meine Meinung teilen, dass ein Bummel durch St. Tropez ein außergewöhnliches Urlaubsvergnügen ist.

St. Tropez war ein kleines Fischerdorf, als 1892 dort der Maler Paul Signac, der den Pointilismus entwickelt hat, die Komposition des Bildes aus lauter kleinen Farbpünktchen, ein Haus gekauft und damit den Zuzug einer Reihe weiterer Maler heraufbeschworen hat, Matisse, Bonnard und, nach dem Zweiten Weltkrieg, Picasso, um nur wenige zu nennen. Auf die Maler folgten die Schriftsteller (Colette, Jean Cocteau), die Politiker, die Modeschöpfer und sogar die aus den USA ausgewiesene Anarchistin Emma Goldmann. Nachdem im Zweiten Weltkrieg das meiste rund um den Hafen zerstört worden war, blieb es zunächst ruhig in ‚*St. Trop*', aber das Grundkapital für eine außergewöhnliche Entwicklung war noch vorhanden:

Der Mythos St. Tropez

Die unbestreitbar schöne Lage und das über die Zeit gerettete Image der Künstler und Intellektuellen boten die perfekte Mischung, um den Ort wieder zu entdecken und ihn geschickt zu vermarkten. Als Roger Vadim 1955 St. Tropez zum Schauplatz seines für die Zeit sensationell erotischen Films *Et Dieu créa la femme* (*Und immer lockt das Weib*) machte, kam noch die Sexualisierung hinzu, und neben seiner damaligen Frau, der Hauptdarstellerin Brigitte Bardot, zog es nun auch andere Filmstars an die wundervollen Strände.

Damals kam der Beruf des *Playboys* auf, eine Profession, deren Zugehörige in St. Tropez eines der Hauptbetätigungsfelder in Europa vorfanden, weshalb das frühere Fischerdorf somit rechten Nährboden dafür bot, dass um 1960 ein Urlaub in St. Tropez zum Schicksten und Teuersten zählte, was man sich denken konnte. Im Jahre 1964 wurde hier erstmals der Bikini »oben ohne« getragen (mit Hosenträgern), und die Berühmtheit des Ortes wuchs damit noch weiter.

Zu den Konsumgütern, mit denen dem Mitteleuropäer das Lebensgefühl Südfrankreichs und einer ersehnenswerten Region nach Hause transportiert worden ist, zählten auch die Spielfilme von Louis de Funès, deren filmische Wirkungsstätte, die *Gendarmerie Nationale*, längst nicht mehr in Betrieb, aber durch ihre markante Beschriftung noch deutlich zu erkennen ist (westlich des Zentrums auf dem Weg zum Großparkplatz).

Zu jener Zeit waren die Fernreise, bzw. die dafür notwendigen Flugzeuge, noch nicht erfunden, so mischte sich bald mancher Normalbürger, der sich in Mitteleuropa ein Auto leisten konnte, unter die *Hautevolée*. Die feine Urlaubsgesellschaft wurde daher allmählich von Alltagstouristen durchsetzt, und die Reichen, die Schönen und die ganz schön Reichen zogen sich zurück. Weil es aber dem Massentourismus nie ganz gelungen ist, den edlen Ort platt zu machen, sind in den letzten Jahren die Prominenten wieder zurückgekehrt. Paris Hilton, zum Beispiel, und die schicke Partygesellschaft, die es heute in St. Tropez und nächste Woche in der Karibik krachen lässt.

Der Mythos erschließt sich dem ordinären Touristen heute wieder mehr als vor 15 oder 20 Jahren: Betrachten Sie sich nur einmal das Anlegemanöver der livrierten Besatzung einer (meistens gecharterten) Yacht. Oder wie die Domestiken der noblen Gesellschaft auf dem Oberdeck auftischen. Zählen Sie die Porsches, Ferraris oder Harleys, flanieren Sie zwischen den Boutiquen sämtlicher Edelmarken der Welt, und Sie werden merken, dass St. Tropez heute wieder von seinem Edel-Image zehrt, zumal inzwischen die reichen Russen die Côte d'Azur ebenfalls entdeckt haben. Angeblich warten hier 700 Läden und Restaurants auf Kundschaft; bei 5.700 Einwohnern. In der höchsten Hochsaison habe ich mir das noch nicht angetan! Wahrscheinlich ist meine Erinnerung auch nur deshalb so positiv.

Kunstliebhaber schätzen das **Musée de L'Annonciade** wegen seiner hervorragenden Sammlung von Werken aus der Zeit zwischen 1890 und 1950. Die Namen der Maler, die großenteils auch zeitweise in St. Tropez gelebt haben, sind klangvoll: Signac, Matisse, Seurat, Dufy, nicht zu vergessen die Skulpturen von Maillol *(das Museum ist in einer Kapelle an der südwestlichen Ecke des alten Hafens nicht zu übersehen; 10-12 oder 13 Uhr und 15-22 Uhr, im Winterhalbjahr 14-18 Uhr; dienstags geschlossen; 6 €)*. Schon immer mal wollten Sie einer Dame die Schmetterlingssammlung zeigen. Im **Maison de Papillons** *(Musée Dany Lartique)* haben Sie die Gelegenheit 4.500 vom Maler Lartique gefangene Schmetterlinge zu betrachten, darunter sämtliche in Frankreich vorkommenden Tagfalter sowie weitere 20.000 exotische Exemplare *(Rue Étienne Berny - vom Kunstmuseum ein kleines Stück am Hafen entlang und dann nach rechts in eine Seitengasse; April bis September 14:30-18 Uhr; sonntags geschl.,3 €)*. Sehenswert ist schließlich das **Musée Naval**, in der Zitadelle hoch über der Stadt; weniger wegen der ausgestellten Schiffmodelle (unter anderem einer Galeere) und Waffen als mehr wegen des eindrucksvollen Rundblicks und des schönen Fotomotivs *(10-18:30 Uhr, außer im Sommer Mittagspause von 12:30-14 Uhr; 4 €)*.

St. Tropez - Blick von der Zitadelle

Die Küste bei St. Tropez

Wenn Sie es bis zu dieser Befestigungsanlage aus dem 16. Jahrhundert geschafft haben, werden Sie auf dem Weg hinunter zu einem der schönstgelegenen Friedhöfe Südfrankreichs nicht schlapp machen. Dort werden Sie dann die gelbe Markierung des Wanderwegs entdecken und können auf ihr zum Hafen zurücklaufen (Näheres gleich bei der Wanderung). Sie kommen dann an der **Tour Vieille** vorbei, dem Turm, an dessen Fuß die Fischerboote schaukeln. Vom Becken des alten Hafens ist man auch schnell dort, wenn man am Hafenbecken, etwas nördlich von der Kirche (das ist die mit dem runden Turm) in die Altstadtgassen eintaucht und sich dann nach links zum Meer hin wendet.

St. Tropez - alter Hafen

Den Weg zum **alten Hafen** muss ich Ihnen nicht beschreiben, das ist das Bassin, in dem Reiche aus aller Welt unter den Blicken ganzer Gruppen von Schaulustigen die angeheuerte Besatzung Blut und Wasser schwitzen lassen, wenn es darum geht, ein Riesenschiff durch die Lücke zwischen anderen Riesenschiffen an die Hafenmauer zu manövrieren.

Die Herrschaften betreten dann ziemlich genau dort festen Boden, wo man in St. Tropez unbedingt einkehren muss: Entweder in der *Patisserie Sénéquier* oder direkt daneben, im kleinen *Bistro Le Gorille*, das noch immer davon zehrt, dass hier vor rund 50 Jahren Brigitte Bardot und Gunther Sachs anzutreffen waren.

Da Sie schon mal hier sind, möchten Sie sich die berühmten **Strände von St. Tropez** nicht entgehen lassen, am allerwenigsten die Plage des Canebiers, wo sich *La Madraque*

St. Tropez - am Beginn der Wanderung

befindet, die berühmte Villa von Brigitte Bardot (ich habe die Behausung nicht sicher identifizieren können). Starten Sie am Hafen von St. Tropez zu einer 10 bis 15 km langen Wanderung, oder nur zu einem 2-stündigen Spaziergang. Alle Varianten sind ein großes Erlebnis:

Küstenwanderung bei St- Tropez

Am alten Hafen von St. Tropez orientieren Sie sich zunächst an der Tour du Portalet, dem Turm am Ende der langen Mole, wo Sie den Weg zur Tour Vieille, dem kleinen Fischerhafen und zum gelb markierten *Sentier litoral* unschwer finden. Sie kommen dann - am Seemannsfriedhof vorbei - an die kleine **Plage des Graniers** und folgen nun dem Küstenpfad in die **Bai des Canebiers** (sogar auf der Michelin-Karte eingezeichnet – Spaziergänger kehren hier um).

Der Fußweg leitet Sie danach um das Cap St. Pierre und um das Cap de St. Tropez. An der schönen **Plage des Salins** (nehmen Sie den ersten nach rechts vom Strand landeinwärts abbiegenden Weg und gehen Sie von dort immer geradeaus) können Sie entlang der Straße nach St. Tropez zurück wandern, wobei Sie es dann auf insgesamt gut 10 km bringen *(4 Stunden)*.

Oder Sie gehen noch weiter bis zur **Plage de Tahiti** und nehmen von dort die Straße nach St. Tropez, womit Sie anstrengende 15 km zurückgelegt hätten.

Im Sommer kann man das Wandervergnügen wunderbar mit Badeaufenthalten verbinden. Leider gibt es aber keinen Schatten, und die Wege erfordern wegen der ständigen Höhenunterschiede Kondition – wir fanden schon die kürzere Strecke ein wenig sportlich *(Karte: 3545 OT, Sie kommen auch ohne Wanderkarte zurecht, da die Strecke auch auf der Michelin-Karte eingezeichnet ist und man sich nicht verirren kann).*

In der Nähe dieser Strände gibt es sogar einen kleinen, privaten Stellplatz:

---

(017) WOMO-Stellplatz: St. Tropez (Chez Jean-Claude)
GPS: N 43°15'53" E 06°40'19"; Chemin de la Fontaine du Pin / Chemin de la Moutte; **max. WOMOs**: ca.20.
Ausstattung/Lage: Ver- und Entsorgung, Toilette, Mülleimer, Strom, klappstuhlgeeignet, Plage des Salins 1.500 m und Plage des Canebiers, 450 m entfernt; Wanderweg, im Sommer häufig belegt und bei Starkregen große Pfützen / Ortsrand.
Zufahrt: Fahren Sie in St. Tropez zunächst geradeaus in die Stadt und folgen Sie, bevor es richtig eng wird, nach rechts den Wegweisern *‚P – Les Lices'*, bis Sie an dieser links der Straße liegenden Tiefgarage vorbeikommen; dort folgen Sie nach rechts den Wegweisern *‚La Moutte – Les Salins'*, später *‚Plage des Salins'*, vorbei an einem Schulzentrum und geradeaus, bis Sie links eine Baumschule mit alten Olivenbäumen sehen (noch bevor rechts ein Sportgelände liegt); direkt nach der Baumschule biegen Sie nach links in den *Chemin de la Fontaine du Pin* ein und fahren dann sofort wieder links. **Gebühr**: 15 €/Nacht.

Noch bekannter sind die Strandabschnitte der südlich folgenden Buchten und die sandige **Plage de Pampelonnne**. Als im Jahre 1955 Roger Vadim mit Brigitte Bardot drehte, Strom gab es dort noch nicht, überredeten die Leute vom Film die Besitzer der einzigen Hütte am Strand, damals eher Abenteurer oder Aussteiger, die nur gelegentlich für Freunde kochten, sie ebenfalls zu bewirten. So entstand der **Club 55**, ein Strandrestaurant, das im Sommer bis zu 1.000 Reservierungswünsche bearbeiten (und absagen) muss. Sie sollten es gesehen

Plage de Pampelonne

haben, wie vor allem sonntags gegen Mittag die teuersten Yachten in der Bucht ankern, und wie deren Besatzung unter Tamarisken speist, während der Nachwuchs unter Aufsicht der Kindermädchen sandelt. Ein ordinäres WOMO können Sie in der Nähe des Clubs nicht abstellen und müssen sich deshalb zu Fuß oder per Rad auf dem *Boulevard Patch* dem Strand nähern. Sie werden nichts mehr davon bemerken, dass dieser Weg 1944 von den in der Bucht gelandeten Amerikanern angelegt worden ist. Aber wenn Sie sich am Rand des für Clubbenutzer abgesteckten Strandbereichs mit einem Täschchen von Louis Vouitton als zugehörig ausgewiesen haben, werden Sie sich fragen, ob einige der auf blassblauen Polstern spärlich bekleidet Sonnenden schon damals der Truppe zur Befreiung Frankreichs angehört haben.

Die Plage de Pampelonne lohnt sich auf jeden Fall. Sie finden an der Côte d'Azur nur wenige vergleichbar breite und lange Sandstrände und nirgends ähnlich gute Wohnmobilbedingungen:

(018) WOMO-Badeplatz: Ramatuelle (Tamaris)

GPS: N 43°14'20" E 06°39'41";
Chemin des Tamaris;
max. WOMOs: 40.
Ausstattung/Lage: Entsorgung, Wasser (2 €), Dusche und Toilette am Strand, kein Schatten, direkt am Strand, klappstuhlgeeignet, eng, in der Hochsaison möglichst am Vormittag anreisen, Busverbindung  von der nahen D 93 nach St. Tropez, Sie können auch gut mit dem Rad fahren (7 km) / außerorts, nicht einsam.
Zufahrt: Biegen Sie von der auf der Michelin-Karte gelb eingezeichneten D 93 zwischen St. Tropez und Ramatuelle beim zum Strand führenden Wegweiser *‚Les Tamaris'* meerwärts ab.
Hinweise: nur 1.4.-15.10. Der private Betreiber schließt abends schon vor 20 Uhr die Schranke, er duldet, dass Sie diese hochheben, einfahren und am nächsten Morgen bezahlen; das hat möglicherweise die selben rechtlichen Gründe wie die Beschränkung auf 4 Personen und ein Haustier pro WOMO (Gesetz aus dem Jahr 1930 !), Sie werden bei der Einfahrt gefragt, niemand durchsucht aber Ihr WOMO nach dem im Alkoven liegenden dritten Kind.
Gebühr: Je nach Saison 10 € oder 18 €/von 9 - 9 Uhr – Sie müssen vor 9 Uhr verschwinden oder nochmals zahlen!
Dem selben Eigentümer gehört ein kleiner **angrenzender Campingplatz**.

Weiter südlich entdecken Sie einen noch größeren Stellplatz, ebenfalls (fast) direkt am Strand. Das Gelände gehört der Gemeinde Ramatuelle, die ich für ihr Engagement ausdrücklich lobe. Liebe Leser, die Ihr der französischen Sprache mächtig seid, schickt nicht mir die Urlaubskarte, sondern dem Bürgermeister Dankesschreiben! Man muss allerdings zugeben, dass es an der Küste kaum ähnlich geeignetes Gelände für solch ein lobenswertes Unterfangen gibt. Aber der Platz ist über Winter geschlossen, sonst häufig sehr voll, mit dicht stehenden Reisemobilen und abstrusen Regeln:

(019) WOMO-Badeplatz: Ramatuelle (Bonne Terrasse)

GPS: N 43°12'41"
E 06°39'44";
Route de Bonne Terrasse;
max. WOMOs: 45.
Ausstattung/Lage: Ver- und Entsorgung, Toilette, Dusche (alles von 17-8 Uhr abgeschlossen !!), Mülleimer, wenig Schatten, klappstuhlgeeignet,

so gut wie direkt am Strand, Gaststätte, Wanderweg, in der Hochsaison möglichst am Vormittag anreisen, <u>von Nov. bis Ende März geschlossen</u> / außerorts, nicht einsam.
Zufahrt: Biegen Sie von der auf der Michelin-Karte gelb eingezeichneten D 93 zwischen St. Tropez und Ramatuelle beim letzten zum Strand führenden Wegweiser *,Plage de la Bonne Terrasse'* ab. **Gebühr**: 10 €/Nacht.

In der Hochsaison wird an einem Pförtnerhäuschen kassiert, in der Nebensaison reist der Abgesandte des Bürgermeisters am Vormittag an, um Ihre Euros und die Huldigungen entgegenzunehmen. Der Strand, 150 m weiter vorne, gehört noch zu Plage de Pampelonne. Er ist wunderbar feinsandig und in der Nebensaison, nur in dieser Zeit war ich dort, perfekt. Ein wenig störend sind das Seegras (bis in den Juni) und die Bretterbuden, vor denen mittags aufgetischt wird. Am rechten Rand der Bucht sehen Sie das kleines **Restaurant *Le Migon*** (im

Plage de Pampelonne - bei Bonne Terrasse

Winter mittwochs Ruhetag). Es ist viel besser, als man es erwartet, aber leider auch ein wenig teurer. Sie werden an dem Stellplatz vielleicht zu einer schönen Wanderung aufbrechen:

Zum Leuchtturm von Camarat
Gehen Sie am Strand rechts, an *Le Migon* vorbei, und Sie entdecken am Beginn der Steilküste einen markierten Pfad. Auf diesem können Sie bis zur körperlichen Erschöpfung nach Süden laufen, über wilden Klippen und bei prachtvoller Sicht; der Rolls Royce unter den Küstenpfaden!

Nach einer guten Stunde folgen Sie einem beschildert bergauf führenden Pfad zum **Leuchtturm von Camarat** *(Phare de Camarat)* und gehen vom Leuchtturm auf der Straße, bzw. ab *Camping Tournels* auf einem breiten Weg zum Ausgangspunkt zurück.

Stattdessen können Sie aber auch an der Küste weiter nach Süden vorstoßen, unterhalb des Château de Volterra (nicht zu besichtigen) und durch ein Gebiet, in dem es im August 2006 ziemlich gebrannt hat. Sie kommen am **Strand von L'Escalet** raus und laufen entlang der Straße zurück (schon vor dem Campingplatz *La Cigale* nach rechts). Das Geld für die Wanderkarte können Sie (ausnahmsweise) sparen. Der Küstenweg ist teilweise etwas ausgesetzt.

Der **Leuchtturm von Camarat** steht 129,80 m über dem Meeresspiegel und ist damit der höchste Frankreichs *(nicht mehr zu besichtigen)*. Direkt davor ist ein kleiner Parkplatz angelegt, ohne Barriere und Verbotsschilder, den ich früher als Not-Stellplatz empfohlen habe, obgleich ich selbst dort wohl nie übernachten würde und vor dem ich nach einem Waldbrand im Jahr 2006 nun eher warne.

Aber der bei der vorgenannten Wanderung erwähnte **Strand von L'Escalet** ist eine schöne Empfehlung, die von dort zu Fuß erreichbaren Buchten und Strände sind sogar

Plage de Briande

echte Geheimtipps. Von dem in nachstehendem Kasten aufgeführten Tagesparkplatz L'Escalet benötigen Sie 40 Minuten zur wunderbaren **Plage de Briande**, vorbei an weiteren Sandbuchten und Stränden (ich würde nicht in Badelatschen gehen, viele Urlauber tun es aber dennoch).

An oder nahe der Bucht südlich von St. Tropez finden Sie Wegweiser zu verschiedenen Campingplätzen und zahlreichen *Camping à la ferme* (das sind hier kleine, private Campingplätze, die durchaus empfehlenswert sind). Meine Tipps fasse ich nachfolgend zusammen:

Der größte und gepflegteste Campingplatz der Gegend grenzt nicht an den Strand, dorthin sind es 1,5 km, Sie brauchen also Fahrräder, stattdessen gibt es in der clubartigen Anlage einen geräumigen Pool:

(020) WOMO-Campingplatz-Tipp: Ramatuelle (Les Tournels)

GPS: N 43°12'20" E 06°39'03"; Route de Camarat; **Ortszentrum**: 4 km. **Zeiten**: Von Anfang Januar bis Anfang März geschlossen. **Tel**: 04 94 55 90 90. **Ausstattung**: Schwimmbad, Sauna, Fitnessraum, Supermarkt (in der Nähe), Restaurant, Animation, sehr schöne Lage, teilweise Blick aufs Meer, zu Fuß 25 Minuten zum Strand.
Zufahrt: Biegen Sie etwa 2 km östlich von Ramatuelle von der D 93 ab (beschildert).

Den preiswertesten und zünftigsten Platz finden Sie nicht am Meer, sondern unter Bäumen am Rand von Weinbergen; unser Tipp, wenn Ihnen die offiziellen Stellplätze am Strand zu voll sind und als Nachtplatz zum Tagesplatz Nr. 022:

(021) WOMO-Campingplatz-Tipp: Ramatuelle (Ferme Brunetto)

GPS: N 43°12'11" E 06°38'35"; Route des Tournels. **Ortszentrum**: 3,5 km. **Zeiten**: vermutlich 1.6. - 30.9., nicht mit anderen Fermes der Gegend, die auch in Frage kommen, verwechseln.

Ausstattung: 2 km zum Strand, schöne Lage, warme Duschen, Supermarkt, sehr preiswert.
Zufahrt: Verlassen Sie die D 93 wie zum vorgenannten Platz, biegen Sie jedoch vorher zum beschilderten Supermarkt ab und fahren Sie daran vorbei, der Platz liegt dann nach 350 m rechts der Straße.
Hinweis: Aus Rechtsgründen ist die Kapazität beschränkt, ziehen Sie auch die anderen Fermes in Betracht.

Nur tagsüber nutzbar, aber an schönen Stränden liegt

(022) WOMO-Badeparkplatz: L'Escalet
GPS: N 43°11'15" E 06°38'30";   **max. WOMOs**: > 5.
Ausstattung: Wunderbare Strände, Kiosk, Wanderwege, in der Hochsaison früh am Vormittag anreisen, nur von 8-19 Uhr.
Zufahrt: Verlassen Sie die auf der Michelin-Karte gelb eingezeichneten D 93 südlich von Ramatuelle Richtung ‚*L'Escalet*' und fahren Sie bis zu Parkmöglichkeiten am Strand von L'Escalet..
Ca. 750 m oberhalb der Bucht finden Sie den schön gelegenen **Campingplatz *La Cigale*** (1.4-30.9).

Der kleine Ort **Ramatuelle** ist ein reizender Flecken hoch über der Küste, touristisch aufgemotzt, aber allemal einen Bummel wert. Leider grenzt es schon in der Nebensaison an eine Kunst, das WOMO abzustellen. In der Hauptsaison sollten Sie Ihre Nerven schonen und unterhalb beim Sportplatz parken.

Wer auch dort oder seitlich der Straße nicht fündig wird, gibt am besten Gummi. Der Trubel nimmt sofort ab, wenn

Ramatuelle

Sie das kleine Sträßchen oberhalb von Ramatuelle nach Gassin nehmen, die auf der Michelin-Karte eingezeichneten **Moulins de Paillas** im Visier. Damit meint man die wieder aufgebaute Windmühle fast auf der Spitzes des Berges. Erwarten Sie keine wirkliche Sehenswürdigkeit (im Sommer reale Mehlerzeugung), dafür aber eine schöne Sicht und zwei kleine Stellplätze mit und ohne Fernblick:

---

(023) WOMO-Stellplatz: Moulins des Paillas
GPS: N 43°12'53" E 06°36'18";   Ramatuelle, Route des Moulins;
WOMOs: 2-3.   **Ausstattung/Lage**: bedingt klappstuhlgeeignet, Auffahrkeile erforderlich / außerorts, einsam, schöne Lage.
Zufahrt: Der Platz liegt an dem Sträßchen von Ramatuelle nach Gassin genau dort, wo die Stichstraße zum Gipfel abzweigt.

Eine **weitere** größere und ebenere Fläche, aber ohne Sicht, entdecken Sie oben rechts vor dem Ende der Gipfelstraße.

Wenn Sie bei einsamen Plätzen leichtes Muffensausen befällt, macht das auch nichts, da Sie einfach nach **Gassin** weiterfahren, in ein in 200 m Höhe liegendes Dorf aus der Reihe *,Eines der schönsten Dörfer Frankreichs'*, wie viele dieser Ortschaften edel herausgeputzt, aber mit einem Rest von Ursprünglichkeit. Die Stellplatzbedingung sind, wenn man davon absieht, dass man etwa 9 km vom Meer entfernt nächtigt, überraschend gut. So günstig, dass ich die Areale mehrfach, aber vergeblich, nach Verbotsschildern abgeschritten bin:

WOMO-Stellplätze: Gassin

(024) Süd
GPS: N 43°13'31" E 06°35'15";   Route des Moulins des Paillas;
max. WOMOs: 4-5.   **Ausstattung/Lage**: Mülleimer, Gaststätten, Geschäfte / Ortsrand, angenehme Lage.
Zufahrt: Südlich des Dorfes, also an der Straße nach Ramatuelle, kommen Sie am Ortsanfang an einem ebenen Parkplatz vorbei.
Hinweis: Größere WOMOs passen nicht in die eingezeichneten Parkflächen.

(025) Nord
GPS: N 43°13'52" E 06°35'06";   D 61;   **max. WOMOs**: >5.
Ausstattung/Lage: Gaststätten, Geschäfte, überwiegend uneben, leistungsfähige Auffahrkeile unbedingt erforderlich / Ortsrand.
Zufahrt: Der Platz ist auf der Nordseite am Ortseingang nicht zu verfehlen.

St. Tropez würden Sie schon ganz gerne ausgiebig besichtigen, die Parkplatzsuche fällt Ihnen aber schwer und meine

Camping de la Plage

vielfältigen Warnungen vor WOMO-Knackern haben Ihnen den Schneid abgekauft. Kein Problem! Zumindest, Sie können es nicht mehr hören, außerhalb von Juli/August. Sie pfeifen auf kurventrächtige Besichtigungstouren, Sie lesen die deutsche Zeitung vom selben Tag, am Spiegel der Campingplatz-Toilette bewundern Sie heimlich Ihre Bräune. Sie schlagen die meisten meiner wohl gemeinten Tipps in den Wind und hauen sich eine Woche an den Strand. Unter uns, genau das würde ich auch tun, wenn mich meine Verleger, die Leser und am allermeisten die von mir selbst gestellte Aufgabe nicht rastlos durch die Lande hetzen ließen. Kurz gesagt, Sie werfen bei **Port-Grimaud** den Anker:

(026) WOMO-Campingplatz-Tipp: Port-Grimaud (Camping de la Plage)

GPS: N 43°16'55"
E 06°35'10";   D 559;
Ortszentrum: 0,8 km.
Zeiten: 1.4. bis Anfang Oktober, im Juli/August wird es schwierig, es gibt aber auf dem geräumigen Geländeteil jenseits der stark befahrenen Durchfahrtsstraße auch im ruhigeren Bereich noch viele Plätze (Unterführung zum Strand).
Tel: 04 94 56 31 15.

Ausstattung: Direkt am Strand, Laden, Restaurant, naturbelassen, einige Plätze liegen nahe der Straße mit sommerlichem Dauerstau; von hier können Sie mit dem Bus nach St. Tropez fahren oder mit dem Rad (30 Minuten - zur Hälfte auf Radwegen).
Zufahrt: Nordöstlich von Port-Grimaud beim Wegweiser direkt an der D 559.

An dem vorgenannten Campingplatz gefällt mir gut, dass er nicht so durchorganisiert ist, dass es keine abgezirkelten Par-

Die Küste bei St. Tropez 63

zellen gibt, dass das wirklich schöne Gelände nahtlos in den Strand übergeht und dass der Betreiber des Campingsupermarktes eine museale Blechdosensammlung hinter der Brottheke zur Schau stellt. Aber die betagten Platzbesitzer haben schon länger nicht mehr investiert, und ich befürchte den Tag, an dem das Unternehmen in jüngere Hände geht, die ohne Mietzelte und *Mobilhomes* nicht mehr überleben können (oder wollen). Letzteres sind die abscheulichen Blechkisten, die an Pseudo-Camper vermietet werden und an den hässlichsten Stellen eines Campingplatzes nebeneinander geschachtelt werden. *Mobil* nennt man diese Dinger, weil sie zwei kleine Räder haben, die nur zweimal im Leben der überdimensionierten Baracke zum Einsatz kommen: Wenn sie vom Lastwagen unter den Antibaum des Campers, die schnell wachsende Pappel, rangiert und wenn sie nach Jahren zur Verschrottung oder ins Zwischenlager für Asylbewerber wieder abgeholt werden. Sehr selten habe ich auf Campingplätzen auch mal schön positionierte Riesenwohnwagen gesehen. Meistens male ich mir aus, wie die hoffnungsfrohen Feriengäste, die zu Hause anhand eines trügerischen Prospektes für viel Geld mehrere Wochen gebucht haben, nach langer Fahrt und müde an ihr Feriendomizil geführt werden - und kein Antidepressivum im Reisegepäck haben. Eine verdammt schwere Aufgabe für eine Pulle Rotwein!

Versetzen Sie sich in die Lage dieser armen Leute, wenn Sie im August vor verschlossenen Campingplatztoren stehen, nehmen Sie Ihre Frau (oder Ihren Mann) in den Arm, Ihren WOMO-Reiseführer zur Hand und erinnern Sie sich an Ihren Hautarzt, der gar nichts von einem Strandurlaub hält. Aber da Sie nicht in der Hauptsaison unterwegs sind oder vorgebucht und sich für *Camping de la Plage* entschieden haben, bleiben Ihnen mehrere Tage, um ab und an einen mitleidigen Blick auf den Nachbarcampingplatz *Les Prairies de la Mer* zu werfen. Jenes riesige Gelände mit den vielen Mobilhomes und dem vollen Strand in unmittelbarer Nachbarschaft. Das liegt zwar auch direkt am Meerufer, ist aber deutlich hässlicher. Womit ich nicht ausschließen möchte, dass Sie auch hier einen schönen Badeurlaub erleben können. Denn gemessen an den vielen Scheußlichkeiten, die Campingplätze oftmals auszeichnen, gehört auch der Nachbar zur schöneren Sorte.

Ganz gleich, wo Sie nun gelandet sind, Sie werden alsbald am Strand entlang nach **Port-Grimaud** laufen, wo es mehrere, eher schlechte Pizzerien und Restaurants gibt (schön gelegen, relativ gut, aber etwas zu teuer ist *La Table du Mareyeur*, nach dem nordöstlichen Haupteingang links), und fast ebenso viele Makler. Nachdem Sie sich gerade in den Mieter eines mobilen

Port-Grimaud

Homes versetzt haben, sollten Sie nun gedanklich mit einem Ferienhausbesitzer tauschen: Der hat ein Vermögen dafür hingeblättert, eine Doppelhaushälfte zu erwerben. Zugegebenermaßen in einem der interessantesten Ferienorte am Mittelmeer. Was der Architekt François Spoerry hier ab dem Jahre 1966 aus der Retorte gezaubert hat, ist gut gelungen. 2.000 Häuser wurden an ein künstliches, 5 km langes Kanalsystem platziert, mit insgesamt 8 km Hafenkai. Die meisten Bauten grenzen direkt ans Wasser und verfügen über einen privaten Anlegesteg, es gibt anmutige Brücken, stille Winkel und mittendrin sogar einen Boules-Platz. Die Fenster des im Stil einer Wehrkirche erbauten Gotteshauses stammen von Victor Vasarély (zu diesem Künstler siehe in Teil 1), und es wäre wirklich ein Fehler, wenn Sie sich Port-Grimaud, eine richtige Sehenswürdigkeit, entgehen ließen (mit dem Rad die nordöstliche Zufahrt nehmen). Die einstmals auf alt getrimmten Häuser haben inzwischen reale Patina angesetzt, und wenn Sie Retorten-Ferienorte von der Languedoc-Küste kennen, werden Sie vor Herrn Spoerry den Hut ziehen. Aber stellen Sie sich doch mal vor, Sie müssten Jahr für Jahr hierher fahren, Sie

müssten den Herbst oder Weihnachten unter grauem Himmel und mit schlagenden Fensterläden in einer Geisterstadt verbringen, und Sie hätten dafür das ganze Erbe der Oma auf den Kopf gehauen. Die müsste übrigens gut gespart haben. Für 50 Quadratmeter Wohnfläche müssten die Erben nämlich rund ein Milliönchen übrig haben.

Was will uns dieses Gedankenspiel sagen? Und was denken wir beim Anblick der Mietzelte und Mobilhomes? Im WOMO liegt die Lösung, weil Ihr nächster Urlaub in Griechenland, Portugal, Sizilien oder den elsässischen Vogesen so genussreich stattfinden wird!

Oder, in diesen Ferien, nur ein paar Kilometer landeinwärts, wo nicht der ganze Urlaub, aber ein paar Stunden, vielleicht auch eine stimmungsvolle Nacht, zum Gegenstand Ihrer Erinnerungen werden. Sie haben sich nämlich bislang womöglich nur am Col du Canadel aufgerafft, der Küste wenigstens kurzzeitig den Rücken zu kehren, und Sie haben sich nun darauf besonnen, dass die Würze eines Wohnmobil-Urlaubs im Betrachten der Sterne, dem Lauschen der Zikaden sowie in der Naturverbundenheit liegt (notorische Campingplatzfreunde geben ihren Stellplatz nicht auf, sie zahlen mal eine Nacht, auch wenn sie ganz woanders schlafen). Sie fahren die paar Kilometer hoch nach **Grimaud** (3.300 Einwohner), vielleicht erst am Nachmittag, und Sie stellen sich dort an den Rand eines liebenswerten Örtchens, das genauso aufgepäppelt ist wie alles andere, was im Dunstkreis des Meeres liegt und als liebenswert bezeichnet wird. Die Einheimischen sind zweifellos in der Minderheit, nicht nur wenn sie die über dem Bilderbuch-

bei Grimaud

dorf thronende (restaurierte) Burgruine erklettern. Der Blick vom einstigen Besitz der Herren von Grimaldi, die übrigens mit dem Fürsten von Monaco nicht verwandt oder verschwägert sind, schweift auf den Golf von St. Tropez und das Mauren-Massiv. Nordöstlich des Dorfes und am Fuß desselben erkennen Sie auch den Friedhof, womöglich parken Sie auch schon dort und hegen gewaltige Zweifel an Ihrem Tun. Zweifellos sind Wohnmobile hier nicht gerne gesehen:

(027) WOMO-Picknickplatz: Grimaud
GPS: N 43°16'39" E 06°31'18"; Piste Serge Fougere; **max. WOMOs**: >5.
Ausstattung/Lage: Mülleimer, Wasser (am rechten Friedhofseingang), Picknickbank, Geschäfte, Gaststätten im Ort, Naturlehrpfad am Platz / außerorts, eher einsam, sehr schöne Lage.
Zufahrt: Fahren Sie auf der D 588 an Grimaud vorbei Richtung La Garde-Freinet; wenn Sie an Grimaud vorbeigekommen und bergab gefahren sind, also nördlich und außerhalb der Bebauung, zweigen nach rechts (nach Nordosten) drei Sträßchen ab; Sie nehmen das mittlere (Wegweiser ‚P' und ‚Bus'), fahren geradeaus am Hang entlang, vor dem oberen Verbotsschild links bergab und gelangen so zu einem Parkplatz-Gelände beim Friedhof unterhalb des Dorfes, wo Sie zu den Picknickbänken fahren.

Hinweis: Dort hängt ein Verbotsschild für Wohnwagen. Auf der Terrasse darüber wurde ein Schild mit einem durchgestrichenen Wohnmobil angeschraubt. An anderen Stellen im Ort war man aber fähig, ein klares Wohnmobilverbot zu beschildern, weshalb ich den Platz trotz Vorbehalten noch nicht ganz gestrichen habe. Schade ist die Beschilderung auf jeden Fall.

Zumindest tagsüber werden Sie von einer schönen Sicht begeistert werden. Die reicht vielleicht zu einer nahen, neu aufgebauten Windmühle, von der Sie, weit entrückt, auf den Betrieb unten am Strand, hinabschauen können (an einem Naturlehrpfad).

Sie wollen, so schreiben Sie mir zuweilen, nicht wissen, wo Sie teuer und sehr gut essen, also sage ich Ihnen, wo wir gut und preiswert gespeist haben und sehr nett saßen: im **Restaurant *La Bretonnière*** *(Tel. 04 94 43 25 26, im Sommer mittags und außerhalb der Saison sonntags abends und montags geschlossen).* Aber falls der Stellplatz wirklich gesperrt wäre, will das sowieso niemand mehr wissen.

Ich könnte mir vorstellen, dass Sie am waldigen Gebirge hinter der Küste Gefallen gefunden haben und auf kurviger Strecke von Grimaud noch 10 km weiter mitten hinein in das Massif de Maures vorstoßen, in dessen Hauptort **La Garde-Freinet** (1.400 Einwohner). Spektakuläres gibt es dort nicht zu sehen, aber man schlendert vom Küstentrubel nun völlig entrückt durch stimmungsvolle Gassen, über den lang gestreckten Marktplatz und vorbei an einem alten Waschhaus. Wenn Sie dann noch einen ausgedehnten Spaziergang unternehmen möchten, dürfen Sie im Ort auch (mittelmäßig) übernachten, wobei hier ausnahmsweise mal ein Campingplatz einem Neubaugebiet weichen musste:

---

(028) WOMO-Wanderparkplatz: La Garde-Freinet
GPS: N 43°18'52" E 06°28'18";   D 558;   **max. WOMOs**: <5.
Ausstattung/Lage: Geschäfte, Gaststätten, Schwimmbad, Wanderwege / Ortsrand.
Zufahrt: Am südlichen Ortseingang, wenn Sie von Grimaud kommend, also vor dem Ort, sehen Sie rechts der D 558 einen Parkplatz.

Die Wanderung, wir sind sie selbst noch nicht gegangen, ist kaum mehr als ein ausgedehnter Spaziergang und führt zu den Ruinen des **Fort Freinet**, wo Sie bei klarer Sicht einen weiten Blick bis zum Meer und vor allem über das Massif de Maures genießen:

Zum Fort Freinet

Im südlich Teil von La Garde-Freinet müssten Sie den rot-weiß-rot beschilderten GR 9 finden, wenn ich es richtig in Erinnerung habe, auch einen Wegweiser zum Fort. Die einfache Strecke zur Ruine, die übrigens auch auf der Michelin-Karte eingezeichnet ist, dauert etwa 30 Minuten, eine Karte ist nicht erforderlich.

Wer in dieser schönen Gegend länger verweilen und weitere Wanderungen unternehmen möchte, sollte wegen des wunderbaren Panoramas die **Roches Blanches**, südwestlich von La Garde-Freinet nicht versäumen.

Die Sarazenen

Die Erbauer der Burganlage bei La Garde-Freinet waren vermutlich Sarazenen, von denen im Süden von Frankreich immer wieder die Rede ist. Sarazenen waren kein bestimmter Volksstamm, sondern sie kamen aus arabischen Bereichen, aus Südspanien oder Nordafrika, über das Mittelmeer und haben ihren Lebensunterhalt hauptsächlich durch Raubzüge und Seeräubertum verdient. Die Sarazenen hatten sich nicht nur wegen des Zugriffs auf anderer Leute Eigentum unbeliebt gemacht, sondern auch, weil sie fremdländisch waren. So wurden sie nachhaltig vertrieben. Die entscheidende Niederlage brachte ihnen im Jahre 972 ein

Graf namens Wilhelm bei, den man seither *den Befreier* nennt.

Die Sarazenen hatten sich aber durchaus auch nützlich gemacht, sie galten als gute Ärzte, sie führten in Südfrankreich die Nutzung der Korkeiche und die des Flachziegels ein. Eine ihrer letzten Rückzugsstätten waren La Garde-Freinet und dort möglicherweise das Fort.

Als Schildkrötenfreund oder Naturliebhaber werden Sie vielleicht noch weiterfahren nach **Gonfaron** zum **Village des Tortues** *(auf der Michelinkarte eingezeichnet, 9-19 Uhr; 7 €)*, wo Sie über hundert Schildkröten der verschiedensten Arten und Herkunftsländer beobachten dürfen. Der Park dient der Wiedereingliederung vor allem der maurischen Schildkröte in der Natur und versorgt ausschließlich verletzte, entlaufene oder aus Vernunft abgelieferte Tiere.

Wahrscheinlich werden Sie aber in La Garde-Freinet umkehren und den Rückweg zur Küste suchen. Unten in der Ebene, 3 km südwestlich von Grimaud, bietet sich ein Abstecher nach **Cogolin** (5.500 Einwohner) an, in eine lebhafte, vom Tourismus noch nicht dominierte Kleinstadt mit vielen Handwerksbetrieben, wo man die Rinde der Korkeiche verarbeitet und wo die Tradition der Pfeifenherstellung heute noch aufrechterhalten wird, weil in der Gegend der passende Rohstoff gefunden wird, die Bruyèrewurzel aus ginsterähnlichem Gehölz. Wer will, kann in verschiedenen Werkstätten zusehen, wie das Rauchutensil Form gewinnt. Beim Bummel durch die Straßen fallen Ihnen wahrscheinlich auch die vielen Teppiche auf, die in der örtlichen *Manufacture de Tapis* gewebt werden, auch heute noch überwiegend von Nachfahren der Armenier, die um 1920 hier sesshaft geworden sind.

Am Ende unserer zweiten Tour könnte man noch nach **Ste. Maxime** weiterfahren, was klangvoll klingt, aber WOMO-mäßig ein Flop würde. Der Stau endet nämlich im WOMO-Sperrgebiet (Stellplatz und Entsorgung finden Sie an unschöner, aber bequemer Stelle, am nördlichen Ortsrand und der Straße zur A 8, beim *Rond Point de Neuenbürg*, N 43°19'02" E 06°37'49" **029**).

Die Küste bei St. Tropez

Tour 3: Strand und Berge - Die Esterel-Küste

Les Issambres - Fréjus - St. Raphaël - Agay

Stellplätze:	bei Les Issambres, in Fréjus, in Agay, bei Anthéor
Campingplätze:	bei St. Aygulf, in Dramont, in Agay, bei Anthéor
Besichtigen:	Fréjus, Reste der Staumauer von Malpasset, Esterel-Gebirge
Wandern:	Spaziergang zu den Resten der Staumauer von Malpasset, beim Cap du Dramont, im Esterel-Gebirge
Essen:	Restaurant *Côté Jardin* in Agay

Vom sommerlichen Stau war schon mehrfach die Rede, von den schönen Blicken entlang der Küstenstraße auch. Beides begleitet Sie am Anfang unserer dritten Tour, die mit einer kleinen Sensation beginnt, einem neuen, wenn auch privat betriebenen Wohnmobilstellplatz:

> ### (030) WOMO-Badeplatz: Les Issambres (Chez Marcel)
> **GPS**: N 43°21'57" E 06°42'42"; D 559; **max. WOMOs**: ca. 50.
> **Ausstattung/Lage**: Privat betriebener Stellplatz, vom Strand durch die Straße getrennt, Ver- und Entsorgung, Dusche, Mülleimer, Strom, klappstuhlgeeignet, Brotdienst, im Sommer Pizzawagen, baum- und schattenlos / außerorts, nicht einsam.
> **Zufahrt**: Der Platz ist zwischen Les Issambres und St. Aygulf seitlich der Küstenstraße nicht zu übersehen; gegenüber der Zufahrt zum Campingplatz *Au Paradis des Campeurs*.
> **Gebühren**: In der Hochsaison 13 €, sonst 10 €, aber auch stundenweise.
> **Hinweise**: Im Sommer oft schon früh am Nachmittag belegt.

Der touristische Auftrieb wird nun umso größer, je mehr Sie sich Fréjus nähern. Das liegt ganz einfach daran, dass die Natur nun wieder Platz bereit stellt. Das Bergland wird nämlich hier vom breiten Delta des **Flusses Argens** unterbrochen, wovon Campingplatzbesitzer erfolgreich zehren. Mit uns haben diese allerdings noch nicht Bekanntschaft gemacht, weil mir stets missfallen hat, dass die Plätze nicht unmittelbar am Strand oder dicht an der Straße liegen. Sie müssen also selbst nachsehen, ob Sie eine überzeugende Bleibe finden, wobei Ihnen im Juli/August auch hier die Entscheidung wahrscheinlich schon von einer geringen Auswahl leicht gemacht wird. Die beiden besten Plätze dürften sein:

> ### WOMO-Campingplatz-Tipps: St. Aygulf
> **(031) Le Pont d'Argens**
> **GPS**: N 43°24'35" E 06°43'29"; **Ortszentrum**: 2 km.
> **Zeiten**: 1.4.-20.10.; **Tel**: 04 94 51 14 97.
> **Ausstattung**: 400 m vom Strand entfernt, aber nicht durch die Straße vom Strand getrennt; Pool, Restaurant, Laden; wer ein Boot hat, kann mit demselben auf dem Fluss zum Strand schippern, nahe der D 559.
> **Zufahrt**: Der Platz ist nordöstlich von St. Aygulf an der D 559 auf dem Weg nach Fréjus beschildert. **Hinweis**: Im Juni 2010 musste der Platz nach starkem Regen wegen Überschwemmung geschlossen werden. Aber er wurde schon im selben Sommer wieder eröffnet.
>
> **(032) L'Étoile d'Argens**
> **GPS**: N 43°25'08" E 06°42'23"; Chemin des Étangs **Ortszentrum**: 2,5 km;
> **Zeiten**: 1.4.-30.9.; **Tel**: 04 94 81 01 41, unter www.etoiledargens.com können Sie die Verfügbarkeit der Parzellen abfragen;
> **Ausstattung**: 2,5 km vom Strand entfernt, im Sommer aber Zubringerdienst mit dem Boot; am Fluss gelegen, für Bootsbesitzer geeignet, Pool, Restaurant, Laden, Animation.
> **Zufahrt**: Der Platz ist nordöstlich von St. Aygulf landeinwärts, an der D 559 auf dem Weg nach Fréjus beschildert.
> **Hinweis**: Im Juni 2010 musste der Platz nach starkem Regen wegen Überschwemmung geschlossen werden und blieb das bis zur Drucklegung.

Der Strand im Mündungsbereich des Argens, wo es übrigens auch einen nicht so sehr frequentierten Nacktbadebereich gibt (aber keinen für Wohnmobile zugänglichen Parkplatz), gilt als einer der schönsten an der Côte d'Azur, weil er breit, ausgedehnt und grobkörnig ist. Dahinter sehen Sie auch ausgedehnte Parkplätze, nur leider mit der berüchtigten Barriere. Das Strandgelände ist ein Naturschutzgebiet und macht eigentlich einen recht schönen Eindruck. Es war vielleicht ein Fehler, dass ich mich hier noch nicht länger (auf einem Campingplatz) aufgehalten habe.

Wenn Sie nun weiter in Richtung Fréjus gefahren sind, werden Ihre Kinder lautstark ihr Recht einfordern. Sie haben nämlich die Riesenrutschbahn von **Aqualand** erspäht, einem Wasser-Freizeitpark, mit dem angeblich größten Wellenbad Europas, einem Wildwasserbach und einer Abenteuerlagune *(20.6.-6.9.; Juli/August 10-19 Uhr, Juni und erste Septemberhälfte 10-18; 24 €, Kinder 17,50 €).* Wenn Ihre Kinder dann im gegenüberliegenden Luna-Park noch Karussell fahren dürfen, werden sie vielleicht bei den folgenden Besichtigungen weniger maulen. Aber beides scheitert, wenn Sie keinen Parkplatz finden (ich kann leider keine Tipps geben). Die eigentlich vorgesehene Fläche ist für WOMOs gesperrt.

Unser früherer Stellplatz im nahen **Roquebrune-sur-Argens**, einem malerischen Dorf landeinwärts, ist ausnahmsweise nicht einem Stahltor, sondern leider einem Denkmal zum Opfer gefallen, weshalb erst wieder **Fréjus** (41.000 Einwohner), eine der größeren Städte an der Côte, in unserem Buch ausführlicher behandelt wird, alleine schon wegen seiner historischen Bedeutung.

Die Römer in Fréjus

Zur Zeit um Christi Geburt hatte die Siedlung ähnlich viele Einwohner wie heute und war für damalige Verhältnisse geradezu eine Riesenstadt. Ein gewisser Octavian hatte den kleinen Ort zu einem bedeutenden Marinestützpunkt ausgebaut, an dem er wendige Galeeren bauen ließ. Die nahen Wälder boten ausreichend Rohstoff. Diese Schiffe waren im Jahre 31 v. Chr. in der Schlacht von Actium der weniger manövrierfähigen Flotte von Antonius und Cleopatra überlegen, gegen die Octavian um die Macht im römischen Reich kämpfte. Die Geschichtsschreibung berichtet, Octavian, der spätere Kaiser Augustus, habe bis zu 300 feindliche Galeeren einkassiert und in das Hafenbecken von Fréjus bringen lassen.

Der Sieg Oktavians war der Beginn einer kurzen Blütezeit, als römische Veteranen hier siedeln durften, vor allem zwangsverpflichtete Gallier, denen die römischen Bürgerrechte übertragen worden waren. Der Kapazität des Amphitheaters – 10.000 Sitzplätze – entnehmen die Forscher heute, dass die Stadt damals etwa viermal so viele Einwohner gehabt haben muss. Viele der Bauten, die uns heute noch erfreuen, wenn wir alte Trümmer suchen, können besichtigt werden. Nur den Hafen gibt es nicht mehr, er wurde während der französischen Revolution zugeschüttet.

Die bekanntesten römischen Trümmer sind die des schon erwähnten **Amphitheaters**, am nordwestlichen Ortsrand gut beschildert, das nur wenig kleiner als seine Gegenstücke von Arles oder Nîmes, aber deutlich sparsamer konzipiert worden ist. Das vornehmlich aus ehemaligen Legionären bestehende Publikum war nicht so anspruchsvoll *(täglich außer Montag 9:30-12:30 Uhr und 14-18 Uhr, im Winterhalbjahr nur bis 17 Uhr; 2 € – für 4,60 € erhalten Sie ein Sammelbillet, das innerhalb einer Woche auch für die anderen röm. Sehenswürdigkeiten gilt).* Weniger gut erhalten ist das **Theater** für Schauspiele, etwa 400 m in nordöstlicher Richtung. Gehen Sie dort noch ein paar Meter weiter, können Sie auch einige Pfeiler und verfallene Arkaden des ehemaligen **Aquädukts** ausmachen, über den einst Wasser aus dem Esterel-Gebirge in die Stadt geführt worden ist. Von den römischen Relikten erwähne ich noch die **Laterne d'Auguste** (südlich der Altstadt), obwohl von ihr nur noch Mauerreste übrig sind. Der Turm, der im Mittelalter ein Leuchtfeuer trug, steht aber dort, wo sich die Einfahrt in das alte, durch einen Kanal mit dem Meer verbundene Hafenbecken befunden hat, das also auch damals schon nicht direkt am Meer lag. In der Nähe ahnt man noch die Spuren der antiken Kaianlagen, und angeblich gibt es sogar Pläne, den alten Ha-

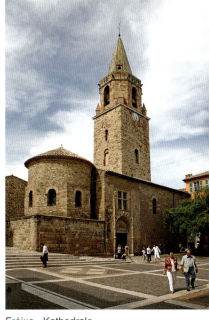

Fréjus - Kathedrale

Die Esterel-Küste 73

fen wieder auszugraben und Fréjus erneut mit dem Meer zu verbinden. Denn der aktuelle Hafen, Port Fréjus, ist neuesten Datums, er wurde im Jahre 1989 eingeweiht. Man muss sich ihn nicht antun.

Absolut sehenswert ist aber die lebhafte **Altstadt** nördlich der D 559, wesentlich beschaulicher als befürchtet und mit einem beeindruckenden **Domkomplex** (Groupe Episcopal). Das bedeutendste Bauwerk dieses Ensembles ist die **Taufkapelle** aus dem 5. Jahrhundert, eines der ältesten Kirchenbauwerke Frankreichs und ähnlich alt wie das Baptisterium von Riez (Tour 11). Schließen Sie sich einer geführten Besichtigung an, sie dauert nicht lange und ist dadurch verständlich, dass man Ihnen eine gedruckte, deutschsprachige Kurzfassung aushändigt. Nur auf diese Weise kommen Sie in den Genuss des Anblicks der geschnitzten Türen aus dem 15. Jahrhunderts, des Baptisteriums und der 400 noch existierenden Bildtafeln (von ehemals 1.200 Stück) im Gebälk an der Decke des Kreuzgangs

Fréjus - Taufkapelle

aus dem 13. Jahrhundert *(9-18:30 Uhr, 1.10.-31.5. Mittagspause von 12-14 Uhr, ab 17 Uhr und montags geschlossen, 5 €, Kreuzgang, Taufkapelle und geschnitzte Türen sind nur im Rahmen einer Führung zu sehen)*. Die angesetzte **Kathedrale** aus dem 12. Jahrhundert ist ein Werk der Frühgotik (der Turm wurde erst im 16. Jahrhundert vollendet), sie ist das einzige Gebäude des Bezirkes, das keinen Eintritt kostet.

Das **archäologische Museum** mit be-

Fréjus - Bildtafeln

achtlichem römischem Leoparden-Mosaik befindet sich im Nachbarbau *(Mittagspause 12:30-14 Uhr, 2 €)*. Weil Fréjus seine schöne, vom nahen Baderummel nur wenig tangierte Altstadt bewahrt hat (ich war allerdings noch nicht im Juli/August dort), dürfen wir zwei Stellplätze empfehlen, auf denen Sie aber wirklich nur übernachten können. Es sind reine Parkplätze:

> **WOMO-Stellplätze: Fréjus**
>
> **(033) Wiese**
> **GPS**: N 43°26'16" E 06°44'10"; Rue Armand Duvivier; **max. WOMOs**: >5.
> **Ausstattung/Lage**: Gaststätten, Geschäfte / in der Stadt..
> **Zufahrt**: Biegen Sie von der D 37 - das ist die östliche Zufahrt zur Autobahn, Richtung *„Nice par l'Autoroute A 8'* – bei einem Kreisverkehr und einem *Lidl*-Markt nördlich der Innenstadt Richtung *„Centre ville'* und *„Théatre romain'* bergauf ab. Etwa 300 m nach dem Kreisverkehr liegt rechts der Straße an einer Wiese und unterhalb der Stadtmauer der Platz.
>
> **(034) Le Clos de la Tour'**
> **GPS**: N 43°26'08" E 06°44'13"; Rue Gustave Bret; **max. WOMOs**: >5. **Ausstattung/Lage**: Mülleimer, Gaststätten, Geschäfte, nur bis 6,20 m Länge, tagsüber oft belegt / in der Stadt.
> **Zufahrt**: Wie zu Platz 028, aber daran geradeaus vorbei und nach ca. 200 m auf den Parkplatz *„Le Clos de la Tour'*.

Zwei weitere Sehenswürdigkeiten gehören ins Programm, sie stammen aus der Zeit, als Fréjus zu Beginn des Ersten Weltkriegs zum Sammelpunkt von Kolonialtruppen aus Asien und Afrika wurde: Fährt man auf der D N 7 (durch das Landesinnere) Richtung Nizza, liegt bald rechts der Straße die **Buddhistische Pagode**, die um 1917 von für Frankreich kämpfenden vietnamesischen Soldaten gebaut worden ist, samt fernöstlichen Statuen und Garten mit exotischer Flora, in dem man wunderbar spazieren gehen kann *(9-12 Uhr und 15-18:30 (17) Uhr; 2 €).*

Geradezu bizarr ist die **Moschee** (Mosquée Missiri), ein sudanesisches Gotteshaus, das Sie an der D 4, der Straße nach Fajence, ein kleines Stück südlich der Autobahnüberquerung

Fréjus - Mosquée Missiri

Die Esterel-Küste 75

von außen besichtigen können. Das Bauwerk stammt von 1928 und war der Missiri-Moschee in Mali nachempfunden. Damit sich die im Solde Frankreichs stehenden Senegalschützen wie zu Hause fühlen sollten, hat man aus rohem Beton nicht nur den Andachtsort spielzeughaft kopiert, sondern gleich auch noch zwei Termitenhügel daneben betoniert und rötlich angestrichen *(gut beschildert, kostenlos, baufällig – und echt sehenswert).*

Schließlich möchte ich noch eine Sehenswürdigkeit erwähnen, weil man sie in einen **Spaziergang** einbauen kann. Es ist die zerborstene **Staumauer von Malpasset** (Barrage de Malpasset), ein schauriger Beweis für das Versagen der Technik: Der Stausee aus dem Jahre 1954 war einer der Ersten seiner Art, um ein Wasserreservoir zur Versorgung der Küstenorte anzulegen. Am 2. Dezember 1959 hielt aber die Statik dem Wasserdruck nicht mehr stand, der sich nach sintflutartigen Regenfällen im Staubecken gebildet hatte. In 20 Minuten ergoss sich eine gewaltige, 55 m hohe Flut- und Schlammwelle über Fréjus, ihr fielen 400 Menschen zum Opfer, und das Amphitheater musste ein zweites Mal regelrecht wieder ausgegraben werden. Fahren Sie im Norden von Fréjus Richtung ‚*Nice par l'Autoroute A 8*' und wählen Sie am letzten Kreisverkehr vor der Autobahnauffahrt die D 37 mit dem Wegweiser ‚*Malpasset*'. Nun wird die Straße schmaler, sie endet an einer Autobahnunterführung, wo Sie parken können, um 30 Minuten lang den auf der Michelin-Karte eingezeichneten Fußweg zu nehmen (siehe auch unsere Tourenkarte). Sie erkennen den Mauerdurchbruch, die noch herumliegenden, weggespülten Betonbrocken und sogar die Reste der ehemaligen Turbine. Einen guten Überblick bekommt man von einer kleinen Aussichtsplattform.

Zurück an der Küste muss man im Seebad **St. Raphaël** nicht unbedingt aussteigen, zumal *Stop and Go* einige Blicke auf den Hafen, die neo-byzantinische Kirche und ein paar Villen zulassen. In St. Raphaël ist die Architektur aus der Zeit des frühen 20. Jahrhunderts angeblich besonders gut erhalten. Falls Sie auf einem der folgenden Campingplätze ein paar Tage bleiben, können Sie ja mal mit dem Fahrrad oder dem Zug hinfahren und die Fassaden früheren Reichtums bestaunen. Leser haben östlich hinter der Bahnlinie einen Platz entdeckt, den ich versehentlich nicht nachrecherchiert habe und daher ungeprüft zur Erprobung frei gebe: Wenn die Küstenstraße östlich von St. Raphaël erstmals direkt am Strand vorbeiführt, fahren Sie landeinwärts und parken hinter einer schmalen und niedrigen Eisenbahnunterführung, deren Durchfahrtshöhe ich nicht kenne (**034a** – Wegweiser ‚*Necropole militaire*'; GPS: N 43°25'08" E 06°49'21"; Route des Carrieres).

bei Le Dramont

Sie werden sich vermutlich weiter östlich, am landschaftlich vielleicht schönsten Teil der Côte d'Azur, eine Weile aufhalten. Sie nehmen die D 559, ab hier **Corniche d'Or *(Corniche de L'Esterel)*** genannt, eine zum Beginn des 20. Jahrhunderts an der Steilküste angelegte Aussichtsstraße mit wunderbaren Blicken auf das rötliche **Esterel-Gebirge**, dem wir nun unsere Aufmerksamkeit widmen wollen:

Auf jeden Fall sollten Sie etwa 8 km östlich von St. Raphaël anhalten, wenn Sie kurz vor dem **Cap du Dramont** rechts der Straße auf einem größeren Platz die Gedenksäule sehen, die an die Landung der Amerikaner im August 1944 erinnert. Etwa 200 m danach folgt einer der schönsten Campingplätze an der Côte; die Mobilhomes sind auch hier viel zu zahlreich, aber sie stehen im Geräusch belasteten Teil:

---

(035) WOMO-Campingplatz-Tipp: Le Dramont (Campeole)
GPS: N 43°25'05" E 06°50'53"; an der D 559.
Ortszentrum: 0,2 km.
Zeiten: 20.3.-15.10.; im August bekamen wir keinen Platz. **Tel**: 04 94 82 07 68, unter www.campeole.com können Sie die Verfügbarkeit der Parzellen abfragen und reservieren.
Ausstattung: Direkt am nur eingeschränkt badetauglichen Sand- und Kiesstrand, Tauchzentrum, Laden, Restaurant.
Zufahrt: etwa 8,5 km östlich von St. Raphael an der D 559 beschildert.

Näher an der Straße liegt nach etwa weiteren 400 m *Royal Camping*, ein kleines Gelände, das auch schon mal in der

Die Esterel-Küste 77

Nebensaison belegt ist. Ich erwähne es trotzdem, weil es über einen eigenen, baumlosen und eher hässlichen Platzteil für Wohnmobile verfügt, auf dem Sie aber direkt am Rand einer schnuckeligen Sandbucht stehen. Sie sollten auf jeden Fall mal nachsehen:

(036) WOMO-Campingplatz-Tipp: Le Dramont (Royal Camping)

GPS: N 43°25'13" E 06°51'25";   an der D 559;   **Ortszentrum**: 0,8 km;
Zeiten: Mitte März bis Ende Oktober, in der Hochsaison ist vermutlich nichts zu machen.   **Tel**: 04 94 82 00 20.
Ausstattung: Direkt an der D 559, teilweise aber auch direkt am Strand, Restaurant.   **Zufahrt**: An der D 559 nicht zu übersehen.

Einer der schönste Campingplätze an der Esterel-Küste ist der von **Agay**, auch auf ihm findet man im Juli/August ohne Voranmeldung leider keinen Platz. Zu anderen Zeiten werden Sie die freundlichen Betreiber und das kleine, fast schon familiäre Gelände direkt am Strand in Ihr Herz schließen:

(037) WOMO-Campingplatz-Tipp: Agay (Agay-Soleil)

GPS: N 43°25'59" E 06°52'07";   D 559   Boulevard de la plage.
Ortszentrum: 0,6 km.
Zeiten: 25.3.-4.11., im Juli/August nur nach Voranmeldung. **Tel**: 04 94 82 00 79.
Ausstattung: Direkt am Sandstrand, Restaurant, Laden nach 300 m (aus dem Platz nach rechts), für sehr große Wohnmobile ungeeignet.

Zufahrt: 300 m östlich von Agay direkt an der D 559.
Hinweise: Achten Sie auf dem Platz bei der Bergabfahrt nach der Eingangsschranke auf die in den Weg hineinragenden Äste, die schon manchem Alkoven übel zugerichtet haben. Hier ist schon in der Woche nach Pfingsten am Abend mal ‚complet'; also früh kommen, die Fluktuation ist relativ groß.

Camping Agay Soleil

Wenn Sie Platz finden, sollten Sie das weidlich ausnutzen, besser als hier und auf Platz Nr. 35 wird es an der restlichen Küste bis zur italienischen Grenze nicht mehr! Reisen Sie auch außerhalb der Hauptsaison möglichst schon am Vormittag an. Falls Sie keinen Einlass finden, kommen auch noch die beiden Campingplätze in Frage, die Sie entdecken, nachdem sie in Agay landeinwärts abgebogen sind *(Camping des Rives de l'Agay*, N 43°26'06" E 06°51'11" und Nachbarplatz – auf beiden auch im Juli Platz). Der Fuß- und Radweg zum Strand ist mit 400 m oder weniger kürzer als befürchtet. Sie werden auch freie Stellplatzmöglichkeiten finden, reine Notlösungen, aber besser als nichts:

WOMO-Bade- und Parkplätze: Agay

(038) Ort
GPS: N 43°26'03" E 06°51'27";   Rue Agathonis;   **max. WOMOs**: 3 - 5.
Ausstattung/Lage: 200 m zum Strand, Gaststätten, Geschäfte / im Ort.
Zufahrt: Biegen Sie im westlichen Ortsteil landeinwärts ab (Richtung ‚A 8'), und fahren Sie nach der Bahnunterführung gleich links an den Rand der Straße unter Bäume.   **Hinweis**: Geräusche durch die sehr nahe Bahn.

(039) D 559
GPS: N 43°25'28" E 06°51'21";   an der D 559;   **max. WOMOs**: 2-3.
Ausstattung/Lage: kein wirklicher Stellplatz, aber zum Baden, falls Sie Platz finden, gut geeignet, direkt an Durchgangsstraße und Strand, schöne Sandbuchten zwischen den Felsen, Stranddusche /außerorts.
Zufahrt: Parkbuchten seitlich der D 559, etwa 500 m westlich von Agay.
Weitere Parkplätze seitlich der Straße finden Sie auf den Klippen, östlich von Agay.

Ganz in der Nähe von Platz 038, direkt jenseits der Eisenbahnbrücke, auf der Meerseite, waren wir früher vom **Restaurant** *Côté Jardin* (im Hotel *Relais d'Agay*) von einem erstklas-

Die Esterel-Küste 79

sischem Preis-Leistungsverhältnis angetan. Das hat sich so sehr herumgesprochen, dass die Tische sogar in der Nebensaison fast vollständig besetzt waren. Ich empfehle also die Reservierung, auch wenn die Preise gestiegen sind und die Küchenleistungen dafür nachgelassen haben. Aber wir kennen in Agay noch nichts Besseres *(Tel. 04 94 82 79 98; kein Ruhetag)*.

Irgendwo im näheren Umkreis von Agay sollten Sie über Nacht schon bleiben. Nicht, weil Agay, eine unromantische Ansiedlung an einer umso schöneren Bucht, besonders einladend wäre. Sondern weil Sie von hier am Morgen – zu Fuß, mit dem WOMO oder dem Fahrrad (das haben wir ausprobiert) – zur Wanderung aufbrechen. Genauer, sogar zu zwei Wanderungen, von denen wenigstens eine ein absolutes Muss ist. Oder, falls ich Sie dazu beim besten Willen nicht überreden kann, zu einem kleinen WOMO-Ausflug. Fangen wir mit der ersten Wanderung an, die sich auch für heißere Tage eignet, wenn Sie die Badesachen einpacken; mehr ein Badetag mit Wanderzugabe:

Zum Cap Dramont

Sie starten in **Agay** am Strand und laufen entlang der Küstenstraße nach Westen. Am westlichen Ortsschild von Agay stoßen Sie auf die gelbe Markierung des *Sentier litoral*, die Sie ja schon von früheren Wanderungen kennen, und folgen ihr bis zur Plage de Camp Long. Das ist die niedliche Badebucht beim *Camping-Royal*.

Wenden Sie sich am Campingplatz nach links bis zum Parkplatz, wo Sie dann nach rechts zunächst auf einem Pfad und später auf einer Waldstraße auf die Funkanlage zugehen, welche die ganze Zeit über schon auf der höchsten Spitze des Cap du Dramont in Ihrem Blick liegt. Sparen Sie sich allerdings den Weg ganz hoch, Sie dürfen das Militärgelände nämlich nicht betreten. An einem Sattel weiter unten, nachdem die Waldstraße zuerst eine Linkskurve gemacht hat, um sich danach in einer scharfen Rechtskurve

Cap Dramont - Blick vom Belvédère zu den beiden Campingplätzen

der Militärstation zuzuwenden, nehmen Sie den Weg nach links zum **Belvédère de la Batterie**, wo Sie am Fuß einer Antenne eine Prachtsicht auf die Bucht von Agay, das Esterel-Gebirge und die dunkelroten Felsen des Cap du Dramont genießen werden (Foto Seite 80 - ab Agay 80 Minuten).

Von hier pilgern Sie entweder auf dem Hinweg zurück, oder Sie biegen unten, kurz vor der Plage de Camp Long, nach rechts ab, um das **Cap du Dramont** zu umrunden. Auf diese Weise können Sie übrigens auch zum Belvédère de la Batterie gelangen, wenn Sie mit Hilfe der Wanderkarte an der richtigen Stelle den Pfad bergauf finden. Wer die vollständige Cap du Dramont-Rundtour nimmt, ist gut drei Stunden unterwegs, die kürzere Alternative ohne die Umrundung dauert etwa 2 ¼ Stunden *(Karte: 3544 ET)*. Auf die vielfältigen Bademöglichkeiten muss ich Sie nicht hinweisen.

Sie können das Naturerlebnis furios steigern (allerdings nicht baden): In Agay nehmen Sie zunächst die Straße durchs Landesinnere (Richtung *'A 8'*) und biegen nach 2 km ab zum **Forsthaus von Gratadis** (*'Masif de l'Ésterel'*; nur bis 3,5 t; ich vermute aber, dass man das Gesamtgewicht eines WOMOs im völlig unwahrscheinlichen Fall einer Kontrolle nicht überprüft; davon abgesehen sind die Straßen im Esterel-Gebirge auch mit größeren Reisemobilen ohne Probleme zu nehmen; wir sind die Strecke geradelt).

beim Forsthaus von Gratadis

In dessen Nähe ist ein ausgedehntes Picknick-Gelände angelegt, traumhaft schön an einem kleinen See, das Ziel von sonntäglichen Familienausflügen. Dummerweise muss man das herrliche Gelände bis 21 Uhr verlassen. Sie fahren am Forsthaus vorbei, biegen nach rechts ab, überqueren den Bach und wenden sich an der nächsten Weggabelung nach rechts. Der Weg windet sich nun bergauf durch die wilde Landschaft des **Esterel-Gebirges**, um dann schließlich am **Parkplatz des Plateau d'Anthéor** zu enden (mit dem Rad darf man weiterfahren), wo Sie schon wieder die Picknick-Sachen auspacken könnten. Bis hierhin sollte jeder Côte d'Azur-Urlauber fahren, der seine fünf Sinne noch beieinander hat.

Und wenn Sie dann noch ein paar feste Schuhe dabei haben, wenn es nicht allzu heiß ist, und wenn die Sicht gut ist, sollte Sie nichts mehr daran hindern, nun für 2 ½ Stunden in das wilde Felsenmeer des Esterel einzutauchen:

Die Esterel-Küste

Ins Esterel-Gebirge

Sie suchen am Parkplatz des **Plateau d'Anthéor** (siehe im vorstehenden Text) auf der Hangseite die Markierung mit dem gelben Punkt (nach Leserangabe zuletzt nicht sichtbar – Sie müssen den schräg bergauf führenden Pfad finden) und folgen ihr (bzw. dem Pfad) stets bergauf bis zum Aussichtsberg, dem **Pic du Cap Roux** (453 m – mit Panoramatafel). Sie können eigentlich nichts falsch machen. Sie werden besonders im Frühjahr und bei gutem Wetter, auf einem Höhepunkt Ihres Wanderlebens stehen, wenn Ihr Blick über die Küste, nach Cannes und Nizza, schweift und dahinter zur imposanten Kette der Seealpen.

Den Rückweg wählen Sie mit Hilfe der Wanderkarte (*3544 ET*) über den Nordhang und die **Grottenkappelle Ste. Baume**, oder sie nehmen den Hinweg, was wir eher empfehlen, weil Sie nun ständig aufs Meer schauen und von Ausblicken überrascht werden, die Sie beim Aufstieg so nicht hatten (bei identischem Hin- und Rückweg brauchen Sie 2 Stunden und 20 Minuten).

Es würde mich nicht wundern, wenn Sie derart auf den Geschmack gekommen wären, dass Sie in Agay noch einen Tag dranhängen, um mit der Wanderkarte, auf der auch die Zufahrten zu weiteren Parkplätzen eingezeichnet sind, andere Strecken zu testen, zum Beispiel zum **Pic de l'Ours** (492 m), ein Stück weiter im Norden. Die gut befahrbare Strecke ist dann 12 km lang, und der Aufstieg vom Parkplatz unterhalb dieses Gipfels dauert auf dem kürzesten Pfad 25 Minuten (beschildert; bequemer ist die etwas längere Alternative, wenn Sie an den beiden Wanderwegweisern zum Pic de l'Ours den rechten Weg wählen). Der Pic de l'Ours eignet sich also, weil der Weg kurz und die Sicht auch hier bestens sind; für Wanderarmateure.

So schön die weitere Küstenstraße bis La Napoule ist, so schlecht sind leider die Möglichkeiten für einen längeren Aufenthalt. Es gibt zwar diverse Parkplätze an der Straße (mehrfach warnen Schilder vor Autoknackern, vor denen Sie übrigens auch an den Ausgangspunkten zu den vorgenannten Wanderungen auf der Hut sein müssen), aber Badeplätze sind rar und Übernachtungsplätze gibt es nicht. Bis auf eine einzige Ausnahme, von der ich kaum glauben kann, dass ich mich bei der Ausschau nach Verbotsschildern auch in der dritten Auflage nicht verguckt habe. Es ist der Parkplatz am Viadukt von Anthéor:

---

(040) WOMO-Badeplatz: Viadukt von Anthéor
GPS: N 43°26'14" E 06°53'30";   D 559;   **max. WOMOs**: 5.
Ausstattung/Lage: Kleine Badebucht jenseits der Straße, Gaststätte / außerorts, nicht einsam.
Zufahrt: Biegen Sie nordöstlich von Anthéor von der D 559 am unübersehbaren Eisenbahnviadukt ab und parken Sie seitlich der Brückenpfeiler.

Zumindest einem Badevergnügen dürfte nichts im Wege stehen, wenngleich der Strand direkt an der Durchgangsstraße liegt. In unmittelbarer Nähe gibt es hintereinander auch zwei recht beschauliche **Campingplätze**.

Auf dem folgenden Weg muss die Besatzung kurvenfest sein. Sie müssen zum Staunen allerdings sowieso öfters mal anhalten, besonders nördlich von Miramar, wenn der Blick auf die eigenwillige Feriensiedlung von **Port-la-Galère** frei wird, ein vom Architekten Jaques Coulle konzipiertes Ensemble seltsamer von Hohlräumen durchsetzter Fassaden, die sich kaum von den Farbtönen und Formen der Steilküste abheben. Kurz vorher fällt einem, vor allem wenn man in westlicher Richtung fährt, das an

Port-la-Galère

Raumschiffe erinnernde bräunliche Ensemble über Miramar auf. Es ist der gewöhnliche Wohnsitz von Pierre Cardin, seines Zeichens Schlossbesitzer von Lacoste, über den ich schon in Teil 1 (Provence-West) hergezogen bin.

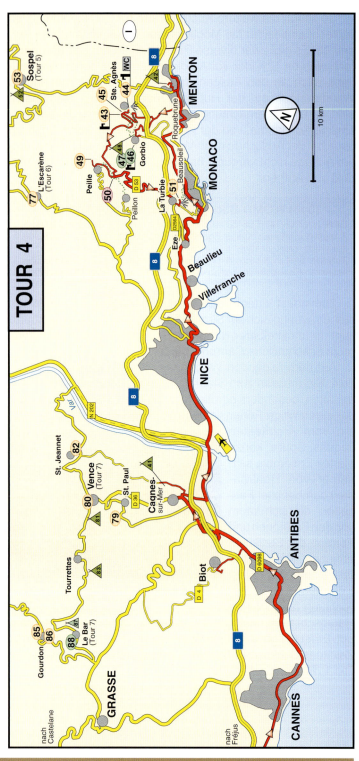

84 Tour 4

Tour 4: Côte d'Azur für Fortgeschrittene

Antibes - Cagnes-sur-Mer - Nice - Monaco - Menton
Ste. Agnès - Peille - La Turbie

Stellplätze:	in Ste. Agnès, in Gorbio, in und bei Peille, in La Turbie
Campingplätze:	in Cagnes, in Menton, in Gorbio
Besichtigen:	Antibes, Haut-de-Cagnes und Renoir-Museum in Cagnes, Nizza, Monaco, Menton, Ste. Agnès, Peille, La Turbie
Wandern:	von Ste. Agnès nach Gorbio, von Peille nach Peillon, von La Turbie nach Monaco
Essen:	Pizzeria auf dem Campingplatz in Menton, Restaurant *Le St. Yves* in Ste. Agnès

Niemals zuvor habe ich eine Wohnmobil-Tour mit größeren Vorbehalten in meinen Computer getippt. Sie ist die zuletzt fertig gestellte Episode im Zyklus des zweibändigen Buches und das Resultat heldenhaften Ringens – bei den Testfahrten wie auch beim Schreiben. Es gibt die Tour eigentlich nur deshalb, weil ich ahne, dass Sie, liebe Leser, sich beim Durchblättern des Buches wie auch bei Ihren Reiseplänen wegen der klangvollen Namen vielleicht als Erstes auf die nachfolgend beschriebenen Ziele stürzen werden. Ich durfte Sie also nicht enttäuschen. Dass ich dann doch noch, mit beharrlicher Suche und etwas Zufall, ein paar empfehlenswerte Winkel entdeckt habe, macht es möglich, Sie nicht nur zu warnen. Dennoch sind deutliche Worte dringend nötig:

Cannes, Nizza (Nice) und Monaco sind für eine Wohnmobil-Reise einfach ungeeignet. So toll der Urlaub in einem Rei-

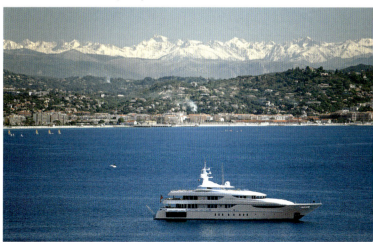

semobil auch sein mag, hat er aber leider auch den Nachteil, dass ein WOMO in großen Städten hinderlich ist. Sie müssen es nämlich parken, und genau dort liegt die Krux. Überlegen Sie es sich bitte gut, ob Besichtigungen von Nizza und Monaco wirklich stattfinden müssen. Wenn Sie mich fragen, eher nicht. Und wenn Sie Anfänger im mobilen Reisen sind, schon gar nicht. Sie verderben sich leicht die Laune, den Familienfrieden und mindestens zwei Tage! Analysieren Sie Ihr Unterbewusstsein und klären Sie, ob Sie sich für Nizza und Monaco ernsthaft interessieren oder ob Sie nicht nur von den für die Côte d'Azur vermeintlich so typischen Städten angelockt werden, vom Zwang, dort gewesen zu sein.

Nirgendwo sah ich in Südfrankreich mehr Wohnmobile – fahrend! Und ich muss nicht als Mäuschen in deren Führerhäusern sitzen, um zu wissen, dass die Insassen gefrustet über alternative Urlaubsformen nachdenken. Die Enttäuschung wird selbst durch dieses Buch allenfalls gemildert. Sie bleibt nur aus, wenn Sie mit viel Großmut auch auf Cannes und die beiden anderen Städte verzichten. Oder wenn Sie mit der Eisenbahn anreisen, beispielsweise von Menton, das wir uns im Mittelteil der Tour vornehmen werden. Schreiben Sie mir bitte nicht, ich hätte Sie nicht gewarnt!

Trotz aller Unkenrufe sollte Ihnen vorliegende Neuauflage eigentlich einen Kurztrip nach **Cannes** (85.000 Einwohner) bieten, dem historisch gesehen mondänsten Badeort an der Côte d'Azur. In Cannes und nicht in Nizza oder Monaco verbrachte vor dem Ersten Weltkrieg die Mehrzahl der Könige, Fürsten und Russen ihre Ferien; genauer, ihren Alltag.

Dass man an der berühmten *Croisette*, der Strandpromenade vor den teuren Herbergen, nicht auf Rädern übernachten

Antibes

darf, war uns klar. Dass man dort ein WOMO auch nicht parken darf, hat uns ebenso wenig überrascht. Nachdem wir aber die gesamte Reglementierungswut der Obrigkeit zur Kenntnis nehmen mussten, sind wir in Cannes nicht mehr ausgestiegen. Seit dem Jahr 2006 gilt nämlich auf mehreren Kilometern entlang des Strandes in allen Jahreszeiten Halteverbot, und mein Anliegen besteht nicht darin, Ihnen Tipps zu verraten, wie sie das Verbot austricksen. Man muss nicht in Cannes gewesen sein!

Auch **Antibes** (77.000 Einwohner mit Juan-Les-Pins) ist wahrlich kein WOMO-Eldorado und verbietet am langen Strand östlich der Stadt ebenfalls den Halt im Reisemobil. Ehrlich gesagt, wir hätten dort auch gar nicht anhalten wollen. Aber eine malerische, noch nicht völlig verdorbene Altstadt, ein dazu passender Markt und das Picasso-Museum lohnen die Jagd nach einer innerstädtischen Parklücke. Mit Geduld wird man belohnt.

Besuchen Sie die Altstadt unbedingt am Vormittag, denn der farbenfrohe **Marché Provençale** (Markt) in den offenen Hallen am Fuß der Festung ist lohnender als fast alle anderen provenza-

lischen Märkte. Wenn ein Händler beispielsweise 17 verschiedene Kartoffelsorten vorhält, zählen überwiegend

Einheimische zu seinen Abnehmern und nicht Touristen, die nichts anderes suchen als den ewig gleichen Lavendelkitsch. Die Markthändler warten an jedem Vormittag von Dienstag bis Sonntag auf Kunden.

Ganz in der Nähe, im ehemaligen Schloss der Grimaldi, ist eine der umfassendsten **Picasso Ausstellungen** zu sehen. Nachdem der Künstler 1946 im benachbarten Golfe-Juan ansässig geworden war, durfte er einen Teil der

Côte d'Azur für Fortgeschrittene

Festung als Atelier benutzen und vermachte zum Dank der Stadt diverse Werke, deren Anzahl später mit Hilfe von Mäzenen erheblich vergrößert werden konnte. So dürfen Sie heute etwa 250 Gemälde, Töpferarbeiten, Teppiche und Plastiken bestaunen *(16. September bis 14. Juni 10-12 und 14-18 Uhr; 15. Juni bis 15. September 10-18 Uhr; 6 €).*

Werfen Sie auch einen Blick in die benachbarte Kathedrale, bevor Sie Ihre Kunstreise in **Biot** (9.500 Einwohner) fortsetzen, einer netten Kleinstadt mit vielen Glasbläsereien und dem **Musée National Fernand Léger**. Schon das 1960

in Biot

Musée National Fernand Léger

vom Architekten Swetschin konzipierte Gebäude ist sehenswert und bildet den richtigen Rahmen für 348 Werke Fernand Légers (1881-1955). Darunter das große Keramikmosaik mit Sportmotiven, welches ursprünglich für das Stadion von Hannover geplant war, dann aber an der Hauptfassade in Biot angebracht wurde. Es ist die Farben- und Formenkomposition, die das Schaffen von Léger so sehr auszeichnet, das in diesem Museum umfassend ausgestellt wird *(Juni - Oktober 10 - 18 Uhr, sonst 10 - 17 Uhr dienstags geschlossen; 5,50 €).* Unser früherer Stellplatztipp ist leider einer soliden Schlosserarbeit zum Opfer gefallen.

Haut-de-Cagnes

Auch in **Cagnes-sur-Mer** (49.000 Einwohner) musste der schönst gelegene Platz, hier ein Campingplatz, einem Baugebiet weichen, was beweist, das längst nicht mehr die Theorie richtig ist, Campingplätze am Meer würden im Allgemeinen baurechtlich geschützt (wenn das nicht so wäre, gäbe es am Mittelmeer fast keinen Campingplatz mehr). Weil Sie in Cagnes die letzten Campingplätze in Küstennähe vor Menton, also bis fast zur italienischen Grenze, antreffen, musste ich mich um Ersatz kümmern. Er ist deutlich besser als nichts:

---

(041) WOMO-Campingplatz-Tipp: Cagnes-sur-Mer (Le Val Fleuri)

GPS: N 43°41'14" E 07°09'20"; Vallon des Vaux. **Ortszentrum**: 4,5 km.
Zeiten: Mitte Februar bis Ende Oktober. **Tel.** 04 93 31 21 74.
Ausstattung: Pool, Miniladen, Bar, 4,7 km zum Meer.
Zufahrt: Der Platz ist im Nordosten der Stadt, an der Strecke zu einem weiteren Campingplatz, beschildert.

Alternativ kommt **Camping** *Le Todos* infrage; an der selben Straße, ein Stück weiter; **GPS**: N 43°41'25" E 07°09'23".

Wegen der Strecke von über 4 km können Sie nicht zu Fuß die auf einem Hügel liegende Altstadt **Haut-de-Cagnes** erreichen, einen pittoresken Teil mit Treppen, überwölbten Passagen, gepflasterten Gassen und viel Tourismusambiente. Dieses alte Viertel gehört mit gutem Grund zu den Touristenmagneten an der Küste. Um dort zu bummeln, sollten Sie allerdings nicht mit dem WOMO hinauffahren (es gibt zumindest im Sommer keine passenden Parkplätze), sondern in der Unterstadt, in Cagnes-Ville, Ihr Fahrzeug abstellen und die von dort nicht sehr weite Strecke gehen. Zu sehen ist ein **Schloss** mit einem **Museum**, dessen Renaissance-Innenhof als besonderes Juwel gilt und wo Sie im ersten Stock das naturalistische Deckengemälde *Sturz des Phaeton* anschauen sollten. Ein gewisser Carlone hat es um 1620 gemalt. Daneben sind zahlreiche, von Künstlern des 20. Jahrhunderts signierte Portraits einer Sängerin mit Namen *Solidor* gehängt, die ich Ihnen auch wärmsten empfehle (*täglich außer Dienstag 10-12 und 14-18 Uhr; 4 €*).

Wenn Sie Ihre Aktivitäten dann schon mal auf Malerei programmiert haben, empfiehlt sich auch ein kleiner Fußweg ins **Musée Renoir** (das liegt in der Unterstadt, ist gut beschildert und vermutlich gar nicht weit von Ihrem Parkplatz entfernt – zudem mit wenigen Parkplätzen vor der Tür), in dem Renoir (1841 bis 1919) die letzten 12 Jahre seines Lebens verbracht hat. Man kann die Wohnräume des Malers und seiner Familie sowie zwei Ateliers anschauen, in denen das Original-Mobiliar belassen wurde, und, was für solche Gedenkstätten eher selten ist, sogar 10 authentische Gemälde. Sowie, was ebenfalls überrascht, weil man Renoir nur für einen Maler hält, vor dem Haus auch die große Bronze-Statue *Venus Victrix (täglich 10-12 und 14-18 Uhr; 4 €).*

Aber vielleicht wollen Sie gar nicht wissen, was es in Cagnes-sur-Mer zu sehen gibt, sind Sie doch fest entschlossen, sich **Nizza** (Nice - 350.000 Einwohner) anzutun. Sie werden den Wegweisern ins Zentrum folgen und von der Stadt viel mehr sehen, als Sie erwartet haben. Sie glauben mir nämlich nicht, wenn ich Ihnen von Parkplatzproblemen berichte, und Sie kurven, ich übertreibe nur wenig, eine knappe Stunde durch die Innenstadt. Immer auf der Suche nach der Parklücke. Den Parkplatzschildern sollten Sie nicht hinterherfahren, die Wege enden allesamt vor Parkhäusern. Nachdem Sie dann endlich bereit waren, zur Kenntnis zu nehmen, dass in jeder Straße die Autos schon in der zweiten Reihe abgestellt sind, werden Sie den Radius um die Innenstadt vergrößern. Aber erst wenn Sie sich mit einem längeren Fußmarsch abgefunden haben, werden Sie fündig (was uns nördlich des Kongress-Palastes 'Acropolis', in der Nähe eines Sportplatzes, gelungen ist; ich rate Ihnen, gleich dort zu suchen, das Gelände ist beschildert; im Übrigen kommen Sie sowieso früher oder später an der riesigen Halle des Kongress-Zentrums vorbei). Sie werden dann feststellen, dass es in die Altstadt weniger weit ist, als Sie befürchtet haben.

Kürzer ist der Fußweg vom Bahnhof (den Eingang im Rücken stur geradeaus), wo Sie den Stadtbummel beginnen, falls sie in Menton in den Zug gestiegen sind (Näheres siehe dort).

Nizza - Blumenmarkt

Sie werden sich am Gewirr der Altstadtgassen erfreuen und hinter der Strandpromenade zwangsläufig den berühmten **Blumenmarkt** erreichen (möglichst am Vormittag). Und Sie werden dann von dort entlang des Strandes auf der berühmten **Promenade des Anglais** flanieren, die schon 1824 von einem Engländer, der sinnigerweise Way hieß, angelegt wurde und seit 1931 ihre heutige Breite hat. Sie werden dort die Nobelhotels abschreiten bis hin zum *Negresco*, dem klassischsten aller Hotels aus der berühmten Belle-Epoque (mit sehenswerter Empfangshalle, vielen Kunstgegenständen und Kuppel von G. Eiffel). Sie werden bedauern, dass Sie Ihr WOMO nicht am Rande dieser 6-spurigen Prachtstraße ab-

stellen dürfen. Und falls Sie an Ostern unterwegs sind, werden Sie Ihre Augen reiben, weil unzählige Italiener die fahrbare Behausung in verkehrswidriger Weise auf der Promenade geparkt haben. Wovon dann die Zeitungen am Dienstag nach Ostern berichten und beklagen, dass es den Stadtvätern trotz der jährlich wiederkehrenden italienischen Invasion nicht ge-

Nizza - Strand und Hotel Negresco an der Promenade des Anglais

Côte d'Azur für Fortgeschrittene   91

lungen ist, den Wohnmobilisten einen brauchbaren Stellplatz anzubieten.

Wenn Sie schon so weit gekommen sind, lohnt es sich, auf der Promenade des Anglais noch ein Stück weiter nach Westen zu bummeln. Weniger wegen der berühmten Strandstraße als um das an einer Parallelstraße etwa 100 m zurückliegende **Musée des Beaux Arts** zu besuchen. Sie sehen dort Bilder von Monet, Boudin, Sisley, Degas und Dufy *(biegen Sie etwa 300 m westlich des Negresco landeinwärts ab, das Gebäude ist dann in der Av. des Beaumetts leicht zu finden; täglich außer montags 10-18 Uhr, kostenlos; musee-Baux-Arts-Nice.org).*

Auf der östlichen Seite der Altstadt liegt das Museum für zeitgenössische Kunst, das **Musée d'Art-Moderne et d'Art Contemporain**. Wählen Sie an der Place Masséna, zu der die Fußgängergeschäftsstraße führt und die Sie an den merkwürdigen weißen Körpern auf Säulen erkennen, die Avenue Félix Fauré und spazieren Sie am Theater vorbei bis zum modernen Museumsbau, um auf 4.000 m^2 Werke von Andy Warhol, Roy Lichtenstein, Robert Rauschenberg oder Niki de Sainte-Phalle zu bestaunen *(täglich außer Montag 10 – 18 Uhr, kostenlos; Mamac-mice.org).*

Nizza - Place Masséna

Es würde den Rahmen dieses Buches sprengen, wenn ich Ihnen alle Sehenswürdigkeiten von Nizza aufzählte, die ich übrigens selbst noch nicht kenne, insbesondere wenn ich Ihnen von den anderen Museen berichtete sowie davon, dass es in keiner anderen Stadt Frankreichs, außer in Paris natürlich, vergleichbar viele Kunstmuseen gibt. Vielleicht regnet es tagelang, und Sie haben sich mit einem Kunstführer eingedeckt. Dann viel Spaß, ich vermute, es lohnt sich.

Die meisten Leser werden in der fünftgrößten Stadt Frankreichs nach Altstadt und Strandpromenade, also nach wenigstens zwei bis drei Stunden, wieder in ihr WOMO steigen, um sich neuen Abenteuern zuzuwenden: **Monaco**, der fürstlichen Familie, der Welt der Reichen – und einer weiteren Portion Enttäuschung.

Nehmen Sie sich das bitte nicht für denselben Tag vor! Verweilen Sie an den Refugien oberhalb der Küste, auf die ich weiter unten zurückkommen werde.

Parkplatzsuche in Monaco

Seit ich mit ansehen musste, wie die fürstliche Polizei ein rechtswidrig geparktes WOMO mittels einer Kralle dingfest gemacht hat, empfehle ich Ihnen, das Problem der Parkplatzsuche in Monaco mit dem Habitus eines Weltmanns anzugehen:

Sie haben das Fürstentum in maßvollem Tempo, also häufig stehend, mehrfach durchquert und endlich den Dreh gefunden, mit dem Sie sich Ihres Autos entledigen: An der Casino-Kurve setzen Sie die Sonnenbrille auf, Sie rücken Ihr Goldkettchen und die Frisur zurecht und steuern auf den Herrn an der Casino-Treppe zu. Der trägt eine imposante Schirmmütze, einen dunkelblauen Mantel mit funkelnden Knöpfen und ein wichtiges Gesicht. Sie bleiben einfach mitten auf der Straße stehen, schnalzen mit den Fingern, der uniformierte Oberaufseher eilt dienstbeflissen herbei und öffnet den Schlag. Selbstbewusst steigen Sie aus und überreichen cool den Autoschlüssel, um Ihr Allerheiligstes der Obhut der fürstlichen Parkplatzorganisation anzuvertrauen. Der Herr im Uniformmantel übergibt Ihnen ein Papier, das Sie zur Abholung des Fahrzeugs brauchen, er winkt seinen in eine schlichtere Jacke gesteckten Adlatus herbei, der sein Tagwerk damit vollbringt, die Autos der Reichen in Parklücken zu rangieren. Und Sie schlendern selbstbewusst davon. Niemals mehr werden Sie gleichermaßen von Passanten bestaunt und von Paparazzi fotografiert.

Die Sache hat nur einen Schönheitsfehler: Der Parkplatzrangierer steigt ein – und findet den Rückwärtsgang nicht. Weil dieser in einem Nutzfahrzeug anders einzulegen ist als in einem Rolls-Royce, Bentley, Maybach oder Porsche.

Schneller als Sie dachten, sitzen Sie deshalb wieder am Steuer und suchen den Weg in den westlichen Stadtteil von Monaco (Fontvieille), weil es dort das wohl einzige **WOMO-Parkhaus** in Europa gibt (südlich des Stadions ‚Louis II' beschildert, nicht weit entfernt). Die Parkgarage bietet aber nur Platz für etwa 15 WOMOs und ist nachts verboten. Leser haben zuletzt 11 Euro für den Tag bezahlt (Av. des Guelfs nahe der Av. des Ligures; **GPS**: N 43°43'35" E 07°25'01").

Falls das Parkhaus nicht zugänglich ist, werden Sie in Monaco im Sommer keinen legalen Parkplatz finden und müssen mit dem Zug anreisen, beispielsweise ab Menton (siehe dort). Vielleicht wandern Sie auch hin, was ich weiter unten beschreiben werde.

Ich unterstelle, dass Sie irgendwann dann doch zu Fuß unterwegs sind und mache es ähnlich kurz wie in Nizza: Alle Wege führen zur Halbinsel des Fürstentums, der **Altstadt**, dem eigentlichen Monaco. Sollten Sie Ihren Besuch richtig geplant haben, mischen Sie sich 8 Minuten vor Highnoon beim fürstlichen Palast unter die Schaulustigen, um die Wachablösung zu fotografieren. Das ist allerdings eher eine Freude für die Leser der Regenbogenpresse als ein wirkliches Erlebnis, zumal Ihnen Mitglieder der fürstlichen Familie nicht vor die Linse laufen werden. Interessanter sind ein paar Hintergrundinformationen:

Das Fürstentum Monaco

Monaco ist nach dem Vatikan der zweitkleinste Staat der Welt. Etwa 34.000 Einwohner leben auf 202 Hektar (2,02 Quadratkilometer) – so dicht wie in keiner anderen Nation der Erde. Ohne die Landgewinnung am Ende des letzten Jahrhunderts wäre der Herrschaftsbereich des Fürsten sogar 40 ha kleiner. Dabei sind nur etwa 12 Prozent der Bewohner Monegassen. Der weitaus größte Teil besteht aus reichen Ausländern, die hier leben, weil das Fürstentum seit 1896 von Privatpersonen weder Einkommens- noch Erbschaftssteuer erhebt. Von diesem Privileg ausgenommen sind allerdings Franzosen, die in Frankreich zur Kasse gebeten werden und deshalb wegen der hohen Lebenshaltungskosten lieber nicht in dem Zwergstaat ansässig werden. Was auch der Sinn der Regelung ist.

Und wovon lebt das Land? Von Verbrauchssteuern, von Unternehmenssteuern, von Umsatzsteuer, vom Tourismus, überwiegend von Finanzdienstleistungen sowie anderen wirtschaftlichen Unternehmungen – und nur noch zu einem geringen Teil von der Spielbank.

Das war nicht immer so, denn dem kleinen Land geht es erst so gut, seit im Jahr 1863 ein Franzose namens Blanc die Konzession zu einem Spielcasino erhielt und Hotels bauen ließ. Vor allem sorgte er für die Eisenbahnanbindung, damit die Betuchten aus Frankreich, Italien und Deutschland, wo das Glücksspiel verboten war (in Deutschland seit 1873), den Weg in das Fürstentum fanden.

Monaco verfügt über keine eigene Währung (das Eurokontingent wird vom französischen abgeleitet) und über kein eigenes Zollgebiet. Aber die Justiz ist wie die Regierung souverän und lehnt es (noch) ab, in Steuerstrafsachen mit anderen Ländern zu kooperieren. Außerdem ist die Pressefreiheit eingeschränkt, und die Demokratie steht praktisch fast nur auf dem Papier. Es ist demnach kein Wunder, dass die EU-Kommission gegenüber dem seit 1489 unabhängigen Land schon mehrfach Rügen aussprechen musste.

Monaco

Halten Sie sich nicht zu lange am Fürstenpalast auf und schlendern Sie lieber durch die Altstadtgassen bis hin zum **Musée Océonographique**. Wenn Sie mich fragen, der einzig echten Sehenswürdigkeit in Monaco, von außen und erst recht von innen. Fürst Albert I. hat im Jahre 1910 dieses wissenschaftliche Zentrum gegründet, weil er ein leidenschaftlicher Meeresforscher war und seiner, von zahlreichen Seereisen mitgebrachten Sammlung einen würdigen Rahmen verleihen wollte. In dem Aquarium, es zählt zu den interessantesten der Welt, kann man 4.500 lebende Fische in 90 Becken betrachten. Wenn Sie schon in Monaco sind, gönnen Sie sich zwei Stunden für diesen einmaligen Wasserzoo (*täglich 9:30-19 Uhr, Juli/August bis 19:30 Uhr; 13 €*).

Danach werden Sie im Stadtteil Monte-Carlo an der **Spielbank** wenigstens die Fassade in Augenschein nehmen, Sie sind ja schon daran vorbeigefahren, um dann im benachbarten *Café de Paris* am Ziel Ihrer

Monaco - Spielbank

Côte d'Azur-Reise angekommen zu sein. Sie werden verschmerzen, dass Sie für den Milchkaffee fünf Euro ablegen müssen, weil Ihre Hand nun am Puls der Welt der Reichen liegt. Sie werden die Bentleys und Rolls-Royces zählen, vergeblich auf Stars und Fürsten warten, vielleicht noch einen Blick in das Innere des Casinos werfen (nur mit Krawatte), die Speisekarte des gegenüberliegenden *Hôtel de Paris* betrachten, womöglich noch die Auslagen der edlen Geschäfte (ohne Preise) und sich wieder erfreulicheren Dingen zuwenden.

Ersparen Sie mir weitere Einzelheiten über die Fürstenfamilie und die besten Bezugsadressen für Rennfahrerkappen. Wenn Mitte Mai das berühmte Formel-1-Rennen stattfindet, sollten Sie die Stadt unbedingt meiden (der Campingplatz von Menton ist aber auch dann nicht überfüllt). Ich war zuletzt eine Woche nach dem Großereignis Zeuge beim Abbau der Rennstrecke und hatte mir den Aufwand nicht derart gigantisch vorgestellt. Schauen Sie sich beispielsweise am Rand der am Hafen vorbeiführenden Straße die Metalldeckelchen an: Sie verschließen die Öffnungen für die Leitplankenhalter. Ich schätze (ohne jede seriöse Recherche) die Länge der Leitplankenteile, die jedes Jahr Stück für Stück angeschraubt werden müssen, auf über 15 km, da sie dreifach übereinander verschraubt werden.

Im praktischen Urlaubsleben werden Sie Monaco schneller als geplant wieder verlassen, meist ist **Menton** (30.000 Einwohner), unser Lieblingsort an der östlichen Côte d'Azur, das Ziel, weil sich diese Stadt wegen ihres italienischen Flairs erheblich von den westlichen Nachbarn unterscheidet, vor allem, weil sie dem Wohnmobilurlauber auch eine schöne und stadtnahe Bleibe bietet:

(042) WOMO-Campingplatz-Tipp: Menton (St. Michel)

GPS: N 43°46'48" E 07°29'53"; Route des Ciappes de Castellar.
Ortszentrum: 1 km, zu Fuß an den Strand 20 Minuten (den Campingplatz im Rücken nach links und links der Pizzeria die Treppe abwärts).
Zeiten: 1.4.-31.10. und während d. Zitronenfests. **Tel**. 04 93 35 81 23.
Ausstattung: Gutes Restaurant, teilweise schöne Sicht.

Zufahrt: Fahren Sie von der Autobahnabfahrt ‚Menton' Richtung Zentrum bis zur Bahnüberführung (das Navi gebietet Ihnen vorher schon das Abbiegen, das wird aber eng); direkt vor der Bahnunterführung (also nördlich !) biegen Sie nach links und dann gleich wieder rechts ab und fahren nun entlang der Bahngleise, bis Sie ein Wegweiser bergauf schickt (wegen einiger Serpentinen Beschränkung auf 8 m Länge, nach meiner Schätzung passen auch längere WOMOs um die Kurven). Danach folgen Sie der Beschilderung.

Hinweis: Das **Restaurant** des Platzes hätten wir angesichts der im Vorgarten abgestellten Schrottkühltheke und anderer Nachlässigkeiten für geschlossen gehalten. Aber dann fuhren am Abend die Ortsansässigen familienweise vor und erweckten unsere Neugierde auf **Pizzas**, die sich als die Besten der ganzen Reise herausgestellt haben (jedenfalls das Modell *4-Saisons*). Vielleicht hat bis zu Ihrem Besuch der Koch längst gewechselt. Der fantastische Blick über die Stadt wird indessen ewig bleiben, solange man nur die Olivenbäume kurz hält.

Von vielen Parzellen haben Sie einen schönen Blick auf die Stadt und das Meer und, was der Hauptvorteil ist, Sie können dorthin laufen. Sie sind schon nach 20 Minuten am Strand ange-

Menton - Blick vom Campingplatz

Menton - Promenade du Soleil

kommen. Dort flanieren Sie auf der kleinen Schwester der Promenade von Nizza, die hier **Promenade du Soleil** heißt, vom grünen Michelin-Führer mit zwei Sternen dekoriert. Das ist zwar übertrieben, aber dennoch eine kurzweilige Urlaubsepisode. Besonders schön ist der Blick vom östlichen Teil (siehe unser Titelbild). Bummeln Sie dort ausführlich durch die malerischen und noch bewohnten Altstadtgassen. Sehenswert ist in der Festung an der Hafenmauer das **Musée Jean Cocteau**, das sich mit Dichtung und bildender Kunst des Universalgenies beschäftigt *(täglich außer Dienstag 10-12 und 14-18 Uhr; 4 €; beachten Sie ferner den von Cocteau 1958 ausgemalten Hochzeitssaal im Rathaus).* Auch zur **Kirche Parvis St. Michel** sollten Sie aufsteigen, vor allem wegen des Platzes davor, im Stil des Barock, nach dem auch das Innere der Kirche ausgestaltet ist. Menton ist die Stadt mit dem mildesten Klima in Frankreich – und möglicherweise aus diesem Grund bei Rentnern besonders beliebt. Deshalb steigt hier im Februar das berühmte, mehrtägige **Zitronenfest** mit einem großen Umzug *(und belegtem Campingplatz – Näheres unter www.feteducitron.com).* Wegen des Klimas dürfen Sie in Menton mehrere schöne **Gartenanlagen** bewundern (wobei an dieser Stelle noch nachzutragen wäre, dass einer der berühmtesten Parks an der Côte d'Azur, der *Jardin Exotique* in Monaco, der vor allem die Freunde vielfältiger Kakteen begeistert, von uns deshalb ausgelassen wurde, weil man dort mit dem Wohnmobil so gut wie nicht parken kann. Im östlichen Stadtteil von Menton, in Garavan (leicht per Zug zu erreichen), lässt sich das nachholen, im **Jardin du Val-Rameh** *(10-12:30 und 15:30-18:30*

Uhr im Winter kürzer; 5 €), im **Jardin des Colombières** und im **Jardin des Romanciers**. Nicht unerwähnt darf in diesem Kontext der berühmte **Hanbury-Garten** bleiben, wenige Kilometer entfernt, aber gerade schon in Italien (und deshalb von mir im WOMO-Führer *Piemont/Ligurien* beschrieben – ebenfalls mit Parkplatzproblemen).

Die Côte d'Azur per Bahn

Wer mit dem WOMO schon in Ligurien war, hat vermutlich die Orte der Cinque Terre nur über das Bahngleis kennen gelernt und wird es zu schätzen wissen, dass ab Menton die meisten große Städte mit dem Zug bereist werden können – sogar Marseille oder Paris. Auch wenn sie bei der Anschaffung Ihres Reisemobils an nichts weniger dachten als an einen Doppelstockwagen der S.N.C.F., sollten Sie an der östlichen Côte d'Azur die Vorzüge der Bahn nutzen und damit den Parkkrallen in Monaco und den Autoknackern in Nizza ein Schnäppchen schlagen. Das funktioniert denkbar einfach:

Sie verlassen den Campingplatz von Menton rechts (westlich) der Pizzeria und steigen auf einem steilen Treppenweg hinunter in die Stadt (nicht zu verwechseln mit der anderen Treppe in den Ort – siehe oben beim Campingplatz). Am Ende gehen Sie rechts, unter der Eisenbahnbrücke nach links und sofort wieder rechts auf den Bahnhof zu. Das dauert 15 Minuten.

Am Fahrkartenautomaten, an dem deutsche Fahrkartenautomaten-Programmierer erbleichen, ziehen Sie mit der EC-Karte das Ticket für Hin- und Rückfahrt. Werktags verkehrt der Zug alle 30 Minuten. Nach unseren Erfahrungen muss man bei Fahrten nach Nizza während des Sommerfahrplans in Monaco umsteigen und kann problemlos bis nach Cannes oder Grasse weiterfahren.

Der unterirdische Bahnhof von Monaco hat drei Ausgänge. Am praktischsten ist der von ‚La Condamine', weil man so über Rolltreppen an den Rand des großen Hafenbeckens befördert wird, auf dessen Südseite eine steinerne Treppe hinauf zur fürstlichen Familie führt.

Auch von Bahnhöfen in Sospel oder Breil-sur-Roya (Tour 5) kann man per Bahn nach Nizza gelangen.

Ich vermute, es geht Ihnen wie uns, und Sie möchten nach den Städten und der Erkenntnis, auf unserer 4. Tour mit Sicherheit keine Badeplätze am Meer anzutreffen, wieder ruhigere Gefilde eine Etage höher ansteuern. Ziele, die sich wirklich lohnen, wo sich allenfalls in der Hochsaison Überfüllungstendenzen zeigen. Die von uns getesteten Zeiten, um Ostern und im Frühsommer, haben sich bei gutem Wetter als ideal erwiesen. Das Gemeindegebiet des ersten Dorfes, es ist das von **Ste. Agnès** (300 Einwohner), grenzt sogar ans Meer, was dem kleinen Dorf, von dem man die blauen Fluten des Mittelmeers wunderbar unter sich sieht, das aber in 780 m Höhe eher abgeschieden liegt, erlaubt, sich als höchster Küstenort Frankreichs zu rühmen. Dass es zudem ‚*Eines der schönsten Dörfer*

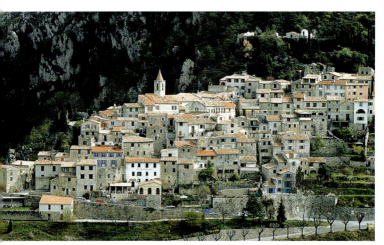

Ste. Agnès

Frankreichs' ist, macht die Sache umso attraktiver. Aber die Zufahrtsstraße ist nicht sehr breit. Bis 8 m Länge ist das allerdings kein Problem, solange man an einigen wenigen Engstellen vor den Kurven hupt und daran denkt, dass der Linienbus entgegenkommen könnte (nur die wenigsten WOMOs haben größere Ausmaße als dieser; und die etwas einfachere Zufahrt beginnt nicht an der Autobahnabfahrt *‚Menton'*, sondern bei den Wegweisern im westlichen Teil der Strandpromenade von Menton). Seien Sie froh, dass Sie überhaupt hoch fahren dürfen, denn bis in die 30er Jahre des letzten Jahrhunderts gab es überhaupt keine Straße. Sie werden es jedenfalls schaffen und auf einem Sattel, etwa 400 m unterhalb des eigentlichen Dorfes, Ihr Auto parken. Das bleibt dann auch für die Nacht dort stehen. Es sei denn, Sie machen nach einem Bummel zu Fuß die erstaunliche Entdeckung, dass der kleine Parkplatz

vor einem Bunker eine Etage über dem Dorf am Abend noch unbenutzt ist. Dann werden Sie eilig Ihr WOMO genau dorthin stellen und mit atemberaubendem Blick beim *‚Belvédère'* Ihren Schlaftrunk einnehmen. Schöner stehen Sie mit diesem Buch nur noch einmal (und zwar bald), da tief unter Ihnen die Lichter von Menton funkeln und weil Sie der Küste völlig entrückt, aber dennoch optisch ganz nahe sind:

WOMO-Stellplätze: Ste. Agnès

(043) <u>Sattel</u> (Foto Seite 100)
GPS: N 43°48'08" E 07°27'30"; Avenue du Château; **max. WOMOs**: 3-4.
Ausstattung/Lage: Wasser, Mülleimer, Gaststätten, Wanderwege / außerorts.
Zufahrt: Folgen Sie von Menton den Wegweisern nach Ste. Agnès und parken Sie am Fuß des Ortes, bei der Bushaltestelle, wo die Straße platzartig ausgeweitet ist, in anmutiger Landschaft und mit schönem Blick aufs Meer.
Hinweis: Je nach Jahreszeit und Besucheraufkommen kann es etwas laut sein.

(044) <u>Bunker</u>
GPS: N 43°47'55" E 07°27'44";
Avenue du Château;
max. WOMOs: 3.
Ausstattung/Lage: Wasser, Toilette, Mülleimer, Gaststätten, phantastische Sicht / Ortsrand.
Zufahrt: Fahren Sie vom erstgenannten Stellplatz unterhalb des Dorfes

schräg den Hang hinauf; an der ersten Abzweigung weiter geradeaus und folgen Sie den Wegweisern ‚Parking Sud/Restaurant Le Righi' bis zum kleinen Parkplatz vor dem Bunker an der Balustrade.
Hinweise: Der Platz eignet sich nur bis 7,50 m Länge. Bitte benutzen Sie diesen exponierten Parkplatz ausschließlich für die reine Übernachtung und lassen Sie das WOMO nicht den Tag über dort stehen; es wird dann zum Störfaktor, und der Traumplatz würde sicher alsbald gesperrt (diese Befürchtung habe ich ohnehin, wenn ich ein solches Geheimplätzchen der Allgemeinheit preis gebe; ich tue das auch nur, weil ich Ihnen vertraue und davon ausgehe, dass Sie den Platz spätestens nach dem Frühstück räumen und ihn gar nicht erst anfahren, wenn schon mehr als drei andere Wohnmobile dort stehen).

(045) <u>Place des Combattants</u>:
GPS: N 43°48'05" E 07°27'46"; Place des Combattants; **max. WOMOs**: 3-4.
Ausstattung/Lage: Mülleimer, Gaststätten / Ortsrand.
Zufahrt: Fahren Sie vom erstgenannten Stellplatz unterhalb des Dorfes schräg den Hang hinauf; an der ersten Abzweigung links, Richtung ‚Parking Nord' bis zu einem Parkplatz auf der Rückseite des Dorfes.
Hinweis: Dieser Platz ist der am wenigsten schön gelegne, aber eindeutig der ruhigste.

Ob Sie am Sattel oder vor dem Bunker stehen, macht so viel nicht aus, wunderbar sind beide Stellplätze, und Sie werden sich das Dorf näher betrachten. Dabei fällt Ihnen auf, was Ihnen in allen ‚Schönsten Dörfern Frankreichs' schon aufgefallen ist, dass diese nämlich von Zweithausbesitzern übernommen worden sind, was aber hier dem Flair nur wenig abträglich ist. Sie werden auch auf die höchste Spitze klettern, des wunderbaren Blicks wegen, dem der grüne Michelin-Führer ebenfalls zwei Sterne verliehen hat, und wo man eine alte **Burg** samt ‚mittelalterlichem Garten' mühevoll restauriert. Vielleicht betrachten Sie sich auch beim oberen Stellplatz den **Bunker** näher: Er ist ein Relikt der Maginot-Linie und wurde zwischen 1931 und

Ste. Agnès - Blick von Platz 44 auf Menton

1938 gebaut, um Schutz vor italienischen Angriffen zu bieten. Wir fanden an Ostern zwar kein Geschäft mit frischem Brot (im Sommer ist das möglicherweise anders, es gibt im Zentrum einen kleinen Laden), wir waren aber angenehm überrascht, dass das Dorf weder von den Galerie-Besitzern noch von den Ansichtskartenverkäufern vereinnahmt worden ist. Und dass sogar die gastronomischen Betriebe selbst wie auch deren Anzahl bescheiden geblieben sind. Als wir am Abend neben einem knisternden Kaminfeuer im **Restaurant *Le St. Yves*** Platz genommen hatten und angesichts der graphischen Gestaltung der Speisekarte eher eine Abfütterung befürchteten, durften wir erfahren, dass auch in einem Touristendorf oberhalb der Côte d'Azur behagliche Gemütlichkeit und wegen der drei leckeren Vorspeisen im Menü ein fabelhaftes Preis-Leistungsverhältnis anzutreffen sind *(Tel. 04 93 35 91 45; freitags Ruhetag; von uns länger nicht getestet).*

Zu allem kommt noch eine wegen der vielen Meeresblicke wunderschöne Wanderstrecke, zu der Sie bitte aber erst dann aufbrechen, wenn Sie Ihr WOMO am Morgen von der Balustrade auf einen der anderen Stellplätze gefahren haben:

Von Ste. Agnès nach Gorbio

Sie starten in **Ste. Agnès** vom unteren Parkplatz am Sattel (Chapelle) und wandern rechts eines Wasserhahns bei der gelben Markierung über eine Weide schräg bergauf. Ste. Agnès bleibt zunächst im Blick. Nachdem der gut markierte Weg Sie nach einer Rechtskurve jedoch durch einen Bergeinschnitt geführt hat, überqueren Sie die Asphaltstraße, um dann jenseits nach **Gorbio** abzusteigen. Wenn Sie bei den ersten Gärten angelangt sind, werden Sie Bäume voller Zitronen sehen und verstehen, weshalb die Gegend hier wegen des Zitronenanbaus berühmt ist (nicht umsonst feiert man in Menton im Spätwinter das Zitronenfest).

Kurz bevor Sie Gorbio erreichen, geht der Wanderweg nach

links weiter. Sie hingegen bummeln auf einem 10 Minuten langen Weg nach Gorbio, das ich Ihnen gleich noch näher beschreiben werde. Wenn Sie sich am schönen Platz ein wenig erfrischt haben, werden Sie das kleine Stück zurück bis zur Wanderstrecke laufen, um dort den nun rot-weiß markierten Weg nach Ste. Agnès zu wählen.

Die Wanderung ist im Hochsommer wegen des geringen Schattens nicht geeignet, in der Übergangszeit aber ein Paradebeispiel für einen schönen Weg oberhalb der Küste. Insgesamt brauchen Sie 3 ¼ Stunden, Sie kommen ohne Karte zurecht, Sie fühlen sich aber mit der 3742 OT sicherer.

Wegen der guten Stellplatzbedingungen von Ste. Agnès haben wir nie im benachbarten **Gorbio** geschlafen, einem unverfälschten Dorf, das nicht ganz so exponiert liegt wie die östliche

Gorbio

Nachbarin, aber dennoch malerisch auf einem Hügel zwischen blühenden Gärten. Es wird noch etwas mehr von richtigen Einwohnern bestimmt, nicht alle Häuser sind herausgeputzt, und ich könnte mir vorstellen, dass Sie dieses Dorf richtig lieb haben werden, wenn Sie entweder den Stellplatz oder seinen zu teuren Minicampingplatz entdeckt haben:

(046) WOMO-Wanderparkplätze: Gorbio
GPS: N 43°47'12" E 07°26'32"; Place des Victoires; **max. WOMOs**: >5;
Ausstattung/Lage: Wasser, Geschäfte, Gaststätten (alles in der Nähe), Wanderwege / Ortsrand.
Zufahrt: Fahren Sie ab Menton zunächst wie nach Ste. Agnès, aber biegen Sie beim Wegweiser nach Gorbio ab oder folgen Sie weiter westlich von der Küste dem Wegweiser nach Gorbio. Wenn Sie im Ort angelangt sind, sehen Sie an einer hohen Mauer ein blauweißes ‚P', das Sie nach rechts bergauf schickt. Es folgen zwei Parkplätze übereinander. Am besten ist der neu angelegte, höhere.

> **(047)** An besagter Mauer können Sie aber auch links fahren, an einem Waschhaus vorbei zu einem Parkplatz am Waldrand. Schöner stehen Sie kurz hinter dem Waschhaus an der Friedhofsmauer mit Blick aufs Meer (Av. de Verdun); **GPS**: N 43°47'07" E 07°26'32";

> **(048) WOMO-Campingplatz-Tipp: Gorbio (La Giandolla)**
> **GPS**: N 43°47'15" E 07°26'34";
> Ch. du Doyen A. Rochard.
> **Ortszentrum**: 0,3 km;
> **Zeiten**: Mai - Mitte Sept.;
> **Tel**. 04 93 28 35 23.
> **Ausstattung**: sehr schöner Blick, schöne Lage, Gaststätte und Geschäfte in der Nähe.
> **Zufahrt**: An besagter Mauer (siehe Platz 46) mit dem blauweißen ‚P' zweimal nach rechts (am besten zu Fuß erkunden).
> **Hinweis**: Höchstens 5 Plätze für normal große WOMOs, schon länger totgesagt, aber noch immer in Betrieb.

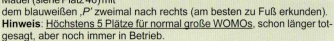

Die oben beschriebene Wanderung können Sie genauso gut in Gorbio starten, und ich möchte Sie nochmals bitten, hierher auszuweichen, wenn die Stellplätze in Ste. Agnès schon anderweitig benutzt sind.

Gorbio

Am Anfang dieser 4. Tour habe ich Sie ziemlich desillusioniert. Das musste sein. Mit derselben Eindringlichkeit möchte ich Sie aber animieren, im Hinterland, ein paar Kilometer landeinwärts, noch einen oder zwei Tage dranzuhängen. Fahren Sie von Ste. Agnès nach **Peille**. Die Straße ist schmal, aber gut zu befahren, wie auch der direkte Weg von der Küste. Peille ist eines der größeren (1.800 Einwohner) und edel restaurierten Dörfer oberhalb der Küste, wo Sie schön übernachten

Peille - Klettersteig

können. Die sportlichen unter unseren Lesern werden sich womöglich ein Herz nehmen und im Dorf eine Eintrittskarte lösen sowie die Ausrüstung mieten, um den örtlichen **Klettersteig** (als *Via Ferrata* beschildert)zu bearbeiten. Die weniger Tollkühnen werden den Bergsteigern nur zusehen, wie diese – gut gesichert – die Felsen erklimmen samt der atemberaubenden Seilbrücke. Wer ein einsames Stellplätzchen in Superlage (die allerdings allmählich zuwächst) nicht scheut, wird sich für den Stellplatz südlich von Peille begeistern, wer ängstlicher ist, wählt die ortsnähere Alternative:

WOMO-Stellplätze: Peille

(049) Aire autorisée (ortsnahe)
GPS: N 43°48'21" E 07°24'20";   **max. WOMOs**: >5.
Ausstattung/Lage: Fußballplatz, Wiesengelände daneben, Laden und u.U. Gasthaus in der Nähe / Ortsrand.
Zufahrt: Biegen Sie am östlichen Ende von Peille bei einem Altenheim schräg zum Berg hin von der D 53 ab (Torbogen mit 3,30 m Höhe), WOMO-Beschilderung ‚*Aire autorisée*`(also offiziell erlaubt).

(050) Panoramaplatz
GPS: N 43°47'36" E 07°23'53";   D 53;
max. WOMOs: >5.
Ausstattung/Lage: Bänke und Tische in der Nähe, Toilette und Wasser (nur im Sommer), wegen naher Häuser nicht ganz so einsam wie es scheint; teilweise wunderbarer Blick auf Peille, der allmählich zuwächst / außerorts, häufig besucht.

Zufahrt: Der Platz liegt 1,8 km südlich von Peille an der D 53 nach La Turbie. In einer fast rechtwinkligen Kurve zweigt bei einem Picknickgelände ein kurzer, befestigter Stichweg nach Westen ab.

Die nachfolgende sehr lohnende **Wanderung nach Peillon** führt an diesem Stellplatz vorbei, Sie sollten dazu aber lieber in Peille (möglichst am westlichen Ortsrand seitlich der Straße) parken:

Von Peille nach Peillon

Suchen Sie in **Peille** zunächst den Wegweiser zur ‚Via Ferrata' (das ist der Klettersteig) und nehmen Sie, wenn Sie außerhalb der Bebauung fast im Tal sind, bei einer Gabelung den Pfad bergauf, bis Sie an die D 53 gelangen. Bequemer laufen Sie ab Peille gleich auf der D 53, die Sie in beiden Alternativen bei einem roten Hydranten nach links bergauf verlassen.

Sie wandern ein kurzes Stück durch den Wald, um dann wieder an eine Straße, die D 22, zu stoßen. Auf ihr gehen Sie nach rechts bergab und an der nächsten Gabelung wieder auf der D 53 nach links. An einer Hauswand entdecken Sie dann den Wegweiser nach Peillon, und Sie zweigen mit seiner Hilfe nach rechts auf den alten Römerweg ab (erst noch ein Stück auf Asphalt). Nun stiefeln Sie durch eine wilde Landschaft bis nach **Peillon**, die Sicht wird immer phantastischer.

Peillon

Für den Rückweg haben wir die selber Strecke gewählt, in Peillon sehen Sie auf einer Tafel auch eine nördlichere Variante *(einfache Strecke 1,5 Std., auf der Karte 3742 OT eingezeichnet).*

Peillon ist ein wunderbar gelegenes Dorf mit berühmten Fresken von Canavesi (siehe Tour 5) in der **Chapelle des Pénitents Blancs** (um 1500). Das ist nicht die Kirche im oberen Teil des Dorfes. Die Kapelle liegt tiefer am westlichen Ortseingang oberhalb der Straße und des kleinen Parkplatzes. Man kann

Peillon - Chapelle des Pénitents Blancs

durch eine Gittertür die Fresken teilweise betrachten, wenn man den Beleuchtungsautomaten rechts der Tür in Betrieb gesetzt hat, was bei mir erst mit der zweiten Münze gelungen ist.

WOMOS dürfen in Peillon nicht parken und können es auch nicht, wenn sie deutlich länger als 6 m sind. Wir sind versuchsweise dennoch ausgestiegen. Die Besichtigung der Fresken dauert nicht länger als 15 Minuten. Im Hochsommer oder an Sonntagen rate ich jedoch dringend von der Fahrt mit dem Wohnmobil bis nach Peillon ab. Es gibt einfach nicht genügend Abstellflächen. Sie müssen dann nach Peillon laufen (das dauert ab der D 53 nach der Gabelung mit der D 22 – siehe unsere Wanderung – etwa 45 Minuten).

Peillon

Côte d'Azur für Fortgeschrittene   107

Liebe Leser, in jedem meiner Reiseführer gibt es wenigstens einen Punkt, an dem ich ins Grundsätzliche abschweifen muss. Weil ich ganz zufällig einen Stellplatz entdeckt habe, welcher der schönste der in diesem Buch beschriebenen ist. Am Abend des Erfolges habe ich dann ein Gefühl, von dem ich annehme, dass es ähnlich ein Jäger hat, wenn ihm das arme Tier nach einem letzten klagenden Augenaufschlag totgeschossen zu Füßen liegt. Ich triumphiere wegen des Sieges über alle Verbotsschilder und Barrieren und freue mich über meine Beharrlichkeit. Aber wenn ich mir dann Notizen über den Zufahrtsweg mache und ein Foto schieße, wenn ich weiß, dass niemand und nichts mich mehr von der publizistischen Verbreitung abhält, steigt das schlechte Gewissen wegen des nun erlegten Wildes in mir auf. Das Opfer ist mausetot, weil ich weiß, dass ab dem Tag, an dem mein Buch auf dem Markt erscheint, die mobile Welt den Platz breit treten wird: Die Konkurrenz, die von mir abschreibt, die Leute, die im Internet Stellplätze veröffentlichen und die vielen Reisenden, die bedenken- und rücksichtslos für sich beanspruchen, was sie irgendwo gelesen haben. Ich habe einen Geheimtipp herausposaunt, und das Verbotsschild ist nur noch eine Frage der Zeit. Ich werde in La Turbie auch nicht mehr übernachten, weil mir bald ein Leser von genau dieser Verbotstafel berichtet hat. Zählen Sie sich zu den letzten Nutznießern eines Traumplatzes und schreiben

108　Tour 4

Sie mir, wenn Sie in die gebrochenen Augen des totgeschossenen Rehleins geschaut haben. Hauen Sie ab, wenn schon zwei andere WOMOs die Landschaft verschandeln, und zerstechen Sie (im literarischen Sinne) dem die Reifen, der die Wiese von La Turbie verdreckt hat. Das schrieb ich zur Erstauflage im Jahr 2003 und war sicher, in der nächsten Fassung, den Platz streichen zu müssen. Erstaunlicherweise gibt es ihn aber immer noch, wenngleich mit Einschränlung:

> **(051) WOMO-Stellplatz: La Turbie**
> **GPS**: N 43°44'34" E 07°24'07";   Chemin de la Batterie;
> **max. WOMOs**: höchstens 5.
> **Ausstattung/Lage**: »nur« ein Traumblick direkt auf Monaco, bis 3,5 t, leicht einsam, Wanderweg, im Wäldchen daneben ist Zelten verboten *(‚Camping interdit')*, teilweise uneben und abschüssig / Ortsrand.
> **Zufahrt**: Biegen Sie in La Turbie von der Durchgangsstraße, der D 2564, in der Ortsmitte beim Wegweiser *‚Cap d 'Ail'* bergab ab; nach ca. 350 m und nachdem an der etwas enger werdenden Straße links und rechts Häuser standen, fahren Sie bei einer Gabelung links schräg hoch, nach etwa 50 m nehmen Sie die erste Straße links, die durch zwei scharfe Kurven führt und auf einer Wiese bei einer zerfallenen Festungsanlage namens *La Batterie* endet.
> **Hinweis**: Leser haben kurz vor Drucklegung berichtet, an einer Zufahrtsstraße, jedoch nicht am Platz, sei ein Verbotsschild montiert worden.
>
> **Alternativ** kommt der Parkplatz bei der Feuerwehr in Frage (mit *‚P'* im Ort beschildert), wenn das WOMO nicht länger als 6 m ist.

Monaco - Blick von Platz 51

Côte d'Azur für Fortgeschrittene   109

La Turbie - Platz 51

Wenn es den Stellplatz noch gibt und wenn die besten Nischen nicht schon von anderen besetzt sind, stehen Sie an einem steilen Berghang direkt oberhalb von Monaco. Sie schauen dem Fürsten ins Schlafzimmer, ganz gleich, ob dieser sich gerade unter einem Baldachin oder im Bett seiner Yacht im Hafen räkelt. Und Sie werden genau hier die **Besichtigung von Monaco** in Angriff nehmen, zu Fuß und aller Parkplatzsorgen ledig:

Von La Turbie nach Monaco
Seitlich unterhalb unseres Stellplatzes gehen Sie in La Turbie an den Häusern erst ganz nach Westen und finden dann am Hang einen Wegweiser und eine gelbe Markierung nach Monaco. Sie können nichts falsch machen, denn der relativ neu aufgebaute Fußweg schlängelt sich bergab bis zu den ersten Häusern. Dort sind Sie allerdings noch nicht in Monaco.

Noch lange nicht, denn erst mal laufen Sie ein gutes Stück bergab, immer in Richtung auf den Hafen, durch das französische **Beausoleil**. Und Sie machen die erstaunliche Entdeckung, dass Monaco noch viel kleiner ist, als Sie dachten. Wenn Sie versonnen zwischen den Häusern spazieren, fragen Sie sich vielleicht, was deren französische Bewohner darüber denken, dass die monegassischen Nachbarn, ein paar Straßenzüge weiter, keine Steuern bezahlen müssen.

Irgendwann stehen Sie am Hafen von **Monaco** und dem Schwimmbad neben der Straße und beginnen mit den Besichtigungen. Bis dahin haben Sie eine Stunde benötigt.

Zurück befördert Sie der Bus der Linie 114 oder Sie wählen zu Fuß bergauf denselben Weg, den Sie schon bergab geschlendert sind. Bis Sie auf diese Weise wieder vor Ihrem Wohnmobil angekommen sind, werden Sie im Sommer allerdings arg ins Schwitzen geraten, und am Ende haben Sie locker vier Stunden verbraten. Aber es hat Ihnen in Monaco und Monte-Carlo vermutlich besser gefallen als bei einer nervigen Anreise mit dem Auto.

Sie können den Wanderweg auch am Parkplatz bei der Feuerwehr, den ich oben schon bei der Stellplatzempfehlung erwähnt habe, beginnen. Die Karte *3742 OT* brauchen Sie nicht.

In **La Turbie** (2.600 Einwohner) ist Ihnen ganz in der Nähe des Stellplatzes bereits das merkwürdige Bauwerk (nur in Rumänien gibt es noch ein ähnliches Gebilde) auf der Spitze des Berges aufgefallen, eine teilrestaurierte Ruine, die man heute **Trophée des Alpes** nennt. Es ist das Siegesmal zu Ehren des römischen Kaisers Augustus und gedenkt seiner Erfolge:

La Turbie - mit Trophée des Alpes

44 Volksstämme hat er zwischen 25 und 14 v. Chr. unterworfen, und das daran erinnernde Monument wurde im Jahre 6 v. Chr. errichtet. Ihm erging es wie vielen anderen römischen Relikten, sie wurden im Laufe der Zeit als Steinbruch verwendet, und erst im frühen 20. Jahrhundert hat man mit dem Geld eines Amerikaners die heute sichtbaren Teile mit altem Material nachgebaut. Die Inschrift am Sockel stammt auch aus der Neuzeit, sie konnte aufgrund einer Schilderung des lateinischen Schriftstellers Plinius rekonstruiert werden und ist die größte Beschriftung der römischen Antike weltweit. Beim Denkmal können Sie auch noch ein kleines **Museum** besichtigen mit einem Gipsmodell der Rekonstruktion (9:30-13 und 14:30-17 Uhr, im Sommer bis 18:30 Uhr; montags geschlossen; 5 €). Auch die Kirche von La Turbie ist wegen der dortigen Bilder sehenswert, Einzelheiten muss ich mir im Rahmen dieses Buches verkneifen.

Werfen Sie noch einmal einen Blick zurück zur Küste. Zu wehmütig sollte er nicht sein.

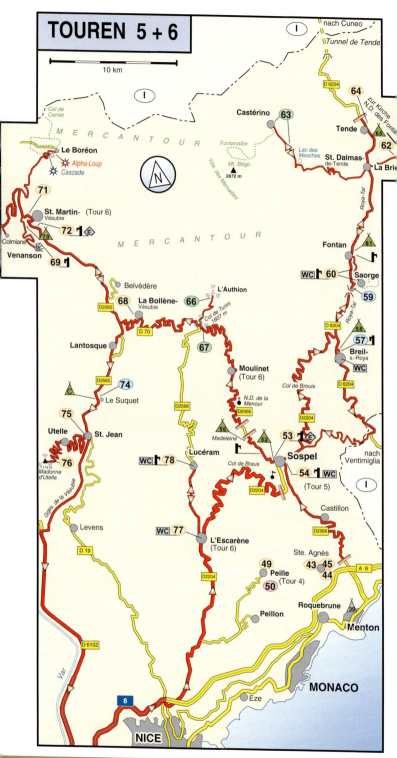

Tour 5: Grenzland

Sospel - Breil-sur-Roya - Saorge - La Brique - Tende

Stellplätze:	in Sospel, in Breil-sur-Roya, bei und in Saorge, bei La Brique, in Castérino, in Tende
Campingplätze:	in Breil-sur-Roya, in oder bei Sospel, bei Fontan, in Tende
Besichtigen:	Sospel, Saorge, La Brique, Kirche N. D. des Fontaines, Felsgravuren am Mont Bégo, Musée des Merveilles
Wandern:	bei Saorge, zu den Felsgravuren am Mont Bégo
Essen:	*Pizzeria Aoun Picoun* in Sospel; Restaurant *Les Melezes* in Castérino

Nachdem wir zusammen, Sie als Urlauber und ich als Vortourer, die Pflicht der Küste abgearbeitet haben, stehen wir irgendwo bei Menton. Sie können sich noch nicht ganz damit abfinden, dass die Küste nun hinter Ihnen liegen soll. Ich hingegen bin erleichtert, dass ich einige der schwierigsten Kapitel meiner Bücher zu Papier gebracht habe. Manche Küstenabschnitte waren ja nicht übel, aber nun beginnt der Urlaub in einem unbekannten, atemberaubenden Teil Südfrankreichs.

Ein wenig kurvenfest müssen Sie schon sein, das ist aber wirklich der einzige Nachteil, wenn Sie nun von Menton auf dem gelben Sträßchen der Michelin-Karte, der D 2566, bergauf und ins Landesinnere vorstoßen. Um es vorwegzunehmen, alle Strecken können mit jedem WOMO jedweder Größe befahren werden. Aber Sie sollten Vorsicht walten lassen, vor jeder unübersichtlichen Kurve sollten Sie hupen, und Sie sollten immer damit rechnen, dass ein breiter Laster um eine Felsenecke biegt.

Und in **Sospel** (3.000 Einwohner) sollte die Sonne scheinen. Die bunten Häuser am Rande des Flusses Bévéra seitlich der Brücke zieren jeden Bildband. Ich kann kaum glauben, dass die pittoresken Fassaden mit im italienischen Stil aufgemalten Fensterläden und Gesimsen erst nach der Zerstörung im Zweiten Weltkrieg entstanden sind. Bei weniger genauem Hinsehen würde ich sie eher ins Mittelalter verlagern. Und vor allem nach Italien, der Wäsche wegen, die im Sommer so zahlreich flattert, dass es scheint, als gäbe es ein lokales Gesetz, das jedem Bewohner jener Häuser diese Pflicht zur Stadtverschönerung auferlegt.

Der geschwungenen **alten Brücke** gäbe ich wenigstens 300 Jahre. Zu wenig, stammt sie doch aus dem 11. Jahrhundert, wenngleich nach dem Krieg praktisch neu gebaut. Genauso

Sospel

wie der Maut-Turm in ihrer Mitte, in dem einst das Zollhaus an der alten **Salzstraße** untergebracht war (zur Salzstraße siehe unten). Man schreitet auf ihr über ein Pflaster aus Flusskieselsteinen zu einem kleinen Platz mit fotogenen Arkaden und ebenso schönem Brunnen.

Auf der anderen, der rechten Flussseite kommt man an weiteren sehenswerten *Fontaines* (Brunnen) vorbei, was erahnen lässt, dass Sospel im Mittelalter, als es an jenem wichtigen Handelsweg lag, deutlich mehr Einwohner hatte als heute. Nur dadurch werden auch die Ausmaße der **Kathedrale St.-Michel** erklärlich, für die heutigen Verhältnisse drei Nummern zu groß. Die Barockfassade ist nicht jedermanns Sache, der romanische

Glockenturm schon eher, und in der Chorkapelle links des Altars dürfen Sie sich das **Gemälde von F. Bréas**, die *„Jungfrau der unbefleckten Empfängnis'*, ein Altarbild mit anmutigem Landschaftshintergrund, nicht entgehen lassen *(Beleuchtungsautomat 1 €)*. Wenn Sie durch den oberen Ortsteil schlendern, bestaunen Sie die Reste der Wehranlage aus dem 15. Jahrhundert, aber auch ausgedehnten Leerstand der Häuser. Wer einmal an der Küste die Preise in den Schaufenstern der Makler begutachtet hat – übrigens einer Zunft, deren Mitgliederbestand bald den der Bäcker überholt –, wird sich wundern, dass in Sospel die Immobilien noch nicht flächendeckend über den Tisch gehen. Was ja alleine schon ausreichen könnte, um die Kleinstadt in diesem Buch hervorzuheben, genauso wie die guten WOMO-Bedingungen. Solange im Sommer der ortsnahe Campingplatz geöffnet hat, ist er, da preiswert und einem freien Stellplatz sehr ähnlich, direkt in Sospel eindeutig die beste Wahl. In der restlichen Zeit stehen Sie in dessen Nähe und nur notfalls unmittelbar in der Stadt:

WOMO-Camping- und Stellplätze: Sospel

(052) <u>Camping municipal</u>
GPS: N 43°52'45" E 07°26'34";   D 2566 - Stade E. Donato.
Ortszentrum: 0,5 km; **Zeiten**: 1.4.-Mitte Sept. (man darf auch außerhalb der Öffnungszeiten dort stehen).   **Ausstattung**: Schwimmbad in der Nähe.
Zufahrt: Der Platz ist an der nordwestliche Ortsausfahrt, der D 2566, nicht zu verfehlen.

(053) <u>Sporthalle</u>
GPS: N 43°52'43" E 07°26'33"; Stade E. Donato; **max. WOMOs**: >5.
Ausstattung/Lage: Ver- und Entsorgung, Mülleimer, Gaststätten und Geschäfte zu Fuß erreichbar, klappstuhlgeeignet / Ortsrand.
Zufahrt: In unmittelbarer Nähe des Campingplatzes finden Sie hinter einer Sporthalle oder links des Campingplatzes unter Bäumen, mehrere Möglichkeiten, die wahrscheinlich nur infrage kommen, wenn der vorerwähnte Campingplatz geschlossen ist; Zufahrt wie dort.

(054) <u>Zentrum</u>
GPS: N 43°52'37" E 07°27'06"; **max. WOMOs**: >5.
Ausstattung/Lage: Toilette, Wasser, Mülleimer, Geschäfte, Gaststätten, wegen des Marktes in der Nacht auf Donnerstag nur eingeschränkt. Falls Sie alleine stehen, möglicherweise etwas trist / im Ort.

Zufahrt: Südlich der Altstadt kommen Sie am Rande des Flusses unweigerlich an einer größeren Straßengabelung vorbei, der bemerkenswertesten Kreuzung in Sospel; südlich davon sehen Sie einen kleinen Park, an dessen Rand der Stellplatz liegt. Fahren Sie von besagter Kreuzung etwa 100 m Richtung Menton, um dann nach links zum Kriegerdenkmal an diesem Park abzubiegen (Wegweiser ‚*Cooperative agricole'*). Sie können wählen, ob Sie noch ein Stück geradeaus vorstoßen, um dann etwas abgeschieden, oberhalb des Flusses zu stehen, oder ob Sie mit einem nicht zu langen Fahrzeug lieber ein paar Meter weiter vorne bleiben, in der Nähe der öffentlichen Toilette.

(055) Eine weitere Möglichkeit bietet der Parkplatz am kleinen Kreisverkehr hinter der nördlichen Flussbrücke; **GPS**: N 43°52'41" E 07°26'49"; Toilette und Wasser unter der Brücke.

Von allen Plätzen gehen Sie bequem zu Fuß in den Ort, wo wir die **Pizzeria Aoun Picoun** getestet haben. Die runden Küchenerzeugnisse konkurrieren nur mit denen aus Menton (Tour 4). Und das will was heißen.

Etwas außerhalb von Sospel kennen wir den mit Sicherheit besten Campingplatz der Gegend, die optimale Entscheidung für ein paar Tage süßen Nichtstuns in klarer Bergluft und trotzdem unter südlicher Sonne:

(056) WOMO-Campingplatz-Tipp: Sospel (Ste. Madeleine)
GPS: N 43°53'49"
E 07°24'58";
Route de Moulinet.
Ortszentrum: 4 km, wenig befahrene, für das Fahrrad gut geeignete Strecke. **Zeiten**: Ostern - 30.9.; auch im Juli/August keine Platzprobleme.
Ausstattung: Wunderbare Hanglage, großer Pool, veraltete Technik, Brot nach Vorbestellung.

Zufahrt: Fahren Sie von Sospel auf der D 2566 nach Norden, Richtung Col de Turini; der Platz liegt nach 4 km an der Straße.

Sie werden vielleicht bedauern, dass Sie sich so lange an der Küste herumgedrückt haben, und Sie werden das Campingplatzleben von einer neuen Seite kennen lernen, wenn Sie nachts in völliger Dunkelheit vor Ihrem WOMO sitzen. Endlich hat jemand auf die Campingplatzbeleuchtung verzichtet, auf Straßenlaternen oder ähnlich stimmungstötende Ungetüme. Das ist der Ort, wo Sie mal wieder im Schein ihrer alten Petroleumlampe oder einer Kerze den Zikaden lauschen dürfen. Voll des Lobes bin ich auch darüber, dass die Wege auf dem Zeltplatz naturbelassen sind, ohne Asphalt, ohne parzellierende Hecken und mit einem Eingangstor, das die ganze Nacht offen steht. Lange genug, um sich am Abend in Sospel entspannt zu erholen. Besser kann ein freier Stellplatz nicht sein.

Auch wenn Sie diesem lieblichen Ort nur ungern Lebwohl sagen, muss die Reise weiter gehen, zumal am Ende der Tour eine große Sehenswürdigkeit wartet. Außerdem sollten Sie schon ein wenig üben! Beim Meistern von Spitzkehren, weil Sie nämlich bei unserer nächsten Tour in fahrtechnischer Hinsicht gerne auf ein paar erste Erfahrungen zurückgreifen werden. Die Oberarmmuskulatur, Ihr Lenkrad und die Hupe sind gefordert, wenn Sie in Sospel die D 220 nach Nordosten unter die Räder nehmen. Am **Col de Brouis** haben Sie sich an das Gegurke gewöhnt, genauso wie an die atemberaubende Landschaft. Ersatzweise, aber nicht ganz so schön, können Sie schon vor dem Pass und bald oberhalb von Sospel abbiegen, um über das Ausland das Roya-Tal auf etwas kürzerem, aber kaum weniger kurvenreichem und schmalerem Weg zu erreichen. Sie haben den Häusern in Sospel schon angesehen, dass Sie sich im Grenzland zu Italien bewegen. Dessen Einfluss bleibt für den Rest der Tour spürbar.

Breil-sur-Roya

Bald sehen Sie das **Tal der Roya** und das Städtchen **Breil-sur-Roya**. Den dortigen Stell- und Badeplatz werden Sie vielleicht erst zu schätzen wissen, wenn Sie wieder von Norden zurückgekehrt sind. Ich erwähne ihn trotzdem schon jetzt, zumal Sie an dem fotogen gelegenen alten Ortsteil, der sich zwischen den Berg und eine Biegung der hier etwas aufgestauten Roya schmiegt, nicht vorbei fahren. Zum rechten Zeitpunkt sind Sie sowieso nicht in Breil, weil der nur alle vier Jahre stattfindet Dann steigt *A Stacada*, eine farbenfrohe Volksbelustigung zum Andenken an die Abschaffung des Rechts des Gutsherrn auf die erste Nacht mit der Ehefrau eines Neuvermählten *(ius* *primae noctis).* Die türkische Garde eines omnipotenten Feudalherrn wird dabei in einer Verfolgungsjagd durch die Gassen gehetzt und schließlich in Ketten *(A Stacada)* gelegt *(nächste Veranstaltung vermutlich im Juli 2013, www.mairie-breil-sur-roya.fr/stacada).* Vor den Häschern des Lüstlings muss es Ihnen heutzutage nicht mehr Bange sein, wenn Ihre bessere Hälfte in die klaren Fluten der Roya steigt:

---

(057) WOMO-Badeplatz: Breil-sur-Roya

GPS: N 43°56'30" E 07°31'04"; Prom. G. Clemenceau; **max. WOMOs**: > 5.
Ausstattung/Lage: Wasser (an der Abzweigung zum Campingplatz), Toilette (östlich beider Brücken), Gaststätten, Geschäfte, direkt am Kies- und Badeplatz des Flusses, wo Sie auch ankommen, wenn Sie sich weiter flussaufwärts ein Kanu gemietet haben, Schwimmbad in der Nähe (1.7.-31.8.), klappstuhlgeeignet / Ortsrand.
Zufahrt: Bleiben Sie auf dem westlichen (rechten) Ufer der Roya und biegen Sie am Nordrand von Breil von der D 6204 Richtung *'P'* und **Campingplatz** ab; fahren Sie am Campingplatz vorbei bis an den Fluss und dann noch ein paar Meter nach rechts flussabwärts.

Eine **weitere** schöne Stelle mit Picknickbänken, die außerhalb der Badesaison besser geeignet ist, finden Sie, wenn Sie vom eben genannten Stellplatz am Flussrand weiter nach Süden fahren, unter der Brücke hindurch, um dann, ebenfalls am Ufer, gegenüber der Altstadt am Rand einer verbreiterten Straße zu stehen (dort darf man nicht baden und nur auf dem nördlichen Teil mit dem WOMO parken).

Breil-sur-Roya - Baden bei Platz 57

Das malerische, alte Zentrum hinter dem aufgestauten Fluss wirkt wie ein Touristenort, es entpuppt sich aber bei naher Betrachtung als verschlafen und teilweise verlassen. Auch die Barockkirche ist zwei Nummern zu groß und verrät mit interessanter illusionistischer Malerei die Nähe zum Piemont. Perfekt ist der kleine Campingplatz, wo Sie wunderbar über der rauschenden Roya stehen:

(058) WOMO-Campingplatz-Tipp: Breil-sur-Roya (Azur et Merveilles)

GPS: N 43°56'31"
E 07°31'03";
Promenade G. Clemenceau.
Ortszentrum: 0,3 km.
Zeiten: 1.4.-30.9.
Ausstattung: öffentliches Freibad (1.7.-31.8.), Geschäfte zu Fuß erreichbar.
Zufahrt: Der Platz ist im nördlichen Ortsteil beschildert.

Es ist übrigens keine schlechte Idee, ab Breil-sur-Roya oder ab Sospel mit dem Zug nach Nizza zu fahren.

Unsere Tour führt nun auf der D 6204 nach Norden, kilometerlang durch eine Schlucht, durch welche die schon erwähnte **Salzstraße** verlief.

Die Salzstraße

Das Salz war im Mittelalter eine der kostbarsten Rohstoffe, den man über weite Distanzen mühevoll transportieren musste, um damit Fleisch zu konservieren, Tierhäute zu gerben, vielleicht auch um die Suppe zu würzen. Auf dem Weg von den Salzgärten der Provence in das relativ dicht bewohnte und wohlhabende Piemont war der erste Teil gleichsam ein Zuckerschlecken, konnte man nämlich das »Weiße Gold« einfach per Schiff bis Nizza befördern. Dort wurde die Fracht auf Maultiere umgeladen und auf schmalen Pfaden über die Alpen nach Norden gebracht. Sospel und Saorge lagen an der Strecke. Schon damals fürchteten die Maultierspediteure nichts mehr als eine Leerfuhre, so brachten die Mulis unter anderem Reis und Stoffe mit zurück.

Da aber um 1800 der Handelspfad mit etwa 15.000 Tieren pro Jahr, womit man etwa 5.000 t Salz bewegen konnte, völlig überlaufen war, brauchte man breitere Straßen für Karren. Die heutige Straße von Breil-sur-Roya nach Cuneo wurde gebaut und mit ihr, aber erst 1883 als erster Alpentunnel, der Tunnel de Tende.

Eine Ahnung, wie der mittelalterliche Verkehrsweg ausgesehen hat, bekommen Sie ein paar Kilometer flussaufwärts, am Nordrand des ersten (!) Tunnels südlich von Saorge

Bain du Sémite

(siehe unser Foto auf Seite 120). Vor allem, wenn Sie sich unterhalb des früheren Saumpfades zum **Badevergnügen** in einen natürlich gestauten Zufluss der Roya stürzen, das so genannte **Bain du Sémite**, die perfekte Erfrischung an heißen Hochsommertagen:

> **(059) WOMO-Badeplatz: Saorge (Bain du Sémite)**
> **GPS**: N 43°55'53" E 07°32'46";   D 6204;   **max. WOMOs**: 3-4.
> **Ausstattung/Lage**: Mülleimer, schöne Badestelle, schwimmen Sie im kühlen Wasser in eine schmale Klamm (siehe Seite 120), klappstuhlgeeignet / außerorts, einsam.
> **Zufahrt**: Biegen Sie auf der D 6204 zwischen den beiden Tunnels beim Wegweiser ‚Saorge Est' ab, der kurze Zuweg liegt gleich rechts hinter einer Brücke.
> **Hinweise**: Die nahe Straße ist etwas laut und nachts vielleicht auch etwas unheimlich. Der Platz eignet sich sehr gut für einen Hochsommertag, wenn man früh vor anderen Badegästen anreist. Er ist am Wochenende oder an Ferientagen ab dem späteren Vormittag oft zugeparkt.

Dem Wegweiser ‚Saorge Est' müssen Sie auf einem kleinen Stück auch folgen, um den klassischen Blick auf **Saorge** zu genießen. Bringen Sie dort Ihr fotografisches Werkzeug in Bereitschaft, weil ein Bilderbuchdorf in die Schusslinie gerät, das Sie wirklich in jedem Bildkalender und selbstverständlich auch bei uns wieder finden. Sie sehen es wegen der Tunnels nur noch kurz bei der normalen Vorbeifahrt (!!). Auf der alten Landstraße können Sie anhalten und in Ruhe der Kamera das Letzte abfordern. Besonders mit Stativ und gegen Abend, wenn hinter einzelnen Fenstern die ersten Lichter angeknipst wurden und die Fassaden an einen Adventskalender mit geöffneten Türchen erinnern.

Sie dürfen auch hoch fahren, am Ende der Zufahrt ‚Est' werden Sie allerdings kaum Parkplätze finden. Auf der anderen, nördlichen Seite, über Fontan, müssen Sie einen finsteren Tunnel durchqueren, was solange kein Problem ist, als der Gegenverkehr nicht gleichzeitig dasselbe beabsichtigt. Stoßen Sie erst in die Röhre, wenn niemand entgegen kommt, was Sie überblicken können. Dummerweise müssen Sie womöglich oben am Ortseingang, auf einem überfüllten Parkplatz, wieder den Rückzug antreten (WOMOs über 6,50 m sollten erst gar nicht so weit fahren). Dann hilft nur der nicht sehr einladende Vorplatz des Bahnhofs, und es bleibt Ihnen nichts anderes übrig, als von dort die letzten etwa 600 m zu laufen. Sie werden wahrscheinlich nicht der einzige Fußgänger im unwirtlichen Tunnel sein.

Saorge

An Ostern konnten wir auf dem oberen Parkplatz nächtigen:

(060) WOMO-Wanderparkplätze: Saorge

GPS: N 43°59'22" E 07°33'04"; an der D 38; **max. WOMOs**: oben 2-3.
Ausstattung/Lage: Toilette und Wasser, Mülleimer, Geschäfte, Gaststätten, Wanderwege / im Ort.
Zufahrt: Biegen Sie in Fontan von der D 6204 nach Saorge ab und bleiben Sie dann entweder nach etwa 500 m (es können auch ein paar mehr oder weniger sein) auf dem hässlichen **Bahnhofsvorplatz**, wo es keine Infrastruktur gibt, der aber die einzige Möglichkeit für große WOMOs ist. Oder Sie fahren durch den Tunnel etwa 600 m weiter bis zum Ortseingang, wo Sie umso schöner stehen.

Hinweise: Der Parkplatz vor dem Ort kommt wirklich nur für Fahrzeuge bis höchstens 6,50 m Länge infrage und ist häufig zugeparkt (um den 20.8. steht hier ein Karussell).

In **Fontan** finden Sie einen lauschigen und ortsnahen **Campingplatz**, von dem Sie nach Saorge spazieren können – siehe nächster Platz.

Einen der genannten Plätze (oder von unten, der alten Landstraße auf steilem, kurzem Fußweg) müssen Sie wählen, wenn Sie den Ort besichtigen oder zu einer klassischen Wanderung starten, die deshalb sehr schön ist, weil sie durch den

Ort und in eine einsame Berglandschaft führt, und weil Sie von hoch oben auf die violetten Schieferdächer von Saorge blicken:

Rundweg bei Saorge

Sie starten - möglicherweise erst nach einem längeren Anmarsch - am Ortseingang von **Saorge** und spazieren auf der Hauptstraße quer durch das Dorf. An dessen Ende gelangen Sie zu dem leicht erhöhten Franziskanerkloster, das Sie an einer kleinen Kirche erkennen. Es ist nicht zu verwechseln mit dem weiter vom Ort entfernten und etwas tiefer liegenden Kirchenbau **Madonna del Poggio** mit einem sehenswerten **Fresko von Baleison** (leider in Privatbesitz und nur selten zu besichtigen) Unmittelbar vor diesem, frühromanischen stadtnahen Kloster schickt Sie eine rot-weiße Markierung nach links bergauf. Der Weg führt nun allmählich in die Einsamkeit und gabelt sich bald. Es ist im Grunde egal, ob Sie den linken oder den rechten Pfad nehmen, schöner ist der linke, gelb markierte. Sie gewinnen nun immer mehr an Höhe, bis Sie bei rund 900 m auf einen Brunnen stoßen, wo der Weg nach links steil bergauf bis zum Kamm führt. Genießen Sie nun die tolle Sicht auf eine erhabene Landschaft, die Roya-Schlucht und das tief unten liegende Dörfchen Fontan, während Sie auf dem Kamm nach links, also in Richtung auf die Schlucht, weiter wandern.

Der Weg bleibt stets markiert und weist Sie, wenn Sie oberhalb von Saorge angekommen sind, in steilen Windungen bergab. Nach 3,5 Stunden treffen Sie wieder in Saorge ein, von den Mühen der nicht wenig anstrengenden Wanderung ein wenig ermattet, aber beglückt von einer wirklich **atemberaubenden Landschaft**. Die *Karte 3841 OT* ist sinnvoll.

Die Existenz des oben erwähnten Bahnhofs in dieser wilden Gegend ist mehr als erstaunlich, weil man hier alles erwartet, nur keine Eisenbahn. Und doch ist die Bahnverbindung von Nizza über Sospel in das italienische Cuneo, die so genannte **Tendabahn**, immer noch im Einsatz. Mit ihrem Bau wurde 1910 begonnen, nach der Zerstörung im Zweiten Weltkrieg wurde sie stillgelegt und erst 1972 wieder in Betrieb genommen. Ein Meisterwerk der Ingenieurskunst, dessen Viadukte und Tunnels Sie auch auf der weiteren Strecke bestaunen werden. In **Fontan**, knapp 3 km nördlich von Saorge, einem reizvollen Straßen-

dorf mit rührendem Kriegerdenkmal und in einer Schlucht mit viel Anmut, aber genauso viel Düsterheit, dürfen Sie auch mit einem direkt am Fluss gelegenen Campingplatz liebäugeln:

> **(061) WOMO-Campingplatz-Tipp: Fontan (Municipal)**
> **GPS**: N 44°00'30" E 07°33'21"; an der D 6204.
> **Ortszentrum**: 0,5 km. **Zeiten**: 1.6-30.9.
> **Ausstattung** Direkt am Fluss.
> **Zufahrt**: Nördlich von Fontan an der D 6204.

Wir bleiben nun weiter in der Schlucht (und achten auf die oben schon erwähnten Lkw, die uns mit Affenzahn in felsigen Kurven entgegenkommen), bis wir in St. Dalmas entweder nach links (dazu gleich mehr) oder zunächst nach rechts (Osten) abbiegen. Bald liegt dann das Städtchen **La Brique** auf der Strecke, wo die Zeit noch deutlicher als in den Orten des Roya-Tals stehen geblieben ist. Den Arkaden sieht man den italienischen Einfluss an. Kein Wun-

La Brique

der, kam doch das Roya-Tal mit seinen Seitentälern erst 1947 nach einer Volksabstimmung zu Frankreich. Sehenswert ist die **Kirche St. Martin** mit 12 Altären und einem romanischen Glockenturm. Es gibt jedoch auch Bereiche, an denen man die italienische Vergangenheit und Wohnmobilfreundlichkeit nachhaltig hinter sich gelassen hat, zum Beispiel bei der Barriere am schönen Parkplatz östlich des Ortes. Aber Sie finden eine Alternative:

> **(062) WOMO-Stellplatz: La Brique**
> **GPS**: N 44°03'46" E 07°36'26";   an der D 43;   **max. WOMOs**: >5.
> **Ausstattung/Lage**: Geschäfte und Gaststätten im Ort, auch für sehr große WOMOs geeignet, aber nur mäßig lauschig und ein wenig einsam, klappstuhlgeeignet / außerorts.
> **Zufahrt**: Der Platz liegt etwa 300 m westlich von La Brique beim Bahnhof; Wegweiser *„Bus"*.

Das Dorf La Brique wäre nicht Grund genug, Sie in das Tal der Levense zu locken, gäbe es nicht am Ende der Straße eine große Attraktion, eine Top-Sehenswürdigkeit in Südfrankreich. Und auf dem Weg zur 4 km von La Brique entfernten **Kirche Notre Dame des Fontaines**, die gerne als *Sixtinische Kapelle der Seealpen* bezeichnet wird, liegt sogar noch ein weiteres Schmankerl rechts der Straße: Die phantastisch geschwungene **Steinbrücke Pont du Coq**

Pont du Coq

aus dem 15. Jahrhundert hat fast ausgedient und ruht hinter Sonnenblumen in der Landschaft. Hoffen wir, dass die am Eingang des bald folgenden Gotteshauses angeschlagenen Öff-

Notre Dame des Fontaines - Wandbilder

124 Tour 5

nungszeiten noch zutreffen und dass Sie diese schon bei der Routenplanung gelesen haben *(Mai bis Oktober 10-12:30 und 14-17:30 Uhr, dienstags und donnerstags nachmittags nur Gottesdienst; November bis März nach Rückfrage im Touristenbüro in La Brique; 2 €)*, denn von außen macht die einsame, oberhalb mehrerer Quellen gebaute Kapelle gar nichts her. Tritt man aber in das Innere, hält man unweigerlich die Luft an. Die Wände sind vollständig ausgemalt, wobei in leuchtenden, bestens erhaltenen Farben die Passionsgeschichte Christi abgebildet ist. In einem Detailreichtum und einem Realismus, die einen schaudern lassen. Auf den ersten Blick hält man die Renaissance für die Entstehungszeit. Aber die Bilder sind schon früher, am Ende der Gotik, entstanden. Die Malereien im Chor und am Bogen vor dem Altarraum stammen von **Jean Baleison** aus dem frühen 15. Jahrhundert, während die Hauptwerke im Kirchenschiff von dem Piemontesen **Jean Canavesio** bis zum Jahre 1492 in den trockenen Putz gesetzt wurden. Es scheint, als habe der Künstler eine klammheimliche Freude bei der Darstellung des Bösen und Schlechten verspürt. Betrachten Sie sich nur das Bild des erhängten Judas, in der Mitte der linken Wand, dem Canavesio die Eingeweide aus dem Bauch baumeln lässt, während ihm der Teufel, als nacktes Männchen dargestellt, die Seele entreißt.

Es lohnt sich, wenn Sie sich vor Ort einen Bildband kaufen, der Ihnen die einzelnen Szenen erklärt. Und es lohnt sich noch mehr, wenn Sie lange verweilen, um die vielen Details der Bildergeschichte zu betrachten. Wenn Sie zu der langsam aussterbenden Spezies der Fotografen gehören, nehmen Sie Ihr Stativ mit (bis ich endlich meines aus dem WOMO geholt hatte, war die Kapelle von einer Busgruppe belagert, weshalb ich mich mit einem Hauch von Unschärfe zufrieden geben musste).

Hinter der Kapelle haben übrigens Leser schon gerne, aber einsam übernachtet.

Fahren Sie nun zurück nach **St. Dalmas**. Weniger um den überdimensionierten, stillgelegten Gründerzeitbahnhof zu betrachten, als um von hier nach **Castérino** abzubiegen. Das besteht nur aus ein paar Hotels mit zwei sehr großen Parkplätzen, die Sie problemlos anfahren können. Diese sind der Ausgangspunkt zu einer Wanderung an den Fuß des **Mont Bégo**, wo Sie die weltberühmten **Felsgravuren** bestaunen dürfen, den Höhepunkt dieser Tour. Man spricht sogar vom größten europäischen Freilichtmuseum für Frühgeschichte. Zum Beginn der Bronzezeit, vor etwa 4000 Jahren, hat die Urbevölkerung auf einer Höhe zwischen 2.100 und 2.600 m Gravuren im Gestein angebracht, von denen heute 35.000 Ritzzeichnungen wieder aufgefunden sind. Die bereits um 1650 entdeckten, aber erst ab 1879 näher erforschten Felsgravuren wurden mit einem harten Werkzeug hergestellt, es sind zu 79% Rinderhörner und nur zu 0,5% Menschendarstellungen. Da man nicht davon ausgehen kann, dass die Zeichnungen während der wenigen schneefreien Monate als Freizeitbetätigung angebracht wurden, nimmt die Forschung einhellig religiöse Motive an. Wegen näherer Einzelheiten verweisen wir auf weiterführende Literatur, die Sie beispielsweise im Museum von Tende kaufen können.

Felsgravuren in der Valée de Fontanalba

Die Zeichnungen wurden in zwei Tälern entdeckt, der **Vallée des Merveilles** (Tal der Wunder) und der **Vallée de Fontanalba**. In beiden Tälern hat man das betreffende Gebiet zu einem Naturdenkmal erklärt, in dem aus Schutz vor Vandalismus strenge Regeln gelten (Sie dürfen die Wege nicht verlassen, Ihre Wanderstöcke müssen Schutzkappen tragen, Sie dürfen die Felsgravuren nicht berühren oder gar betreten etc). Aber Sie können sich mit einem Geländewagen an den Ausgangspunkt der Schutzgebiete chauffieren lassen, um dann erst von dort zu Fuß weiterzugehen. Die bekannteren Gravuren finden Sie im Vallée des Merveilles.

Von Castérino in das Tal von Fontanalba

Die Wanderung in das Tal des Merveilles erfordert überdurchschnittliche Kondition (oder 2 Tage), weshalb wir Ihnen die an einem Tag bequem machbare **Wanderung in das Tal von Fontanalba** vorschlagen. Ausgangspunkt für die Wanderung in das Tal von Merveilles wäre der Lac des Mesches. Sie benötigen vom dortigen Parkplatz bis zu den Zeichnungen auf einfacher Strecke rund 2 ¾ Stunden, und wenn Sie dort der Führung folgen, nochmals 3 Stunden. Alles in allem wären Sie dann wenigstens 9 Stunden unterwegs.

Deutlich kürzer und einfacher ist der Fußweg in das Tal von Fontanalba. Wir raten Ihnen, die Nacht zuvor in **Castérino** (Einzelheiten siehe gleich) zu verbringen und sich um 8:30 Uhr auf die Socken zu machen. Sie benötigen dann ziemlich genau 2 Stunden, bis Sie an der **Schutzhütte der Lacs Jumeaux** angekommen

bei den Lacs Jumeaux

sind. Dort beginnt um 11 Uhr die **Führung**, die rund 2 ½ Stunden dauert und Sie zu den aufschlussreichsten Zeichnungen führt, wobei Sie in Begleitung des Führers auch die Wege verlassen dürfen. Die Führung ist, wenn man nicht gut französisch versteht, leider sehr langatmig, aber ohne den Führer kommen Sie nicht

zu den interessantesten Gravuren. Unterwegs zeigt man uns noch die Überreste einer vom Wolf gerissenen Gämse, und überhaupt wäre die Wanderung in die Bergwelt auf über 2.000 m Höhe auch ohne die Gravuren ein tolles Erlebnis. Sie sehen Gämsen und Murmeltiere aus der Nähe und genießen wunderbare Ausblicke.

Wir haben die Nachmittagsführung um 14 Uhr getestet, was Ende August kein Problem war. Der Nachteil der späten Führung sind aber die fast täglich aufziehenden Wolken. Nehmen Sie unbedingt Regenkleidung mit, und bei richtig schlechtem Wetter macht der Ausflug keinen Sinn *(Karte 3841 OT ist sinnvoll; die Führungen kosten für Erwachsene 10 €, es gibt Familienermäßigungen, sie finden um 11 und um 14 Uhr, im Juni nur am Wochenende, im Juli/ August täglich und im September freitags und am Wochenen-*

Murmeltier

Grenzland 127

de statt; auf halber Strecke können Sie in einer Hütte einkehren, die Wanderung ist nur im Sommer möglich; wegen näherer Einzelheiten verweise ich auf www.tendemerveilles.com/ sowie den Rother Wanderführer).

Die Parkplätze von Castérino eignen sich hervorragend für die Übernachtung, ich würde sie Ihnen auch empfehlen, wenn es die Felsgravuren nicht gäbe:

(063) WOMO-Wanderparkplatz: Castérino

GPS: N 44°05'53"
E 07°30'23";
max. WOMOs: >5.
Ausstattung/Lage: Gaststätten; Mülleimer, Wanderwege / Ortsrand.
Zufahrt: Suchen Sie die Parkplätze in Castérino, am besten jenseits der Brücke.

Weitere einsame **Plätze** finden Sie außerdem etwa 750 m südlich der Hotels bei einer Brücke; fahren Sie jenseits der Brücke links und parken Sie bald; der Bauer des Gehöftes an dieser Brücke duldet das freie Stehen am Bach, das trotz eines generellen Camping-Verbotsschildes bei unseren Recherchen von mehreren WOMOs praktiziert wurde
(**GPS**: N 44°05'31" E 07°30'53").

Tende

Ein ordentliches Essen wird Ihnen im **Restaurant Les Melezes** in Sichtweite Ihres Wohnmobils serviert. Die Fahrt in die schöne Berggegend lohnt sich, selbst wenn man gar nicht wandert.

Nach der Wanderung zu den Felsgravuren fahren Sie sicher zurück in das Städten **Tende** (2.000 Einwohner). Es ist übrigens der erste Anlaufpunkt, wenn Sie auf der von uns unter dem Stichwort *Anreise* erwähnten Strecke von Turin herkommen. Der Ort liegt reizvoll am Hang, 816 m hoch, und im Gassengewirr der Häuser fällt Ihnen kaum auf, dass die meisten mit grünem und violettem Schiefer gedeckt sind. Sehenswert ist das **Musée des Merveilles** *(10-17, Mai bis Mitte Oktober bis 18:30 Uhr, täglich außer Dienstag, Juli/August/September kein Ruhetag; geschlossen 12.-24.3 und 13.-25.11.;* **kostenlos***)*.

In Tende kann man auf geräumigem Gelände die Nacht rumbringen, wenngleich der Stellplatz sicher nicht in die Annalen der WOMO-Reihe eingehen wird:

---

(064) WOMO-Stellplatz: Tende
GPS: N 44°05'25" E 07°35'36";   Place de Gare;   m**ax. WOMOs**: >5.
Ausstattung/Lage: Wasser, Gaststätten, Geschäfte / im Ort.
Zufahrt: Biegen Sie beim Museum von der D 6204 ab und folgen Sie dem ‚P' in die Nähe des Bahnhofs.

Wesentlich besser und unser Tipp, falls Sie nicht in Castérino nächtigen, ist der preiswerte Campingplatz:

---

(065) WOMO-Campingplatz-Tipp: Tende (Municipal)
GPS: N 44°05'30" E 07°35'52";   Route de la Pia.
Ortszentrum: 5 Minuten zu Fuß.   **Zeiten**: 1.5-30.9.
Ausstattung: Geheizte Dusche, Brotvorbestellung.
Zufahrt: In der Nähe des Bahnhofes an der D 6204 beschildert.
Hinweis: Beobachten Sie auf der schmalen Brücke der Zufahrt im Rückspiegel das WOMO-Heck und vermeiden Sie möglichst Lenkbewegungen.

Wir fahren durch das Roya-Tal wieder zurück nach Süden, wobei ich Ihnen wenigstens jetzt die Alternative empfehle, die

italienische Grenze zu überqueren, um ein kurzes Stück südlich derselben die Straße nach Sospel zu nehmen. Die Kurverei ist dann etwas erträglicher. Als Übung für die nächste Tour haben Sie genug Kurven bewältigt. Erholen Sie sich noch einmal in Sospel, denn auf unserer 6. Tour geht es richtig zur Sache.

Grenzland

Tour 6: Im Zeichen der Spitzkehre

Col de Turini - La Bollène-Vésubie - Saint-Martin-Vésubie
Lantosque - Madonne d'Utelle - Lucéram - Braus-Pass

Stellplätze:	bei L'Authion, am Col de Turini, in La Bollène-Vésubie, in Venanson, in Saint-Martin-Vésubie, in Suquet, in St. Jean-la-Rivière, beim Panorama de la Madonne d'Utelle, in L'Escarène, in Lucéram
Campingplatz:	in Saint-Martin-Vésubie
Besichtigen:	Col de Turini, Berglandschaft bei L'Authion, Venanson, Saint-Martin-Vésubie, Wolfspark *Alpha-Loup*, das Panorama de la Madonne d'Utelle, das Dorf Lucéram, den Col de Braus, das Fort St. Roch bei Sospel
Essen:	Restaurants *Bella Vista* in Venanson, Restaurant *La Treille* und Pizzeria *Le Vieux Four* in Saint-Martin-Vésubie, *Auberge de la Mediterranée* in Lucéram
Wandern:	bei Le Boréon
Karte:	Seite 112

Schon nach wenigen Kilometern unserer 6. Tour haben Sie Ihren französischen Wortschatz dauerhaft erweitert. Um die Vokabel *Lacet*. Die steht nämlich auf unzähligen Verkehrsschildern. Selten im Singular, weshalb Sie bald wissen, dass hinter dem Schild, das Sie vor *Lacets* warnt, mehrere Kehren, Spitzkehren oder Serpentinen folgen, die den älteren unter uns auch als Haarnadelkurven geläufig sind. Ich habe die Anzahl der Kurven nicht gezählt, am Ende der Tour werden es aber hundert gewesen sein. Haben Sie schon mal von der *Nacht der langen Messer* gehört? Die fand in der zweiten Januarhälfte statt und wurde stets im Sportprogramm des Fernsehens in Ausschnitten gezeigt. Es war die letzte Etappe der *Rallye Monte Carlo*, die heute noch und meist auf schneebedeckter Piste genau dort stattfindet, wo unsere Tour beginnt.

Die Rallye Monte Carlo
Das Motorsport-Großereignis wird seit dem Jahr 1911 ausgetragen, aber es wurde nur fünfmal von Deutschen gewonnen: einmal, im Jahre 1960, von einem Herrn Schock auf Mercedes 220 SE und viermal von Walter Röhrl mit verschiedenen Fahrzeugen, darunter einem Opel Ascona und einem Fiat 131. Wenn man sich die Liste der Siegerfahrzeuge betrachtet, ist man überrascht, weil dort ein Porsche so gut wie gar nicht auftaucht, und weil in neuerer Zeit ausschließlich Modelle der unteren Mittelklasse gewonnen haben. Und wenn man sich auf *Youtube* den Wettstreit ansieht, ahnt man auch, jedenfalls als Laie, weshalb das so ist.

Kleine Autos driften über schmale und teilweise verschneite Straßen. Früher gab es in den Seealpen weniger zu sehen, weil damals der schwierigste Teil der Prüfung in der schon erwähnten ‚Nacht der langen Messer' ausgetragen worden ist. Damals war die Rallye eine etwa 5-tägige Sternfahrt, ehe die übrig gebliebenen Fahrer in den Seealpen die Entscheidung suchten. Und zwar nachts, was den Nachteil hatte, dass das Publikum an den Bildschirmen zu Hause nicht viel mehr als monströse Scheinwerfer zu sehen bekam. Fast nichts war zu erkennen, am allerwenigsten die auf die Fahrzeuge geklebten Namen der Sponsoren. Damit die Fernsehsender aber richtig was zu zeigen hatten und die Werbung voll zur Geltung kam, hat man vor einigen Jahren das Programm geändert, die Strecke erheblich verkürzt und vor allem die Seealpenetappe auf den helllichten Tag verlagert. Im Jahre 2011 beispielsweise umfasste die Streckenführung Ende Januar nur noch 335 km. Dafür fuhr man gleich zweimal über den Col de Turini.

Die Siegerliste wird, wenn ich es richtig recherchiert habe, ganz oder überwiegend von Werkteams besetzt, aber das Salz in der Rallye Suppe sind Amateurfahrer, die man zuletzt dadurch angelockt hat, dass man auf Antrittsgelder verzichtet hat.

Wenn man als Motorsportlaie über den Col de Turini fährt oder sich bei Youtube Filme anschaut, auf denen die Mittelklasseautos bei Tageslicht durch die Spitzkehren brettern, fragt man sich, weshalb nicht ein Auto nach dem anderen aus der Kurve getragen wird und sieht es als Bestätigung des eigenen Vorurteils, wenn man endlich auch einmal einen umgestürzten Boliden zu sehen bekommt.

Sie werden also besser nicht das Heck Ihres Wohnmobils durch die *Lacets* schleudern lassen, sondern sich behutsam aufwärts tasten, um von Sospel auf den Col de Turini zu klettern. Angst vor der Strecke wäre unbegründet, zumindest in fahrtechnischer Hinsicht. Wer unter der Reisekrankheit leidet, nimmt jedoch besser Abstand. Der versäumt allerdings dann ein wunderbares Stück der **Seealpen**, eine Region, die vom landschaftlichen Eindruck auf der Hitliste der Wohnmobil-Touren ganz oben rangiert. Zumal Sie an den Kulminationspunkten auch vortrefflich übernachten können. Auf halber Strecke von Sospel beim ersten, dem Col de Turini, sollten Sie anhalten, um die niedliche und schön gelegene **Kapelle N. D. de la Menour** zu betrachten, deren Zugang auf einer die Straße überspannenden Brücke angelegt ist (Foto Seite 132).

N.D. de la Menour

Lassen Sie sich auch an allen anderen Abwechslungen des Weges viel Zeit, zum Beispiel im Dorf **Moulinet**, ein paar Kilometer nördlich, denn die Kurverei ist anstrengend. Allerspätestens auf Passhöhe des Col de Turini, werden Sie 1.607 m über dem Meer anhalten, um zu überlegen, ob Sie sich noch die Aussichtsstraße nach rechts, auf der Michelin-Karte verlockend eingezeichnet, zumuten wollen. Tun Sie es! Sie benötigen weniger als eine Stunde für ein fantastisches Alpenpanorama, und Sie müssen keine weiteren Prüfungen Ihres fahrtechnischen Könnens befürchten, denn der Rundkurs ab dem Kriegerdenkmal von **L'Authion** (1.889 m) ist eine Einbahnstraße, deren Höhepunkt die Pointe-des-3 Communes (2.082 m) ist. Kurz vor dem Denkmal liegen zwei kleinere Parkplätze auf 1.900 m – mit Kaiserblick auf den Rest der Welt:

(066) WOMO-Wanderparkplatz: L'Authion

GPS: N 43°59'43" E 07°24'43"; max. **WOMOs**: höchstens 5.
Ausstattung/Lage: Picknick-Bank, Wanderwege, klappstuhlgeeignet, Traumblick / außerorts, einsam.
Zufahrt: Biegen Sie am Col de Turini Richtung ‚Station de Camp d'Argent' und ‚Circuit de L'Authion' ab und fahren Sie ab dem Col de Turini genau 3,7 km bis zu einem kleinen Parkplatz.
Hinweise: Sie treffen auf zwei kleine Parkplätze, von denen zumindest der hintere beim Denkmal an den Nationalpark von Mercantour grenzt, wo die Übernachtung im WOMO verboten ist. Wer nichts falsch machen möchte, fährt bei Einbruch der Dunkelheit etwa 1,5 km zurück zum Camp d'Argent, wo es auch weniger einsam ist.

Vom Platz beim Kriegerdenkmal aus können Sie schön in etwa einer Stunde zur schon erwähnten Pointe-des-3 Communes wandern. Auch am **Col de Turini** finden Sie einen ordentlichen Platz für die Nacht mit ebenfalls schönem Blick:

(067) WOMO-Wanderparkplatz: Col de Turini

GPS: N 43°58'39" E 07°23'30";   an der D 68;   **max. WOMOs**: >5.
Ausstattung/Lage: Mülleimer, Gasthäuser, Wanderwege, schöne Sicht / außerorts, nicht einsam.
Zufahrt: Der große Parkplatz seitlich eines Hotels ist nicht zu verfehlen.

Jenseits des Passes nehmen wir die D 70 nach Westen und freuen uns über jeden bewältigten Kilometerstein. *Lacets* bergab sind nämlich schwieriger zu bewältigen als Haarnadelkurven bergauf. Aber die schöne Sicht entschädigt vollauf für die Mühe, und im nächsten Ort, in **La Bollène-Vésubie**, einem

La Bollène-Vésubie

Im Zeichen der Spitzkehre   133

sonnigen Bergdorf, werden Sie sich erneut die Frage stellen, ob Sie stellplatzmäßig die Nacht einläuten:

> **(068) WOMO-Stellplatz: La Bollène-Vésubie**
> **GPS**: N 43°59'26" E 07°19'50"; Av. François Gairaud; **max. WOMOs**: >5.
> **Ausstattung/Lage**: Mülleimer, Gaststätten, Geschäfte, Sicht, unterhalb eines schön gelegenen, kleinen, öffentlichen Schwimmbades / Ortsrand.
> **Zufahrt**: Der beschilderte Parkplatz liegt im unteren Teil und nördlich des Dorfes an der D 70. Sie kommen daran vorbei.

Kurz danach müssen Sie sich entscheiden, ob Sie nach Norden weiter in das **Mercantour-Massiv** vorstoßen möchten, jenen Teil der Alpen, der im Osten bei Tende beginnt und sich auf beiden Seiten der französisch/italienischen Grenze weit nach Westen erstreckt. In eine Landschaft mit viel unberührter Natur und touristisch so wenig erschlossen, dass man angeblich an abgelegenen Stellen nachts sogar die Wölfe heulen hört, die sich hier zum Leidwesen der Schafhirten von Jahr zu Jahr vermehrt haben. Nun haben Sie aber einen Reiseführer über die Côte d'Azur gekauft, und ich will nicht allzu sehr vom Thema abschweifen.

Aber auf wenigstens einen Abstecher müssen Sie uns noch folgen: Eigentlich wollten wir in **Venanson** (145 Einwohner), einem Adlerhorst oberhalb von Saint-Martin-Vésubie, nur eine ausgemalte Kapelle betrachten. Aber dann blieben wir mehrere Tage in der »Schweiz Nizzas«. Es wären noch mehr Nächte geworden, wenn das Restaurant *Bella Vista* in Venanson nicht dienstags abends geschlossen hätte.

Am frühen Nachmittag bestellen wir hier einen Café und erhalten dazu auf Nachfrage *(»La Clé pour la chapelle«)* den

Bilder von Jean Baleison in Venanson

Schlüssel für die kleine Kapelle direkt vor dem Lokal. Vergeblich haben wir zuvor nach Wegweisern oder einem Hinweis zum Aufbewahrungsort des Schlüssels Ausschau gehalten, und ein kleiner Plan am Anfang des Dorfes mit einer ‚Chapelle St. Claire' hat uns zusätzlich irritiert. Wo doch in allen Reiseführern zu lesen ist, Jean Baleison, den Sie schon aus der Kirche N.D. de Fontaines (Tour 5) kennen, hätte um 1481 die **Chapelle St. Sébastien** ausgeschmückt. Wir dürfen uns selbst aufschließen und sind sogar ein wenig überrascht, hinter der Tür nicht einen gottverlassenen Betraum anzutreffen, sondern tatsächlich ein vollständig ausgemaltes Gewölbe. Die naiv dargestellten Folterknechte und erst recht die Wundmale lassen keinen Zweifel, dass hier Leben und Martyrium des Heiligen Sebastian zu sehen sind – und wie dessen Leichnam am Ende in einer Latrine entsorgt werden soll. Die anmutige Darstellung der Gesichter lässt aber auch schon einen Anflug beginnender Renaissance erahnen, wenngleich die Bilder hier noch nicht in den frischen, sondern auf den trockenen Putz gemalt worden sind. Ein echter Geheimtipp!

Venanson

Das gilt auch für das **Restaurant *Bella Vista*** *(Tel. 04 93 03 25 11)*, das ich ausnahmsweise mal ungetestet empfehle. Authentischer kann kein Gasthaus in Frankreichs Provinz sein: In den Blumentrögen wachsen Tomaten und Basilikum, und an der Decke des Speiseraums hängen Kuhglocken, wie in der richtigen Schweiz. Wenn die Qualität des preiswerten Essens der des Espressos standhält, lohnt sich schon deshalb der Weg nach Venanson. Hätte das Lokal nicht geschlossen, wären wir einfach sitzen geblieben, um zu sehen, wie der Hund im Dorfbrunnen gebadet wird. Unser WOMO hätte am Rand der so gut wie nicht befahrenen Straße geparkt, über einem atemberaubenden Blick auf Saint-Martin-Vésubie und die Fast-dreitausender dahinter:

(069) WOMO-Stellplatz: Venanson

GPS: N 44°03'16"
E 07°15'09";
max. WOMOs: 2 bis 3.
Ausstattung/Lage: Wasser an zahlreichen Brunnen, Toilette (unterhalb der Mairie), Gaststätte, Wanderwege, sehr schöne Sicht / Ortsrand.
Zufahrt: Fahren Sie an den Straßenrand vor Venanson, das ab Saint-Martin-Vésubie beschildert ist.
Hinweise: Das ist eigentlich kein Stellplatz, sondern eher ein Spleen, und wurde von uns noch nicht getestet. Aber der Abend wird vermutlich zu einem außergewöhnlichen Erlebnis. Parken Sie auf der Talseite der Straße, wo der Parkstreifen relativ breit ist.
Sie brauchen leistungsfähige Auffahrkeile. Ein kleines Stück weiter unten können auch zwei bis drei größere Fahrzeuge, allerdings bei nicht ganz so schöner Sicht, stehen.

Aus einer Nacht in **Saint-Martin-Vésubie** (1.300 Einwohner) wurden drei, nachdem wir auf dem ortsnahen und liebevoll angelegten Campingplatz *Ferme St. Joseph* zwischen Birnbäumen und Stockrosen die Campingmöbel ausgepackt hatten. Das naturbelassene Gelände oberhalb eines rauschenden Bachs ist ein Musterbeispiel für einen Zeltplatz der ansprechenden Art, wo noch richtig gezeltet und nicht nur gewomot und gecaravant wird:

(070) WOMO-Campingplatz-Tipp: Saint-Martin-Vésubie (Ferme St. Joseph)

> **GPS**: N 44°03'53" E 07°15'25" Chemin du Stade.
> **Ortszentrum**: 600 m, ordentlicher Fußweg.
> **Zeiten**: Mitte Mai bis Ende September, möglicherweise sogar ganzjährig.
> **Ausstattung**: Sehr schöne Lage mit Blick auf den Ort oder die Berge, 1.000 m über dem Meer; öffentliches Freibad in der Nähe; sehr freundliche Betreiberin, preiswert.
> **Zufahrt**: Der Platz liegt am südlichen Ortsanfang seitlich der D 2565.

Die freien Alternativen können damit nicht konkurrieren, wenngleich auch dort einer entspannten Nacht im WOMO nichts im Wege stehen dürfte:

> ### WOMO-Stellplätze: Saint-Martin-Vésubie
>
> **(071) Gendarmerie**
> **GPS**: N 44°04'41" E 07°15'00";   D 2565;   **max. WOMOs**: >5.
> **Ausstattung/Lage**: Picknick-Bänke, Mülleimer, Wanderwege / Ortsrand.
> **Zufahrt**: Der Platz liegt 1 km nördlich des Ortszentrums seitlich der D 2565 vor der Gendarmerie.
>
> **(072) Le Touron**
> **GPS**: N 44°03'38" E 07°15'34";   D 2565;   **max. WOMOs**: >5.
> **Ausstattung/Lage**: Ver- und Entsorgung, Mülleimer, klappstuhlgeeignet. Dieser offizielle Stellplatz im Ortsteil Le Touron liegt weniger schön als der vorgenannte. Hier stehen aber meist auch andere Wohnmobile.
> **Zufahrt**: Der Platz liegt südlich des Ortes, noch südlich des Campingplatzes, etwa 800 m vor dem Zentrum, genau beim Ortsschild.

St. Martin-Vésubie (am rechten Bildrand die Plätze 70 und 72)

Auch die kleine, 1.000 m hoch gelegene Stadt, die sich sommers wie winters als Zentrum des Tourismus im Mercantour-Gebiet gemausert hat, erinnert mit vielen Holzbalkonen ein

wenig an die Schweiz, und fasziniert die Kinder wegen des kleinen Baches, der durch eine Rinne inmitten der Hauptstraße zu Tale strömt. Am Rand dieser Gasse liegt das **Restaurant *La Treille***, wo

Im Zeichen der Spitzkehre   137

Sie Pizza, aber auch richtig gut essen können. Wir waren ebenfalls von dem netten Sitzplatz auf der überwachsenen Terrasse angetan *(Tel. 04 93 03 30 85; montags geschlossen)*. Das rustikalere Gegenstück ist die **Pizzeria *Le Vieux Four***. Hier wird im Sommer bei gutem Wetter ausschließlich in einer schmalen Dorfgasse serviert, und die Bewohner der umliegenden Häuser nehmen das klaglos hin, sie rufen nicht einmal die Polizei, wenn ein Gast laut lacht, was hier häufiger vorkommt *(an der Hauptstraße ausgeschildert; montags geschlossen, außer sonntags nur abends, in der Saison sinnvollerweise kurz vorher vor Ort reservieren)*.

in St. Martin-Vésubie

Ganz so hinterwäldlerisch wie es scheint, ist Saint-Martin-Vésubie offensichtlich doch nicht, so kam der kleine Ort schon im Jahre 1893 in den Genuss einer öffentlichen Straßenbeleuchtung, als zweite Stadt in Frankreich.

Zu den Standardzielen in der »Nizzaer Schweiz« gehören die 1.500 m hoch gelegene Siedlung **Le Boréon**, 8 km nördlich von Saint-Martin-Vésubie und dort ein beeindruckender Wasserfall sowie der **Wolfspark *Alpha-Loup***. Hier können Sie mit Glück den Wolf, von dem seit 1992 wieder einige Rudel im Mercantour-Gebiet leben, in seiner natürlichen Umgebung sehen und ihn als Plüschtier in seinem garantiert unausrottbaren Vorkommen käuflich erwerben *(Fütterung: Mo.-Sa. 14:30-15 Uhr; 10 €, Kinder 8 €)*.

Die Seealpen sind ideale Wanderreviere, weil das Wetter deutlich besser ist als weiter im Norden der Alpen. In Le Boréon starten wir am Wolfspark zu einer Wanderung, zu der uns der Rother-Wanderführer inspiriert hat, die wir beim nächsten Mal aber abwandeln würden:

Bei Le Boréon

Wir fahren am Stausee vorbei und parken dahinter gegenüber dem Wolfspark **Alpha-Loup**. Von dort wandern wir zunächst auf der Straße ein paar Meter bergauf, gehen an der Gabelung links und nach etwa 250 m auf die Zufahrt zum Gîte d'Etappe, an dem wir geradeaus in den Wald treten. Bald wendet sich der Weg nach links, führt am Hang entlang und steigt deutlich an. Ab und zu sehen wir Wegweiser zur **Vacherie du Cavalet**.

Bei der Weggabelung Nr. 374 geht es kurz vorher geradeaus, nach Norden, zum Col de Cerise, während der bequemere Wanderweg nach links abbiegt und nun schön am Hang entlang führt, ehe wir in mehreren Windungen zur **Straße** absteigen. Hier muss es vor ein paar Jahren ein schlimmes Unwetter gegeben haben, denn eine breite Schneise der Bäume ist entwurzelt.

Der GR 52 – und deshalb vermutlich auch der Rother-Wanderführer – schicken uns nun entlang der Asphaltstraße zurück zum Aussichtspunkt, was wir als ziemlich enttäuschend empfunden haben.

Mit Hilfe der Wanderkarte kann man statt dessen sofort dort, wo man auf die Straße stößt, diese überqueren und auf der anderen Seite des Tals weiterwandern, um sich dann von Süden Le Boréon zu nähern.

Wenn wir nochmals hier wandern, werden wir kurz vor der Vacherie du Cavalet nicht abbiegen, sondern den Weg zum **Col de Cerise** solange weiter nehmen, bis wir ermüdet umkehren müssen. Auf diese Weise kämen wir nämlich auf über 2.000 m in höhere und interessantere Lagen.

Für die einfache Strecke über die Vacherie du Cavalet benötigen Sie keine Karte und deutlich unter 3 Stunden, sofern Sie auf der Straße zurücklaufen. Abwandlungen würde ich nur mit der 3741 OT in Angriff nehmen.

Wer Frau und Kindern außer mit Plüschwölfen eine weitere Urlaubsfreude gönnt, fährt in das 1.500 m hoch gelegene **La Colmiane**, westlich von Saint-Martin-Vésubie, und bezahlt für die Schlittenabfahrt auf der Sommerrodelbahn 7,50 €.

Und wer dabei vergisst, dass er eigentlich seinen Urlaub an der nur gut eine Autostunde entfernten Côte d'Azur verbringen wollte, macht dennoch nichts falsch und gondelt weiter nach Westen – aber danach wieder zurück, weil sich unser weiterer Tourenverlauf doch lohnt. Zum Beispiel in **Lantosque**, einem farbenfrohen, wenn auch leicht verblassenden Dorf, wo der eine oder andere Leser zum Fotografieren anhält, was ja bekanntlich etwas anderes ist, als mit angewinkelten Armen in ein

Lantosque

kleines Display zu schauen. Früher hatte ich hier, am Fuß des alten Ortsteils, bei Schule und Feuerwehr einen Stellplatz empfohlen. Bei meiner Nachrecherche-Tour habe ich mich dafür ein wenig geschämt, denn die Stelle hat mir überhaupt nicht mehr gefallen. Was beweist, dass auch meine Auswahl erheblich von Stimmungen und Situationen, vom Wetter, der Jahreszeit und möglicherweise sogar der Tageszeit beeinflusst wird. Wer überprüfen will, ob es richtig war, einen Stellplatz zu streichen, obgleich dort kein Verbotsschild aufgestellt worden ist, kann nachsehen: **(073) GPS: N 43°58'28" E 07°18'39"**. In Lantosque heißen übrigens einige männlichen Bewohner mit Vorname *Otto*, weil hier im 18. und 19. Jahrhundert zahlreiche österreichische Soldaten Fuß gefasst haben. Das ist eine Anekdote, die ich aus zweiter oder dritter Hand weitergebe.

Fünf Kilometer weiter südlich kommen Sie an der D 2565 bei einer Handvoll Häusern, einem Campingplatz *(Des Merveilles)* und an einem geräumigen Parkplatz neben einer Gaststätte vorbei, auf dem ich mich selbst noch nicht länger aufgehalten habe, wo Sie aber nur ein paar Schritte zum Fluss Vésubie gehen müssen, an dessen Ufer im Sommer viele Ausflügler lagern. Sehr genau habe ich mir das alles noch nicht angesehen, und ich weiß daher nicht, ob das Wasser hier zum Schwimmen tief genug ist. Abkühlen kann man sich auf jeden Fall:

---

(074) WOMO-Badeplatz: Le Suquet
GPS: N 43°56'33" E 07°16'58";   D 2565;   **max. WOMOs**: >5.
Ausstattung/Lage: Badestelle im nahen Fluss, Mülleimer, Gaststätte, klappstuhlgeeignet, möglicherweise Bootsvermietung / außerorts, Häuser in der Nähe und Campingplatz gegenüber.
Zufahrt: Der große Parkplatz beim Weiler Le Suquet gegenüber einem Campingplatz und nördlich der Flussbrücke ist nicht zu verfehlen.

Stellplatzmäßig ist das nichts, gegenüber dem Höhepunkt dieser Tour. Es geht auch wirklich hoch hinaus, genau genommen auf 1.174 m, wenn sich die Straße vom Tal der Vésubie zum **Panorama de la Madonne d'Utelle** schraubt. Sie überqueren in **St. Jean-la-Rivière** auf einer hohen Brücke die Vésubie und sondieren auf dem rechten, dem westlichen Ufer schon mal das Gelände. Es könnte nämlich sein, dass es Ihnen oben beim Panorama zu karg, zu windig und zu einsam wird. Hier unten gibt es eine schöne, wenngleich relativ kurze Alternative:

> **(075) WOMO-Stellplatz: St. Jean-la-Rivière**
> **GPS**: N 43°55'09" E 07°15'48"; **max. WOMOs**: >5.
> **Ausstattung/Lage**: Mülleimer, Gaststätte und Geschäft in der Nähe, Wanderwege / Ortsrand.
> **Zufahrt**: Überqueren Sie in St. Jean den Fluss und fahren Sie nach der Brücke vor die Post; hinter der Brücke also nicht rechts bergauf, Richtung Utelle, sondern geradeaus und parken Sie bald.
> **Hinweis**: Für große Fahrzeuge nicht oder nur bedingt geeignet.

Der kurvige, aber gut befahrbare Weg nach **Utelle** (vor den Kurven unbedingt hupen!) ist typisch für das Hinterland von Nizza. In der Ferne, auf den fast Dreitausendern, sehen Sie die letzten Schneereste, auf allmählich verfallenden Terrassen seitlich der Straße uralte Olivenkulturen und zwischendurch sogar mal eine Kaktee. Wenige Einwohner des 800 m hoch gelegenen Dorfes leben auch heute noch vom Olivenanbau. Ein paar vielleicht auch von den Touristen. Sehr groß ist der Zulauf allerdings nicht, obgleich die **Kirche St. Veran** wegen ihrer verschiedenen Stilrichtungen, einem schönen Holzportal und einem geschnitzten Passionsaltar eine größere Beachtung verdient hätte – und das kleine Dorf einen ebenen, übernachtungsgeeigneten Parkplatz.

Umso geräumiger ist das Gelände seitlich der 6 km weiter bergauf gelegenen **Wallfahrtskirche Madonne d'Utelle**. Das Studium der Michelin-Karte erweckt Misstrauen, das Sträßchen wird auf halber Strecke nämlich verdammt schmal – trotz der vielen Kurven. Der Schein trügt leider nicht. Aber selbst wenn Ihnen an den wenigen Engstellen ein anderer Leser unseres Buches entgegenkommt (auch dann halte ich echte Probleme für unwahrscheinlich), werden Sie unbehindert das Ziel erreichen, wobei ich an dieser Stelle wieder einmal darauf hinweisen muss, dass ich mich nur bedingt in die Lage eines Chauffeurs versetzen kann, der silbrig glänzende 8 Meter oder mehr im Rücken hat. Das Ergebnis der Mühe ist einer der **schönsten Rundblicke der südlichen Alpen**. In der Nähe des kleinen, schon im 9. Jahrhundert von spanischen Seefahrern zur Erfüllung eines Gelübdes gegründeten Heiligtums dürfen Sie sich das Plätzchen mit der schönsten Sicht für die Nacht aussuchen:

(076) WOMO-Stellplatz: Madonne d'Utelle

GPS: N 43°54'37" E 07°13'41";   Madonne d'Utelle;   **max. WOMOs**: >5.
Ausstattung/Lage: Traumsicht, Gaststätte, klappstuhlgeeignet / außerorts, einsam (das Lokal, dessen Öffnungszeiten ich nicht kenne, beherbergt zumindest im Sommer Übernachtungsgäste, so dass Sie weniger einsam stehen als es scheint).
Zufahrt: Fahren Sie von Utelle auf der D 132 ca. 6 km bergauf bis zur Kirche.
Hinweis: Am 15.8. und 18.9. ist das Sanktuarium Ziel von Wallfahrten, weshalb ich an diesen Tagen die schmale Zufahrtsstraße meiden würde.

Wenn Sie mit von der Kurbelei etwas weichen Armen wieder unten im Vésubie-Tal angelangt sind, müssen Sie sich entscheiden, ob Sie die Aussichtsstrecke links (östlich) des Flüsschens wählen oder auf dem Schluchtgrund wieder in die zivilisiertere Welt zurückkehren. Mich hat die Kurverei so genervt, dass ich nach ein paar Kilometern auf der Aussichtsstrecke gewendet habe, um durch die **Gorges de la Vésubie**, einer wilden Schlucht, bezüglich derer die 3 Sterne des grünen Michelin-Führers jedoch übertrieben sind, das breitere Tal des Var zu erreichen. Dort gönne ich Ihnen ein wenig Erholung, Ihrem Gasfuß etwas Freude und der Autobahngesellschaft ein Scherflein. Nizza lassen Sie nämlich rechts unterhalb der Autobahn liegen, die Sie an der Anschlussstelle Nr. 8 wieder verlassen,

um in **L'Escarène** verwundert zur Kenntnis zu nehmen, dass sogar nahe der Küste und im Hinterland von Nizza die Zeit stehen bleiben kann. Ein kleiner Bummel durch das unverfälschte Dorf ist also kein Fehler, und im Innern der Kirche wird Sie ein kurzer Blick auf die von der Empore eingemauerten Statuen erheitern. Der Parkplatz im Zentrum eignet sich für WOMO-Sattelschlepper:

---

(077) WOMO-Stellplatz: L'Escarène
GPS: N 43°50'04" E 07°21'17";   Place Camous;   **max. WOMOs**: >5.
Ausstattung/Lage: Toilette (an der Straße in den alten Ortskern nach 50 m rechts), Mülleimer, Gaststätten, Geschäfte, Blick auf die Altstadt / im Ort.
Zufahrt: Der Platz liegt im Zentrum unterhalb der D 2204 an der Kirche.

Sehr lohnend ist ein 6,5 km langer Abstecher zum nördlichen **Lucéram**, dessen gut erhaltenes, mittelalterliches Zentrum zwischen nicht mehr kultivierten Terrassen der Ölbaumhaine reizend provinziell ist, und dessen **Kirche St. Marguerite** *(12-14 Uhr Mittagspause, kostenlos)* die im Raum Nizza bedeutendste Sammlung von Altartafeln der Frührenaissance, der so genannten 'Schule von Nizza' bewahrt, darunter das ‚Antonius-Retabel' von J. Canavesio (siehe Tour 5).

Ein echtes Kleinod ist auch die ***Auberge de la Mediterranée***

Im Zeichen der Spitzkehre   143

Lucéram

(Tel. 04 93 91 35 65; montags Ruhetag, keine Kreditkarten, länger nicht mehr getestet). Die Auswahl ist bescheiden, um so überzeugender sind die riesigen Portionen zu einem unschlagbaren Preis. Wenn Ihnen der liebenswürdige Patron zu guter Letzt das goldene Buch reicht, werden Sie sich voll des Lobes verewigen und vielleicht sogar nachlesen, dass ich nur selten ein besseres Preis- Leistungsverhältnis angetroffen habe. Das dürfte Grund genug sein, in Lucéram schön und ruhig zu nächtigen:

(078) WOMO-Stellplatz: Lucéram

GPS: N 43°52'53"
E 07°21'26";
Place de la République;
max. WOMOs: 2-3, am Abend wird der Platz von Bewohnern ziemlich vollgestellt.
Ausstattung/Lage: Toilette, Wasser (an der oberen Parkplatzseite eine Etage tiefer), Mülleimer, Gaststätte, Geschäfte, Tisch und Bank, Wanderwege / im Ort.
Zufahrt: Der Platz ist am südlichen Ortseingang seitlich der Straße nicht zu verfehlen.

Hinter L'Escarène werden Sie mit unserem Tourverlauf nochmals Französisch-Unterricht im Schnellkurs nehmen, falls Ihnen das deutsche Wort für *Lacet* entfallen sein sollte.

Col de Braus

Als ich unterhalb des **Col de Braus** anhalte und auf die bezwungene Strecke zurück blicke, muss ich bekennen, niemals im Leben perfektere Serpentinen gesehen zu haben. Und es scheint mir unglaublich, mit welcher Leichtigkeit mein Wohnmobil die architektonische Großtat gemeistert hat. Die Spitzkehren am Braus-Pass sind breit und können bis Sospel wirklich von jedem WOMO unter die Räder genommen werden. Falls Sie sich sonst nicht trauen, wenigstens das Stück muss sein!

Bevor wir wieder in Sospel einfahren, werden Gedanken an Vauban wach, jenen Festungsbauer Ludwigs XIV., der in ganz Frankreich seine Handschrift hinterlassen hat. Aber wir irren, denn das Fort Suchet wurde erst Ende des 19. Jahrhunderts gebaut und später mit dem tiefer gelegenen **Fort St. Roch**, südwestlich von Sospel, einem im Jahre 1932 fertig gestellten Teil der Maginot-Linie, verbunden. Dieses Festungswerk sollte, anders als ähnliche Bauten, die wir beispielsweise aus dem Elsass kennen, nicht vor den Deutschen Schutz bieten, sondern das Bévéra-Tal und den Braus-Pass vor einer befürchteten italienischen Invasion behüten. Sie können das Innere der großen Bunkeranlage, in der es Soldaten in 50 m Tiefe drei Monate lang ohne Nachschub aushalten konnten, samt Küchen, Kraftwerk, Operationssaal und den Geschütztürmen besichtigen *(Führungen 1 ½ Stunden: Juni bis September täglich außer montags, April, Mai und Oktober an Wochenenden und Feiertagen 14-18 Uhr; 5 €).*

Im Zeichen der Spitzkehre

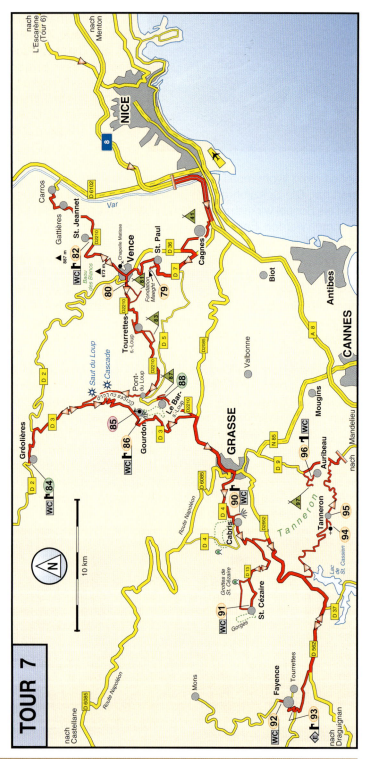

146 Tour 7

Tour 7: Pflichtprogramm in zweiter Reihe

St. Paul-de-Vence - Vence - Gourdon - Le Bar-sur-Loup
Grasse - Auribeau

Stellplätze:	in St. Paul-de-Vence, in Vence, in St. Jeannet, in Gréolières, in Gourdon, in Le Bar-sur-Loup, in Cabris, in St.-Cézaire-sur-Siagne, in Fayence, in Tanneron, in Auribeau
Campingplätze:	bei Vence, bei Tourrettes-sur-Loup, in Le Bar-sur-Loup, bei Auribeau
Besichtigen:	St. Paul-de-Vence, Vence, Tourrettes-sur-Loup, die Gorges du Loup, Gourdon, Le Bar-sur-Loup, Grasse, die Tropfsteinhöhle *Grottes de St.-Cézaire*, Fayence
Wandern:	bei St. Jeannet, von Le Bar-sur-Loup nach Gourdon, bei Cabris, bei St.-Cézaire-sur-Siagne
Essen:	Restaurant *Jarrerie* in Le Bar-sur-Loup, Restaurants *Vieux Château* und *Le Petit Prince* in Cabris

Cagnes und **St. Paul-de-Vence** werden oft in einem Atemzug genannt, weil sie zum Pflichtprogramm einer jeden besseren Busreise gehören, wenn es darum geht, dem staunenden Urlauber die Schönheiten in der zweiten Reihe der Côte d'Azur vorzuführen. Wir bringen Sie trotzdem weitgehend ungeschröpft durch.

Cagnes stand schon bei der 4. Tour auf der Tagesordnung, St. Paul ist ebenfalls besser als sein Ruf, zumindest wenn Sie einen Nachmittag in der Hochsaison meiden. Obwohl es einer jener Orte ist, in denen man nur noch auf den Tourismus setzt. 2.000 Jahre alt, liegt es malerisch auf einem Bergsporn, mit

St. Paul-de-Vence

Stadtmauerturm, und die nur 20 km entfernte Küste ist noch in Sicht. Das genügt, um sich den Touristen wehrlos zu ergeben.

Es ist aber erst die Aura der Künstler, die St. Paul zum Kochen bringt. Am Anfang des 20. Jahrhunderts hatten nämlich die Maler Gefallen an dem Bergdorf gefunden, die auch schon weiter unten von Sonne und Meer eingefangen worden waren, und Monsieur Roux erwies sich als gastronomischer Mäzen. Er war

der Wirt der *Colombe d'Or* und so intelligent, sich Kost und Logis mit Bildern bezahlen zu lassen. Braque, Dufy, Matisse, Signac und Utrillo nahmen das gerne in Anspruch. Ihnen folgten Schriftsteller sowie Schauspieler. Und spätestens nachdem Yves Montand in der *Goldenen Taube* seine Hochzeit gefeiert hatte, gab es kein Halten mehr. Ich kann mich an keinen anderen Ort in Frankreich mit vergleichbar vielen Ateliers und Galerien, Kunst und Kitsch, Tür an Tür, erinnern. Auch das muss man mal gesehen haben, wobei es sich übrigens lohnt, die Exponate des einen oder anderen Bildergeschäftes näher zu betrachten. Man entdeckt dabei erstaunliche Kunstwerke (zumindest mir) unbekannter Maler - zu exorbitanten Preisen. Richtig schön sind der runde **Brunnen** mit der großen Urne vor dem Waschhaus, die **Kirche** (aus dem 12. und 13. Jahrhundert) und der Blick von den **Remparts** in der Nähe des

Südtores. Die Befestigungsanlage stammt von Franz I. aus der Zeit um 1540, sie wurde noch bis 1870 militärisch genutzt.

Das Highlight von St. Paul ist aber die **Fondation Maeght**, eine der interessantesten Ausstellungen moderner Kunst in Frankreich *(nordwestlich des Ortes gut beschildert; Juli bis September 10-18 Uhr, Juli/August/September bis 19 Uhr; 14 €, Kinder unter 10 Jahren frei)*. Es ist kein Zufall, dass die Galeristen Aimé und Marguerite Maeght ausgerechnet St. Paul als Standort ihrer Stiftung auserkoren haben, als sie sich Ende der 50er Jahre in dieses Projekt gestürzt haben, um den frühen Tod ihres jüngsten Sohnes zu verarbeiten, dem die kleine Kapelle im Garten (mit einem Glasfenster von Braque) gewidmet ist. Ein ehemaliger Mitarbeiter von Le Corbusier, der Katalane J. Sert, lieferte die Baupläne, um ein hochmodernes Gebäude mit mehreren Ebenen und Terrassen in die mediterrane Landschaft einzubetten. Schon im Garten, auf grünen Wiesen unter hohen Pinien, stehen Skulpturen so berühmter Leute wie Arp oder Miró. Die Außenwand ziert ein riesiges Mosaik von Chagall, und ein Mosaik von Braque bildet den Boden eines Bassins. Eine Hauptattraktion des Gebäudes sind der Hof mit Giacometti-Skulpturen und Mirós Labyrinth. Es werden zudem wechselnde Ausstellungen zu verschiedenen Themen gezeigt.

Mosaik von Chagall

Der Parkplatz des Museums liegt ein Stückchen unterhalb am Hang, leider darf man hier nicht die Nacht verbringen. Aber direkt gegenüber befindet sich der nur mäßig attraktive, offizielle Stellplatz. Unsere weitere Tour hält bessere Alternativen parat.

---

(079) WOMO-Stellplatz: St. Paul-de-Vence
GPS: N 43°42'10" E 07°07'01"; Chemin des Gardettes; **max. WOMOs**: 7.
Ausstattung/Lage: Mülleimer, Gaststätten in der Nähe, Gefälle / Ortsrand.
Zufahrt: Folgen Sie westlich von St. Paul dem Wegweiser *„Fondation Maeght'*. Der Stellplatz liegt gegenüber dem Parkplatz auf einem ausgeweiteten Gehweg.
Hinweise: Nur bis 9 Uhr morgens; möglicherweise inzwischen umgebaut.

Während die Besucherzahl von St. Paul die Zahl der 3.000 Einwohner an einem Tag im Sommer um ein Vielfaches übersteigt, ist das in **Vence**, nur ein paar Kilometer im Norden, nicht möglich. Die Infrastruktur von 20.000 Einwohnern ist nicht auf die Fremden abgestellt, nicht mal im Altstadtkern herrscht Monokultur. Zwischen den Duft- und Seifenläden und zwischen Restaurants und Fast-Food-Schaltern findet man – in St. Paul undenkbar – sogar noch Geschäfte für den alltäglichen Bedarf. Obwohl auch Vence dank der Lage seines mittelalterlichen Stadtkerns auf einem 300 m hohen Plateau hinter restaurierten Stadttoren die Seele des Urlaubers massiert. Sogar in der Hochsaison, zum Beispiel am Morgen, gibt es Zeiten, an denen es richtig Spaß macht, durch Vence zu schlendern und die alte **Kathedrale** (Chorgestühl, Empore und Mosaik von Chagall im Baptisterium), die römische Säule auf der Place Godeau und die schönen Ausblicke von der Stadtmauer zu genießen.

Sehenswert ist im Château de Villeneuve die **Fondation Émile-Hugues**, wo in dem eher unscheinbaren Schloss wechselnde Sammlungen moderner Künstler, die einen Bezug zu Vence hatten, ausgestellt werden, beispielsweise Werke von Matisse, Dufy oder Chagall *(10-12:30 und 14-18 Uhr, 5 €)*.

Die größte Kunstsehenswürdigkeit ist die **Chapelle du Rosaire** (Chapelle Matisse). Die Kapelle am nördlichen Stadtrand, seitlich der D 2210, ist von außen unauffällig, ein moderner Bau aus der Mitte des 20. Jahrhunderts, den Sie auf den ersten Blick nur an dem goldverzierten Kreuz erkennen, am Ende einer langen Stange und hoch über dem Dach. Aber was Henri Matisse im Innern der Kapelle geschaffen hat, beschreibt er selbst als *»das Ergebnis eines ganzen Lebens der Arbeit und die Blüte eines gewaltigen aufrichtigen und schwierigen Bemühens«*. Von 1947 bis 1951 hat sich Matisse fast ganz der Aufgabe gewidmet, die Hauskapelle des Dominikanerinnenklosters auszugestalten. Im Dezember 1917 hatte sich Matisse in einem Hotel in Nizza eingemietet, um nach mehreren Umzügen bis zu seinem Tod im November 1954 in der Stadt zu bleiben. Im Jahre 1942, Matisse war schon 72, und seiner Arbeit verdankte er ein ansehnliches Vermögen, konnte er sich nach einer Krebsoperation eine junge Privatschwester leisten, die bald auch sein Modell wurde. Er verliebte sich, aber die Dame flüchtete ins Dominikanerkloster nach Vence. Die Chapelle du Rosaire ist das Produkt dieser platonischen Liaison. Schade, dass man die Kapelle nicht täglich betrachten kann, Sie sollten den Verlauf dieser Tour nach den Öffnungszeiten planen *(dienstags, donnerstags 10-11:30 und 14-17.30 Uhr; montags, mittwochs, samstags 14-17:30 Uhr, während der Schulferien auch freitags 14-17.30 Uhr; 3,50 €)*.

Man greift so vielleicht gerne mal auf den Parkplatz von Vence zurück, auch wenn einen die zentrale Lage nicht vom Fahrerhaus-Hocker reißt. Der Stellplatz ist eher ein Notstellplatz für kühle Nächte hinter verrammelten Türen:

> **(080) WOMO-Stellplatz: Vence**
> **GPS**: N 43°43'25" E 07°06'10"; Av. Rhin et Danube; **max. WOMOs**: >5.
> **Ausstattung/Lage**: Gaststätten und Geschäfte in der Nähe, ca. 15 Minuten zu Fuß in das Zentrum, tagsüber oft voll geparkt / im Ort.
> **Zufahrt**: Fahren Sie in Vence auf der D 2210 Richtung Grasse; bald nach der Unterführung sehen Sie links einen geräumigen Parkplatz neben Feuerwehr und Schule.

Zumindest im Sommer schlafen und vor allem sitzen Sie wesentlich entspannter auf einem schön gelegenen Campingplatz:

> **(081) WOMO-Campingplatz-Tipp: Vence (Domaine de la Bergerie)**
>
>
>
> **GPS**: N 43°42'45" E 07°05'23"; Chemin de la Sine.
> **Ortszentrum**: 4 km; mit dem Fahrrad ins Zentrum 15 Minuten – nach der Campingplatzzufahrt radeln Sie links leicht bergauf bis zum Kreisverkehr, dort nach rechts auf die *Avenue Rhin et Danube*.
> **Zeiten**: 25.3. bis 15.10.
> **Ausstattung**: Laden, Restaurant und Schwimmbad.
> **Zufahrt**: An der D 2210, Richtung Grasse, beschildert.

Sehr gut überbrückt man die Zeit bis zur Öffnung der Chapelle Matisse mit einer kleinen Spritztour an die Baous, die über 800 m hohen Felsklötze im Nordosten der Stadt. Oder fahren Sie weiter über **Gattières** (Stellplätze vor dem Ort für nicht zu lange Fahrzeuge) bis **Carros**, einem Dorf, oberhalb des Var, mit attraktivem Panorama.

St. Jeannet und der Baou de St. Jeannet

Pflichtprogramm in zweiter Reihe

Der **Baou de St. Jeannet** kann vom folgenden Stellplatz in weniger als einer Stunde zu Fuß **erwandert** werden und belohnt Sie mit einer phantastischen Aussicht. Folgen Sie dazu oberhalb des nachgenannten Stellplatzes der Beschilderung auf hölzernen Wegweisern. An Fuß des Baou liegt malerisch (Foto Seite 151) **St. Jeannet** mit schönem, aber etwas engem Parkplatz:

> **(082) WOMO-Wanderparkplatz: St. Jeannet**
> **GPS**: N 43°44'59" E 07°08'41"; Route de St. Jeannet; **max. WOMOs**: >5.
> **Ausstattung/Lage**: Toiletten und Wasser, Mülleimer Gaststätte und Geschäft in der Nähe, Wanderweg / Ortsrand.
> **Zufahrt**: Verlassen Sie die D 2210 Richtung St. Jeannet und nächtigen Sie auf einer von mehreren Ebenen des Parkplatzes direkt unterhalb des Dorfes.
> **Hinweis**: Nur für Fahrzeuge bis etwa 7,50 m Länge.

Ich unterstelle, dass Sie inzwischen die Kapelle in Vence besichtigt haben, so dass Sie uns nun unbeschwert nach Westen folgen können. Weit kommen Sie nicht. Und Sie kommen sich vor, als hätten Sie sich zurück nach St. Paul verirrt, wenn Sie durch den Torturm die Hauptstraße von **Tourrettes-sur-Loup** (3.400 Einwohner) betreten. Man wundert sich nur, dass die vielen Galerien überleben. Es scheint fast überflüssig, darauf hinzuweisen, dass Tourrettes alle Attribute für ein Dasein auf der Sonnenseite des Tourismus vereint: pittoreske Lage auf einem Kalkfelsen, ein Häuserring wie eine Stadtmauer,

Torrettes-sur-Loup

Meerblick, Treppenwege und anspruchsvoll herausgeputzt. Noch Mitte des letzten Jahrhunderts war das Dorf so gut wie ausgestorben; bis die Touristen kamen, die das Dorf heute an Feiertagen überrennen. Aber in einem Punkt unterscheidet sich

Tourrettes von seinen Brüdern und Schwestern hinter der Küste: Wo einst Oliven wuchsen, werden nun Veilchen gezüchtet, so viele, wie sonst nirgends in Frankreich. Die Parfümindustrie von Grasse ist nicht weit und die Süßwarenindustrie ebenso wenig. Rund 30 Veilchenfarmer bringen im März die Ernte ein.

Dass Sie sich den Ort ansehen, ist eher unwahrscheinlich geworden, nachdem ich bei der letzten Recherche im Mai dort vor strahlend neuen, rot-weißen Toren stand, wo ich einst übernachtet habe. Ob die Barrieren, wie früher, wenigstens über Ostern offen stehen, weiß ich nicht. Leser haben nach meiner Visite von im Sommer geöffneten Toren geschrieben, deshalb die Koordinaten: N 43°43'07" E 07°03'50". Meistens ist es schwierig geworden, überhaupt einen Parkplatz zu finden (zum Beispiel am Rand der beiden Wege hinter dem Doppelparkplatz mit den Schranken). Trösten Sie sich mit dem Blick auf Tourrettes-sur-Loup. Er ist sowieso das Beste an diesem Dorf.

Aus Enttäuschung, und weil ich in der Nähe dieses namhaften Ortes reiseführermäßig nicht mit leeren Händen dastehen wollte, haben wir uns den 2,5 km entfernten Campingplatz angeschaut – und sind spontan eine Nacht geblieben. Wer ruhig gelegene, naturbelassene Campingplätze mit freundlichen Betreibern mag, wird länger bleiben:

---

(083) WOMO-Campingplatz-Tipp: Tourrettes-sur-Loup (La Camassade)

GPS: N 43°42'18" E 07°03'02";
Route de Pie Lombard.
Ortszentrum: 2,5 km;
Tel. 04 93 59 31 54.
Zeiten: ganzjährig.
Ausstattung: Im Sommer Brotverkauf und kleiner Laden, Pool, kostenloses Wifi; schöner Garten unter biblischen Olivenbäumen und in der Nachbarschaft von Gänsen und Esel.
Zufahrt: Biegen Sie westlich des Ortes von der D 2210 ab und folgen Sie der Beschilderung.

---

8 km weiter im Westen, bei den wenigen Häusern von **Pont-du-Loup**, nehmen wir zum ersten Mal auf dieser Tour mit Erstaunen zur Kenntnis, dass es in dieser Gegend auch rückläufigen Tourismus geben muss. Das große Hotel gammelt nämlich seinem Verfall entgegen. Das hat wenig damit zu tun, dass der Viadukt, dessen Reste das Tal noch überspannen und auf dem einst die Eisenbahnlinie Draguignan-Nizza verlief, schon seit 1944 nicht mehr in Betrieb ist. Wer mit dem Auto durchkommt, hält nur selten an, um sich ein paar Gelee-Früchte zu kaufen, die den kleinen Ort bekannt gemacht haben.

Pflichtprogramm in zweiter Reihe

Jeder Reisende biegt gespannt nach Norden ab, in die **Gorges du Loup**, zwischen fast senkrechten Felswänden bis zur **Cascade**, einem hohen Wasserfall vor dem zweiten Tunnel (Cascade du Courmes). Kurz danach folgt in einem Privatgrundstück mit dem **Saut du Loup** ein weiterer Wasserfall, den man samt seiner moosigen Umgebung allerdings nur im Sommer (*Juni bis September, Eintritt*), betrachten darf. Wer sich von der Schlucht und der wilden Gebirgslandschaft nicht trennen kann, fährt auf der D 3 weiter nach Norden zum Oberlauf des Loup, über Gréolières, einem Bergdorf am Fuß des Cheiron (sehenswertes Altarbild aus dem 15. Jahrhundert in der Kirche), bis zur Clue de Gréolières, einer Klamm, hinter der die Hochebene beginnt.

Gréolières (540 Einwohner) ist ein angenehmer Etappenort mit Stellplatz:

(084) WOMO-Wanderparkplatz: Gréolières
GPS: N 43°47'46'''
E 06°56'32";
P – La Faisse;
max. WOMOs: >5.
Ausstattung/Lage: Wasser, Toilette (etwa 100 m entfernt an der Durchgangsstraße), Wiese, Gaststätten, Geschäfte, Wanderwege, teilweise klappstuhlgeeignet / Ortsrand.
Zufahrt: Der Platz liegt unübersehbar oberhalb des kleinen Ortes an der D 2.

Spätestens hier sollten Sie sich zum Rückweg in mediterrane Gefilde entscheiden, besonders nach **Gourdon**, einem edel restaurierten Minidorf auf der Westseite hoch über der Schlucht des Loup. Die Stellplatzmöglichkeiten könnten kaum besser sein:

WOMO-Stellplätze: Gourdon
(085) <u>Wiese</u>
GPS: N 43°43'25"
E 06°58'53"; an der D 3;
max. WOMOs: >5.
Ausstattung/Lage: Mülleimer, Bänke und Tische sowie Boules-Bahn in der Nähe, Toilette (auf dem Weg zum Dorf links), Wasser (an der Zufahrt zu Platz 086), Gaststätte, Wanderwege, klappstuhlgeeignet / außerorts, aber häufig besucht.
Zufahrt: Der Platz ist ein geräumiges Wiesengelände seitlich der D 3 nordöstlich von Gourdon.

> **Hinweis**: Wir sahen zuletzt Urlauber, die hier tagelang mit Wohnwagen und Vorzelt campiert haben. Das ist rücksichtslos und darf Sie nicht zu Ähnlichem animieren. Der Platz wird sonst sicher gesperrt.
>
> **(086) Meerblick**
> **GPS**: N 43°43'15"
> E 06°58'39";
> **max. WOMOs**: >5.
> **Ausstattung/Lage**: Toilette (seitlich des unteren Parkplatzes beim Boules-Platz) und Wasser (auf dem Weg zum Dorf links), Gaststätten im Ort abends nur im Sommer offen, Traumblick, Wanderwege, teilweise klappstuhlgeeignet / Ortsrand.
>
>
>
> **Zufahrt**: Biegen Sie von der D 3 nach Gourdon ab, fahren Sie etwa 100 m bergauf und dann rechts auf den beschilderten Parkplatz; den Blick genießen Sie vom vordersten Rand.
> **Hinweise**: Der Platz ist teilweise für Anwohner reserviert, aber abends stehen auf dem Platz fast nur noch WOMOs, jedoch nicht mehr ganz so frei wie auf unserem Foto, weil am Rand aus Sicherheitsgründen ein niedriger Erdwall aufgeschüttet worden ist.

Seitlich des unteren Platzes können Sie den Tag auf einer Decke in der Wiese vertrödeln (und das WOMO auch über Nacht an der Wiese parken). Wenn es Ihnen allerdings geht wie mir, wenn Sie in Ihrem WOMO-Leben von der Sucht nach schönen Fernsichten befallen wurden, wenn Sie vom Bett, vom Klappstuhl beim abendlichen Absacker oder vom Frühstückstisch tief unter Ihnen das Meer sehen möchten, müssen Sie noch ein paar Meter weiter hoch fahren. Sie nächtigen dort

in Gourdon

Pflichtprogramm in zweiter Reihe 155

auf einem der bestgelegenen Stellplätze der WOMO-Reihe. Wobei mich diese Lobpreisung wieder daran erinnert, Sie um alle wohnmobilistischen Rücksichten zu bitten, wozu auch gehört, beide Plätze nicht gnadenlos vollzubretzeln – siehe auch Tour 4 am Ende.

Das Dorf **Gourdon** (300 Einwohner) zählt zu den ‚*Schönsten Dörfern Frankreichs'*, deren Gesamtzahl inzwischen bei etwa 150 liegt, schätzungsweise ein Drittel davon finden Sie in meinen Büchern wieder. Wie ein Adlernest liegt Gourdon in 740 m Höhe auf einem Felssporn. Bereits die Sarazenen, von denen in diesem Buch schon einmal die Rede war, haben sich hier verschanzt. Heutzutage ist alles bestens restauriert, und die zahlreichen Läden (Sie können keine Lebensmittel kaufen) wie auch die beiden großen Parkplätze lassen erahnen, dass es hier im Hochsommer auch mal weniger glanzvoll zugehen kann. Wenn sich aber gegen Abend der Trubel lichtet, kommen die Stunden, während derer Sie als Mieter eines Wohnmobils schon für das nächste Jahr planen.

Im **Schloss** aus dem 13. Jahrhundert gibt es allerlei Altertümer zu betrachten, und im zweiten Stock eine Sammlung naiver Malerei, darunter ein Bild von Henri Rousseau *(Musée Historique: Juni bis September 11-13 und 14-19 Uhr, sonst nur in den Schulferien 14-18 Uhr; 5 €; Musée des Arts Décoratifs et de la Modernité nur nach Vereinbarung oder im Juli/August um 12, 15 und 17 Uhr; 10 €)*. Die größte Sehenswürdigkeit aber ist der **Blick** vom kleinen Platz hinter der Kirche, nur wenig eindrucksvoller als von Ihrem WOMO, sofern Sie in der vordersten Reihe oder am Rand der Wiese, wo der Blick auch nicht übel ist, eine Lücke gefunden haben.

Während Gourdon zumindest tagsüber kein touristisches Schattendasein fristet, dümpelt **Le Bar-sur-Loup** (2.500 Einwohner) eher im Windschatten. Man macht im Hinterland der Küste immer wieder die erstaunliche Entdeckung, dass es wunderschöne Orte gibt, die erahnen lassen, wie es vor 30 oder 40 Jahren hier überall ausgesehen hat, bevor die Makler und das Geld aus dem Norden Verschönerungsarbeit geleistet haben. Merkwürdig daran ist, dass ich keine Gesetzmäßigkeit erkennen kann. Besonders exponierte Dörfer auf den Felsspornen wurden zuerst aufgekauft. Aber daneben gibt es Ortschaften, kaum schlechter gelegen, in denen vielleicht ein Viertel der Häuser leer steht, weil die Einheimischen weggezogen sind und noch kein Zweitwohnungsinteressent nachgefasst hat. Ich habe den Eindruck, als liefe die Zeit in Le Bar-sur-Loup rückwärts. Der Leerstand lässt einen auf bessere Zeiten hoffen. Ich bin nicht mal sicher, ob Sie hier bei Ansichtskarten eine große Auswahl haben. Aber ich könnte mir vorstellen, dass in

Ihrer Vorstellung derart die Städtchen aussahen, als Sie sich entschlossen haben, nicht nur auf den Autobahnen mit den Touristenströmen zu verreisen.

Bar-sur-Loup hat Tradition, auch wenn von der im Mittelalter mächtigen Burg nur noch der Sockel des Bergfriedes übrig geblieben ist. Besser ging es der **Kirche**, wo es ein schönes Portal, ein interessantes Altarbild und unter der Empore den berühmten ‚Totentanz' (15. Jahrhundert) zu sehen gibt. Auf Letzterem müssen Sie betrachten, wie der Himmel die Gattin eines Grafen bestraft, die sich während der Fastenzeit einem Ballvergnügen hingibt. Der Tod erschießt mit Pfeil und Bogen die Tanzenden (zuletzt war die Kirche wegen Renovierung geschlossen).

Wenn Sie sich am Kirchplatz an der schönen Aussicht erfreut haben, werden Sie sicher noch vor dem kleinen Café Platz nehmen. Das pure Frankreich in der Provinz und doch so nahe am touristischen Puls.

Dazu passend hat der Campingplatzbetreiber modernisiert und dabei aber leider seinen Eifer beim Ankauf neuer Mobilhomes zu wenig gezügelt. Trotzdem ist das Gelände allein schon wegen des geräumigen Schwimmbeckens und der schönen Lage am Hang weiterhin zu empfehlen, zumal die Bäume ausgelichtet wurden und man zu Fuß den Ort erreichen kann, nachdem man den Tag über am Pool relaxt hat:

Le Bar-sur-Loup

> **(087) Campingplatz: Le Bar-sur-L. (Les Gorges du Loup)**
> **GPS**: N 43°42'06" E 06°59'42"; Chemin des Vergers. **Tel.** 04 93 42 45 06.
> **Ortszentrum**: 0,8 km, zu Fuß in den Ort: an der Straße oberhalb des Campingplatztores erst links und dann rechts den Berg hoch.
> **Zeiten**: 1.4. bis 30.9. **Ausstattung**: Schwimmbad, Brotverkauf, im Sommer Gaststätte, Wanderweg, sehr freundliche Betreiber.
> **Zufahrt**: Der Platz ist nordöstlich und unterhalb von Le Bar an der D 2210 beschildert.

Wenn Sie sich am Abend auf die Socken gemacht haben, um oben im Dorf die heitere Seite des Urlaubs zu erleben, sind Sie womöglich enttäuscht. Die Dorfjugend wartet neben knatternden Mopeds auf den Absprung, und die Kellner sind glücklich, wenn wenigstens ein paar Tische im **Restaurant *Jarrerie*** besetzt sind. Das etwas protzige Äußere ist nur Fassade für ein preislich noch akzeptables Essen, das wir in diesem leicht morbiden Rahmen so überzeugend nicht erwartet hatten *(Tel. 04 93 42 92 92; dienstags u. mittwochs mittags geschlossen).*

Sie hassen Campingplätze? Dann nehmen Sie in Le Bar-sur-Loup doch die freie Alternative:

(088) WOMO-Wanderparkplatz: Le Bar-sur-Loup

GPS: N 43°42'08"
E 06°59'30";
Avenue des écoles;
max. WOMOs: 3-5.
Ausstattung/Lage: Geschäfte, Gaststätten, Wanderwege, schöner Blick / im Ort.
Zufahrt: Gegenüber dem Restaurant *Jarrerie* sehen Sie seitlich der D 2210 die ehemalige Bahntrasse; entweder schlagen Sie hier schon Ihr Nachtlager

auf, oder Sie fahren auf dieser Trasse 300 m weiter nach Süden, um dann auf einem kleinen Platz bei der Schule zu schlafen; dorthin gelangen Sie auch, wenn Sie von der D 2210 etwa in der Mitte von Bar-sur-Loup talwärts abbiegen (dort zuletzt wegen Arbeiten eingeschränkt).

In Le Bar-sur-Loup starten wir eine wunderbare Wanderung, genauso könnte man auch in Gourdon loslaufen, beide Male vielleicht nicht gerade an einem heißen Hochsommertag. Nehmen Sie eine **Taschenlampe** mit, Sie werden nämlich Tunnels durchschreiten:

Von Le Bar-sur-Loup nach Gourdon

Vom Stellplatz aus steigen wir hinauf zur Kirche und gehen nach rechts am Rathaus vorbei, auf einer Straße leicht abwärts und dann links zum Friedhof (vielleicht sind Markierungs-Pfeile auf den Boden gemalt). Sie gelangen so zur Chapelle St. Claude und verlassen beim Wegweiser ‚*Gourdon*' die geteerte Straße nach links, um auf einem steinigen Weg steil bergauf zu hecheln. Dieser Pfad wird bald eben und verläuft entlang der Wasserleitung des Aqueduc du Loup, den man allerdings nicht sieht.

Sie halten nun den Weg auf nahezu gleicher Höhe so lange, bis von rechts der *Chemin du Paradis* von Pont du Loup auf Ihre Strecke stößt. Dort

gehen Sie mit der gelben Markierung links bergauf und gelangen nach kurzer Strecke bei einem Brunnen mit Trinkwasser zum GR 51 und zum **Aqueduc du Foulon**, einer unübersehbaren und rostigen Röhre. **Gourdon** ist schon deutlich in Sicht, aber leider hoch über Ihnen. Sie können es nicht verfehlen, wenn Sie nach der Überquerung des GR 51, immer noch mit der gelben Markierung und gut beschildert, etwas mühsam weiter aufsteigen. Der Hinweg dauert 1 Std. 45 Min.

Rückweg oberhalb von Le Bar-sur-Loup (Stellplatz 88 beim Pfeil)

Der **Rückweg** ist auf diesem steilen Teil zunächst mit dem Hinweg identisch. Allerdings folgen Sie heimwärts dem rot-weiß markierten GR 51, Sie gehen also bei der Wasserleitung von Foulon nach rechts, und falls Sie direkt auf der Galerie, auf der die Rohre verlegt sind, wandern, kann nichts mehr schief gehen. Leider haben Sie die Taschenlampe vergessen und mühen sich mit der Beleuchtung Ihres Smartphones durch mehrere Tunnels. Wenn Sie oberhalb von Le Bar-sur-Loup angekommen sind und kurz nacheinander zwei lange Tunnels hinter Ihnen liegen, zweigt ein Pfad direkt bergab. Sie müssen nun nur noch auf den Ort zielen und laufen nach 2 Stunden (ab Gourdon) wieder in Le Bar-sur-Loup ein (*Karte: 3643 ET*).

Bei Le Bar führt die Straße an einer große Parfümfabrik vorbei, die ihre Rohstoffe unter anderem aus den hiesigen Jasmin- und Veilchengärten, aber auch von vielen Orangenbäumen gewinnt, nach Grasse ist es nicht mehr weit. Vielleicht stellt sie auch künstliche Aromastoffe her, was man nicht so genau wissen möchte, wenn man sich geradewegs auf Grasse zu bewegt.

Veilchenfelder, Orangenhaine, und die bei der Wanderung überquerte Wasserleitung für die Bewässerung der Plantagen haben Sie schon in Augenschein genommen, am Weltzentrum der Parfümerie führt nun kein Weg mehr vorbei. Dabei würde ich Sie auch ohne die Dufterzeugung nach **Grasse** lotsen (40.000 Einwohner – parken Sie unterhalb der Altstadt; Wegweiser ‚*Salle Omnisports*', N 43°39'27" E 06°55'41", auch als lauter Stellplatz in Benutzung – **089)**. Die **Altstadt** gehört nämlich zu einer der schönsten auf unseren Touren, auch wenn große, besternte Sehenswürdigkeiten fehlen. Flanieren Sie einfach durch den verwinkelten Kern, über Treppengassen und zu kleinen Plätzen. In den schmalen Straßen finden Sie richtige Geschäfte, viele kleine Läden, die noch den täglichen Bedarf der Altstadtbewohner decken.

Das sind inzwischen überwiegend Nordafrikaner, was dem Flair aber gut tut. Und halten Sie die Nase in den Wind. Es liegt wirklich ein Wohlgeruch über der ganzen Stadt. Die **Kathedrale**, am Rand der Altstadt, ist nicht zu verfehlen, und im Innern der eigentlich frühgotischen Kirche, die aber in späterer Zeit mehrfach umgestaltet worden ist, entdecken Sie im rechten Seitenschiff sogar drei Ölgemälde, die im Jahre 1601 kein geringerer als Rubens gemalt hat. Wenn Sie sich von hier nach Norden orientieren, stehen Sie irgendwann auch auf der lang gestreckten **Place aux Aires**, dem wegen seines Brunnens und der Arkaden angeblich schönsten Platz, eher einem Beispiel dafür, wie man mit ungezügelter Gastronomie ein städtebauliches Kleinod zu Tode bestuhlt.

Grasse - Place aux Aires

160   Tour 7

Seitlich des Boulevard, bei den Grünanlagen südlich der Altstadt, sehen Sie dann auch die richtige Adresse für den eigentlich Grund Ihrer Fahrt nach Grasse. Im **Musée International de la Parfumerie** *(Juni bis September täglich 10-19 Uhr, Oktober bis Mai dienstags und an Feiertagen geschlossen; 3 €)* erfahren Sie alles über die **Parfümherstellung**, falls Sie noch nicht Patrick Süßkind gelesen haben. Sein ‚*Das Parfüm'* sollte in diesem Urlaub eigentlich zu Ihrer Pflichtlektüre gehören, auch wenn Sie die Verfilmung schon gesehen haben:

Parfümherstellung in Grasse

Die Produktion der Duftwässerchen hat sich in Grasse im 16. Jahrhundert zunächst nur als Nebenzweig der Handschuhmanufakturen entwickelt, deren Rohmaterial von den umliegenden Weideflächen kam. Die Häute wurden übrigens an der Place aux Aires gegerbt. Als auch der Pariser Hof Gefallen an der aus Italien stammenden Mode fand, parfümierte Handschuhe zu tragen, hatten die Handwerker Bedarf an wohlriechenden Duftstoffen. Ein neuer Berufszweig war geboren, der sich im 17. Jahrhundert, zur Zeit des Sonnenkönigs, ständig wachsender Beliebtheit erfreute. Der Adel wusch sich nicht, er bepuderte, bespritzte und beträufelte sich lieber mit blumigen Essenzen.

In der geschützten Südlage von Grasse herrschte ein Mikro-Klima, in dem Blüten für den Duft besonders gut gediehen: Rosen, Lavendel, Hyazinthen, Veilchen, Jasmin und Orangen. Im 19. Jahrhundert gelang dann der internationale Durchbruch, dem es nicht mehr schaden konnte, dass sich die Parfümindustrie auch in anderen Teilen Frankreichs, vornehmlich in Paris, ansiedelte. Anstelle des Endprodukts wurden in Grasse zunehmend hoch konzentrierte Grundstoffe gewonnen, die man andernorts zusammenmischte. Daran hat sich bis heute wenig geändert. Anwendungsfertige Parfüms werden, global gesehen, in Grasse nur noch in geringer Stückzahl hergestellt, wenngleich die Parfümerien *Galimard*, *Molinard* und vor allem *Fragonard* (das diesen Namen nach dem 1. Weltkrieg in Ehrerbietung an den Maler angenommen hat) auf großen Plakaten zur Fabrikbesichtigung einladen. Das Ziel dieser Reklame ist der Tourist an der eigenen Verkaufstheke.

Wenn heute in der Umgebung von Grasse noch beinahe 80% der weltweit benötigten Aromen produziert werden, hat das mit dem milden Klima der Provence schon lange nichts mehr zu tun. Gewiss, Sie fahren immer noch an ausgedehnten Treibhausanlagen vorbei, aber 95 Prozent der Blüten werden aus Billiglohnländern importiert, aus Indien, der Türkei, Marokko und seit ein paar Jahren auch aus anderen Teilen Afrikas. Der Bedarf ist enorm. Für einen Liter Jasmin-Essenz braucht man 600 kg Blüten, das sind etwa 5 Millionen Stück. Und für ein Literchen Rosenöl werden sogar 3 Tonnen (!!) Blüten benötigt. Rund 4.000 Menschen arbeiten immer noch am guten Geruch und mit aufsteigender Tendenz auch an Geschmacksstoffen für Lebensmittel wie Joghurt oder an Düften für so triviale Dinge wie Spülmittel.

Da nimmt man doch gerne zur Kenntnis, dass *Chanel No. 5*, die Mutter aller Parfüms, oder *Opium* von Yves Saint-Laurent in

Grasse erfunden wurden – von einer der hoch bezahlten *Nasen*, den Herrschaften, die höchstens vier Stunden am Tag arbeiten müssen, weil danach ihre Aufnahmekapazität zum Erfassen, Sortieren und gedanklichem Zusammenmischen der Düfte erschöpft ist. Angeblich sind es vorwiegend Männer, die der liebe Gott mit einem besonders feinen Geruchssinn ausgestattet hat. Das überrascht gar nicht so sehr, ist es doch das ureigenste Ziel der Parfümerie, die Geschlechtsgenossen jener *Nasen* zu betören.

Ich schweife ab. Sie stehen selbst im Parfümerie-Museum und lassen sich erklären, mit welch verschiedenen Methoden man aus einem Berg von Blüten ein paar Tropfen Essenz destilliert oder extrahiert, eben die so genannte *Enfleurage*. Die einzelnen Verfahrensgänge muss ich daher an dieser Stelle nicht auch noch aus der Fremdliteratur übernehmen.

Das **Musée Fragonard** ist weder das Parfüm-Museum noch die Verkaufsstelle der gleichnamigen Fabrik (siehe oben im gelben Kasten), sondern war das Wohnhaus der Familie Fragonard, deren berühmtester Spross, Jean-Honoré (1732-1806), als einer der bekanntesten französischen Rokoko-Maler gilt. Ein Teil seines Werkes wird hier ausgestellt *(bei der Fabrik Fragonard abwärts unterhalb der Grünanlage; Öffnungszeiten wie bei der Fabrik)*.

Da Sie nun in Grasse einiges unternommen haben, stellen Sie mir die immer wiederkehrende Frage. Und ich beantworte sie mit einem klaren *Nein*. Ich bin nochmals herumgekurvt, es bleibt beim *Nein*. Seien Sie froh, wenn Sie wenigstens ziemlich weit außerhalb einen Parkplatz gefunden haben (siehe oben).

Aber dieses Buch wäre kein WOMO-Reiseführer, könnte ich nicht doch von einem Erfolg in der Nähe berichten, einem durchschlagenden sogar, denn 6 km weiter westlich, in **Cabris** übernachten Sie richtig gut, in vorderster Reihe mit Supersicht:

---

(090) WOMO-Stellplatz: Cabris
GPS: N 43°39'21" E 06°52'37"; Allée Albert Camus; **max. WOMOs**: >5.
Ausstattung/Lage: Wasser am Eingang des Friedhofes direkt oberhalb des Stellplatzes, Geschäfte, Gaststätten, Wanderwege, teilweise klappstuhlgeeignet / Ortsrand.
Zufahrt: Sie reisen auf der D 4 an, die unterhalb und nördlich des alten Kerns von Cabris verläuft. Links, also östlich, des auf einem niedrigen Hügel liegenden Ortsteils führt eine Stichstraße nach vorne zu einer Aussichtsplattform; oberhalb des Tennisplatzes; am Rande dieses Weges und ganz vorne stehen Sie wunderbar.
Wer sich nur dann beruhigt bettet, wenn die Bewohner umstehender Häuser beim Zähneputzen zusehen, kann auf einen Parkplatz **eine Etage höher** ins Dorf fahren.

Hier oder bei der Orientierungstafel, zwei Etagen höher, werden Sie vom Blick auf Cannes begeistert sein, Sie werden mit Interesse die vielen zerstreut liegenden Ferienhäuser von oben betrachten und bei klarer Sicht angeblich sogar Korsika.

Cabris - Stellplatz 90

Bevor Sie sich am Abend aufs Ohr legen, sollten Sie nochmals nach vorne treten, denn auch das Lichtermeer hat seinen Reiz.

Wer gut, im Sommer stimmungsvoll auf der Terrasse, in der Nähe der **Burgruine**, essen möchte, darf den Weg in das **Restaurant *Vieux Château*** nicht scheuen. Dessen Stil ist gediegen-leger, das kulinarische Niveau liegt deutlich über dem Durchschnitt, die Preise bleiben gerade noch in dem Bereich, den ich in diesem Buch bekanntlich nicht ganz unten abgesteckt habe *(Tel. 04 93 60 50 12; montags u. dienstags geschl.)*. In eine Schublade tiefer gehört das **Restaurant *Le Petit Prince***, dessen Küchenleistungen ebenfalls nicht enttäuschen *(Tel. 04 93 60 55 47; außer Juli/August dienstags und stets mittwochs geschl.)*.

Cabris

Weil Cabris so schön anzusehen, aber dennoch vom Tourismus noch nicht platt gemacht ist und wegen des vorzüglichen Stellplatzes darf ich Ihnen eine kleine **Wanderung**, vielleicht auch nur einen ausgedehnten **Spaziergang**, nach Norden empfehlen, den Sie mit Hilfe der Wanderkarte gut variieren können.

Sollten Sie in der Gegend länger verweilen, steigen Sie hinab in die phantastische Tropfsteinwelt der **Grottes de St.-**

Pflichtprogramm in zweiter Reihe

St.-Cézaire-sur-Siagne

Cézaire, auf der Michelin-Karte westlich von Cabris eingezeichnet, die, wie viele andere Tropfsteinhöhlen, Ende des 19. Jahrhunderts entdeckt wurden. Ich mache mir nicht so viel aus der Unterwelt und berichte aus der Literatur *(Führungen ¾ Stunde: Juni bis August 10:30-18:30 Uhr, sonst 10:30-12 und 14-17:30 Uhr; 7 €)*. Und Sie sollten auch den kleinen Ort **St.-Cézaire-sur-Siagne** betrachten, mit Türmen, Panoramablick auf der Westseite und ordentlichem Stellplatz:

> **(091) WOMO-Stellplatz: St.-Cézaire-sur-Siagne**
> **GPS**: N 43°39'02" E 06°47'41"; Boulevard Antoine Cresp; **max. WOMOs**: >5.
> **Ausstattung/Lage**: Gaststätte, Geschäfte, Toilette (vor dem Marktplatz rechts), Wanderwege, teilweise klappstuhlgeeignet / Ortsrand.
> **Zufahrt**: Der Platz ist an der östlichen Ortsumgehung etwas unterhalb der Straße nicht zu verfehlen.
> **Hinweise**: Der Platz wurde durch einen Schulneubau etwas beeinträchtigt, ist aber weiterhin gut nutzbar. Während der Schulzeit ist es morgens unruhig, weil die Kinder mit dem Auto zum Unterricht chauffiert werden.

Hier starten Sie zu einer wunderschönen (Bade-) Wanderung zum **Fluss Siagne**:

> **Durch die Schlucht der Siagne**
>
> Gehen Sie in **St.-Cézaire-sur-Siagne** an der Kirche mit der rot-weißen Markierung bergab. Nach etwa 20 Minuten wählen Sie die Abzweigung nach rechts und wandern nun mit der gelben Markierung und geleitet vom Wegweiser ‚*Pont des Tuves*' zu einem Wasserkanal.
> Bald nach dessen Überquerung haben Sie die fotogene, alte Bogenbrücke erreicht, wo im Sommer reger **Badebetrieb** herrscht *(45 Minuten)*.
>   Jenseits des **Pont des Tuves**, wenden Sie sich nach rechts und schlagen sich stets auf Flussniveau durch einen verwunschenen, immergrünen Lorbeerwald, vorbei an weiteren Badestellen, bis zu einer dritten Brücke (einschl. der oben genannten Bogenbrü-

Badestelle am Pont des Tuves

cke), dem Pont du Rey (= Pont les Moulins – *35 Minuten*). Dort überqueren Sie wieder die **Siagne** und steigen rechts und gelb markiert nach St. Cézaire auf *(45 Minuten – Karte 3543 ET ist nicht erforderlich).*

Wenn Sie so weit nach Westen vorgedrungen sind, verlockt das Städtchen **Fayence**, das bezüglich des Namens eher einer Mogelpackung gleicht. Denn mit dem Porzellan hat der Ort nichts zu tun. Nur geübte Piloten oder Besitzer schmaler Fahrzeuge sollten den kürzesten, teilweise aber sehr schmalen Weg durch die Siagne-Schlucht wählen, über das schön gelegene Dorf **Callian** (2,500 Einwohner, Schloss). Die Reise nach Fayence lohnt sich vor allem am Samstagmorgen, weil dann in der malerischen Altstadt ein beachtlicher Markt aufgebaut wird. Sehenswert ist auch das kleine, über die Straße gebaute Rathaus. Offenbar benötigt man keine geräumigen Amtsstuben, um Wohnmobilstellplätze auszuhecken:

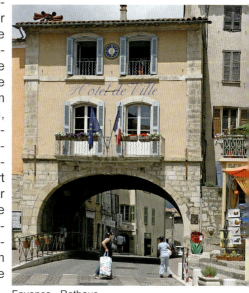
Fayence - Rathaus

Pflichtprogramm in zweiter Reihe

WOMO-Stellplätze: Fayence

(092) P 3
GPS: N 43°37'28"
E 06°41'48";
Rue Saint-Pierre;
max. WOMOs: offiziell sind 3 Plätze für WOMOs reserviert, es gibt aber genügend Fläche für viele weitere.
Ausstattung/Lage: Toilette (eine Etage tiefer), Gaststätten, Geschäfte, höchstens 48 Std. / im Ort.

Zufahrt: Der Platz ist als ‚P3' oberhalb der Altstadt von Fayence beschildert.

(093) Schwimmbad
GPS: N 43°37'23" E 06°41'25"; Allée du (Grand) Jardin; **max. WOMOs**: >5.
Ausstattung/Lage: Ver- und Entsorgung (4 €), Gaststätten und Geschäfte oberhalb im Ort, Bäcker in der Nähe, Freibad (25.5.-31.8.) / Ortsrand.
Zufahrt: Der Platz liegt südlich, unterhalb der Altstadt beim Freibad, wenn Sie an der D 563 dem Wegweiser zur Entsorgungsstation folgen.

Neben Fayence liegt das Dorf Tourrettes, das ich – im Dienste des Lesers – gleichfalls erkunden wollte. Der Weg von Fayence in eben dieses Dorf über die D 219 begann auch verheißungsvoll, kein Verkehrsschild warnte mich. Dann steckte ich aber in einer schmalen Gasse zwischen zwei Häusern, und zwar so brutal, dass ich mit größten Mühen steil bergauf und rückwärts fahren musste. Dem Brandgeruch der Kupplung und dem sich aufstauenden Verkehr zum Trotz.

Auf den Straßen südlich von Grasse bleiben Ihnen derartige Widrigkeiten erspart. Falls Sie alles richtig machen, sind Sie hier, im **Tanneron** – so heißen nicht nur ein Dorf, sondern auch der örtliche **Hügelzug** – im Februar oder Anfang März (in harten Wintern auch mal später) unterwegs, wenn die Mimosen florieren. Das ist ausnahmsweise keine Duftpflanze, aber

Mimosen

die Wälder – es sind die größten Mimosenwälder in Europa – stehen voll von den merkwürdig gefiederten Bäumen, die im Spätwinter so phantastisch gelb blühen.

Auch das kleine **Dorf Tanneron** (1.400 Einwohner) mit Brunnen, Platanen und schöner Sicht liegt an Ihrer Tour durch das Hinterland, wenn Sie zwischen Fayence und Grasse von der D 562 nach Sidorle abbiegen. Entweder überqueren Sie den Stausee von St. Cassien (keine Bademöglichkeiten) oder Sie nehmen die Parallelstraße weiter im Norden, vorbei an der alten Kapelle und dem Wasserfall von St. Cassien-des-Bois (Parkplätze seitlich der Straße, möglicherweise nicht ungefährliche Bademöglichkeit in der Siagne). Tanneron besticht durch seine erhabene Lage. Aber leider stehen am Stellplatz hoch gewachsene Bäume der erhofften Fernsicht im Wege. Die Erwartung ist hier noch gesteigert, weil wir den Parkplatz der 1980 restaurierten Kapelle Notre-Dame-de-Peygros umfunktionieren, die wegen ihrer weiten Rundsicht in der Reiseliteratur steht.

---

(094) WOMO-Stellplatz: Tanneron

GPS: N 43°35'22" E 06°52'17";   **max. WOMOs**: >5.
Ausstattung/Lage: Gaststätte und Geschäfte im nahen Ort, teilweise klappstuhlgeeignet / außerorts.
Zufahrt: Folgen Sie in Tanneron dem Wegweiser zur Wallfahrtskapelle ‚Notre Dame-de-Peygros'; Sie finden unterhalb der Kirche mehrere Möglichkeiten – leider ohne Fernsicht.

(095) In Tanneron selbst gibt es einen beschilderte, geräumigen Parkplatz auf der Südwestseite (ebenfalls ohne Sicht), und möglicherweise ist ein weiterer Platz (mit Sicht) im Bau.   **GPS**: N 43°35'21" E 06°52'30".
Hinweis: Verlassen Sie den beschilderten Parkplatz ausnahmslos entgegen der Einbahnstraße, die reguläre Ausfahrt ist für die meisten Wohnmobile zu steil !!!

Pflichtprogramm in zweiter Reihe

Auch **Auribeau** besitzt einen geeigneten Parkplatz mit grenzwertigem Gefälle und gleichfalls fast ohne Sicht, aber gut gelegen:

> ### (096) WOMO-Stellplatz: Auribeau
> **GPS**: N 43°36'08" E 06°54'31";   Route du village;   **max. WOMOs**: >5.
> **Ausstattung/Lage**: Toilette und Wasser im Ort, in der Nähe des Platzes, eine Spur von Fernsicht, Gaststätte, überwiegend schräg / im Ort.
> **Zufahrt**: Der Platz liegt links der Zufahrtsstraße zum Ort beim Beginn der Häuser.

Eine gute Wahl ist auch der Campingplatz, der allerdings während der Mimosenblüte noch geschlossen ist:

> ### (097) WOMO-Campingplatz-Tipp: Auribeau (Le Parc des Monges)
> **GPS**: N 43°36'23" E 06°54'09"; Chemin du Gabre. **Ortszentrum**: 1,7 km.
> **Zeiten**: 15.5. bis 30.9.   **Ausstattung**: Restaurant in der Nähe, Brotdienst, Pool, schöne Lage am Fluss Siagne.
> **Zufahrt**: Fahren Sie von der D 9 auf die D 509 Richtung Auribeau, der Platz ist dann beschildert.

Der Campingplatz grenzt an den Fluss Siagne, der hier etwas aufgestaut ist. Wenn Sie Glück haben, finden Sie eine Bleibe am Ufer. Dann werden Sie den Campingplatz als Geheimtipp ansehen. Aber auch die anderen Parzellen sind nicht übel.

Nach einigen Tagen im Hinterland werden Sie sich anschließend wieder an die Küste wagen. Oder auf die Autobahn, weil Sie ganz im Westen unseres Reisegebiets, bei Aix-en-Provence, dort weitermachen, wo Teil 1 aufgehört hat.

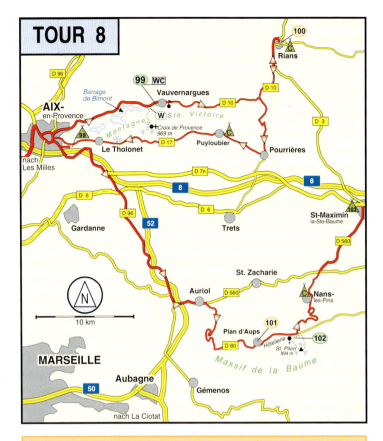

Tour 8: Traumstadt und Bergklötze

Aix-en-Provence - Montagne-Ste.-Victoire - Vauvenargues
Rians - St. Maximin - Ste. Baume Massiv

Stellplätze:	in Vauvenargues, in Rians, in und bei Plan-d'Aups
Campingplätze:	in Aix-en-Provence, Puyloubier, Rians und in St. Maximin
Besichtigen:	in Aix-en-Provence: Altstadt, Cours Mirabeau, Rathaus, Kathedrale, Atelier Cézanne, Musée Granet, Fondation Vasarely, Ziegelei in Les Milles; Vauvenargues, Kathedrale von St. Maximin
Wandern:	von Vauvenargues zum *Croix de Provence* an der Montagne-Ste.-Victoire, im Ste. Baume-Massiv
Essen:	Restaurants *Ze Bistro* in Aix-en-Provence und *Lou Pèbre d'Ai* in Plan-d'Aups

Den Dunstkreis der Côte d'Azur haben wir endgültig hinter uns gelassen, und die Erwartungen sind groß, nähern wir uns nämlich der heimlichen Hauptstadt der Provence. 80% aller

Franzosen würden gerne hier leben, 125.000 tun es tatsächlich, darunter 25.000 Studenten. Viele Franzosen haben sich in den letzten Jahren ihren Wohnortwunsch erfüllt: 1960 war **Aix-en-Provence** eine Mittelstadt mit 60.000 Einwohnern, und 1946 lebten hier gerade mal 45.000 Menschen. Der alte Stadtkern ist dementsprechend klein, man wohnt in Vororten und fährt ins Zentrum. Sie ahnen es! Sobald Sie im *Centre* sind und spätestens beim Anblick der Wasser speienden Fontaine de la Rotonde, dem Brunnen auf der Place G. de Gaulle, westlich der berühmten Platanenallee Cours Mirabeau, muss man den erstbesten Parkplatz nehmen, man findet aber meistens zunächst keinen. Einige Leser parken gerne westlich der Autobahn beim Stadion Maurice David, auf einem Parkplatz Ecke Av. de l'Europe / Av. Marcel Pagnol (**GPS**: N 43°31'34" E 05°25'24") und nehmen die Buslinien 4 oder 6 in die Stadt. Ich habe das noch nicht ausprobiert, weil ich stets in Zentrumsnähe fündig geworden bin. Aber ich fahre auch ein kleineres WOMO.

Ist man angekommen, sitzt man dort, wo alle sitzen: unter den vierreihigen Platanen des Cours Mirabeau, der berühmtesten provenzalischen Flaniermeile. In den zahlreichen Cafés und Imbisslokalen sitzen über Mittag hauptsächlich Einheimische in Jackett und Krawatte und sehen in punkto Outfit und Gesichtsausdruck trotz ihrer schönen Stadt auch nicht glücklicher aus als unsereiner zur selben Zeit zu Hause. Natürlich verstecken sich auch Touristen hinter Eisbechern und der *FAZ*, und die vielbeschworenen Studenten rühren in kleinen Kaffeetässchen. Das vorbeiziehende Publikum ist gemischt, aber die Mehrzahl ist auffallend jung. Hier macht es wirklich Spaß, den Passanten zuzuschauen. Man muss das nicht unbedingt im historischen **Café Deux Garçons** tun (renoviert, entmottet und sogar kulinarisch ansprechend), in dem schon Paul Cézanne und Emile Zola über die schönen Künste diskutiert haben. Im *»Café 2 G«*, wie es bei den Einheimischen heißt, sollte man ohnehin im Inneren sitzen und bei der sehenswerten Einrichtung aus

dem 19. Jahrhundert Kaffeehaus-Atmosphäre schnuppern. Von außen hingegen unterscheidet sich das Café wenig von seinen ordinären Nachbarn, die von der Jugend ohnehin bevorzugt werden.

Nach Aix-en-Provence fährt man nicht zum Kaffee trinken,

sondern wegen des Bummels durch die **Altstadtgassen**. Und man fährt nur dann nach Aix, wenn die Geschäfte geöffnet sind, also vor 12 Uhr oder nach 16 Uhr. Es gibt in diesem Buch ein paar Tipps, die zwingend zu befolgen sind. Eben erwähnter gehört dazu! Achten Sie auch darauf, dass Sie für den Stadtrundgang keinen Montag erwischen, wenn viele Geschäfte zu sind. In Aix-en-Provence müssen die kleinen Läden in Betrieb sein, in denen man alles das betrachten kann, was der wohlhabende Franzose zum Leben braucht. In erster Linie das Essbare, darunter die *Calissons*, jene rautenförmigen und glasier-

ten Marzipanschnitten, sozusagen das kulinarische Wahrzeichen der Stadt, von denen ich nach wie vor nicht sicher bin, ob sie mir überhaupt schmecken.

Wir saßen zuletzt an einem milden Juniabend – also nicht in den Semesterferien der Studenten – in einer unglaublich quirligen Stadt, was ein großen Erlebnis war. Wir aßen nicht im Freien, aber dennoch richtig gut, schön und bezahlbar im **Restaurant *Ze Bistro*** *(rue de la Couronne – in Höhe des großen Brunnens vom Cours Mirabeau in die Altstadt und bald an einem kleinen Platz halblinks; Tel. 04 42 39 81 88; im August, sonntags und montags geschlossen).*

Der berühmte **Cours Mirabeau** kann mit der Atmosphäre der Altstadtgassen nicht mithalten, obgleich er eigentlich die

Aix-en-Provence - Rotonde am Cours Mirabeau

Traumstadt und Bergklötze 171

Prachtstraße ist. Dabei war die Allee im Jahre 1649 gar nicht als Straße gedacht, sie war sogar für Maultier- und Handkarren gesperrt. Diente sie nämlich den besseren Gesellschaftskreisen zum Lustwandeln oder zum Korso in der Karosse. Die Kutschen konnten an der Rotonde wenden, und zur Stimmungsverbesserung plätscherten mitten und seitlich des Cours Mirabeau zum Teil heute noch vorhandene Brunnen. Aus einem von ihnen fließt immer noch Thermalwasser, dem die Stadt ihre Gründung in vorrömischer Zeit zu verdanken hat. Ihr Name deutet auf dieses Heilwasser und den römischen Bezwinger der ehemals hier ansässigen Kelten hin. Caius Sextius war der Feldherr, der im Jahre 123 v.Chr. die Urbewohner des Oppidum Entremont (nördlich des heutigen Aix) besiegte und der Stadt seinen Namen gab: *Aquae sextiae* hieß die erste römische Siedlung auf gallischem Boden.

Aber von den Römern ist in Aix heute erstaunlicherweise fast nichts mehr zu sehen, vom frühchristlichen Baptisterium im Dom und den spärlichen Ausgrabungen auf dem Plateau von Entremont *(9-12 und 14-18 Uhr, dienstags geschlossen)* einmal abgesehen. Wie gesagt, fährt man in erster Linie nicht der Bauwerke wegen nach Aix, sondern wegen der Altstadt, durch deren Straßen Sie ausführlich schlendern werden. Um Himmels willen nicht fahren, denn die meisten Gassen sind eng und, wo es geht, auch zugeparkt.

Immer wieder stehen Sie auf einem reizvollen Platz: Zuerst auf der Place de Verdun, vor dem gewaltigen Justizpalast aus dem 18. Jahrhundert. An seiner Stelle befand sich früher das Schloss der Grafen der Provence, worin das provenzalische Parlament einst tagte, bzw. Gerichtsbarkeit ausübte. Rühmliches wird von diesem »Parlament« nicht berichtet: Aus den Untertanen presste man hohe Steuern, und unter dem Parlamentspräsidenten Meynier d'Oppède wurde hier im Jahre 1555 der Vernichtungsfeldzug gegen die sektierenden Waldenser beschlossen. Über 2.000 Christen wurden dabei abgeschlachtet (Näheres siehe in Teil 1). Das Volk hatte schon Recht, wenn es spottete, die Provence werde von drei Plagen heimgesucht: dem Mistral, den Überschwemmungen der Durance und dem Parlament von Aix.

Dabei hatte sich ein früherer Schlossherr beim Volk sehr beliebt gemacht. Der »Gute König René« (1409-1480) war politisch vermutlich eine Niete, verlor er doch zu seiner Herrschaftszeit wesentliche Gebiete, bis ihm nur noch die Provence blieb – die dann sein Neffe 1481 der französischen Krone vermachte. Aber René war ein Schöngeist, er sprach fünf Sprachen, er dichtete, komponierte und malte. Er schenkte seinen Untertanen den Maulbeerbaum für die Seidenraupenzucht und die Muskatellertraube. Nur im Boules-Spiel war er wegen seiner Leibesfülle angeblich ein Versager. Aber das tat seiner Beliebtheit beim Volk keinen Abbruch.

Auf der Place de Verdun und der benachbarten Place des Prêcheurs wird dienstags, donnerstags und samstags der Wochenmarkt aufgebaut, auf dem Lebensmittel, Kunsthandwerk

und Flohmarktartikel verkauft werden, allerdings fast ausschließlich von Profis. Hier fanden schon ab dem Jahre 1450 Volksfeste statt – und öffentliche Hinrichtungen. Anstelle des Marquis de Sade, dessen man nicht habhaft wurde (siehe auch in Teil 1), hat man eine Puppe gehängt.

Einen kleineren Wochenmarkt finden Sie täglich, sogar sonntags, auf der Place Richelme, unweit des **Rathauses**, das ebenfalls an einem Platz steht, der benachbarten Place de l'Hôtel de Ville. Hier, auf einem der schönsten Plätze von Aix, kann man wieder einen Kaffee im Freien trinken und den interessanten Glockenturm aus dem 16. Jahrhundert (Foto Seite 172), das bauli-

Traumstadt und Bergklötze

che Wahrzeichen von Aix, bestaunen. Vergessen Sie nicht, sich auch den Innenhof des Rathauses mit einem interessanten schmiedeeisernen Gitter zu betrachten (Foto Seite 173).

Unter dem Uhrturm gehen Sie hindurch nach Norden zur **Kathedrale St. Saveur** *(7:30-12 und 14-18 Uhr).* Dort hängen an der Wand befestigte Holzbretter, auf denen in mehreren Sprachen die reichhaltige und kunstvolle Ausstattung/Lage des Kirchenbaus erklärt wird. Ich will mich daher hier kurz fassen: Das beeindruckendste Merkmal sind die unterschiedlichen Baustile, die in der frühen Christenheit beginnen und in der Zeit des Barocks enden. Die Kirche gehört zu den ältesten Frankreichs, was man gut nachvollziehen kann. Wenn man nämlich das Innere durch den romanischen Seiteneingang betritt, kommt man gleich rechts an einem frühchristlichen **Baptisterium** vorbei, dessen Bauzeit im 4. oder 5. Jahrhundert n. Chr. gelegen haben dürfte. Man sieht zwischen acht antiken Säulen das in den Boden eingelassene Taufbecken, in das der Täufling nach altchristlichem Brauch eintauchen konnte. Denken Sie daran, sich den Kreuzgang anzuschauen, den Sie vom Kircheninneren durch einen gesonderten Ausgang erreichen.

Wenn Sie schon mal so weit in den Norden der Altstadt vorgedrungen sind, sollten Sie an der Kathedrale geradeaus weitergehen, den stark befahrenen Boulevard überqueren und die Avenue Paul Cézanne suchen, die Sie genau gegenüber der von der Kathedrale herkommenden Gasse finden. Das **Cézanne-Atelier** im Haus Nr. 9 *(10-12 und 14-17 oder 18 Uhr, Juni-Sept. keine Pause; 5,50 €)* gibt den Zustand wieder, den es hatte, als der Maler im Jahre 1906 in Aix starb. Die Werkstatt des Meisters wurde konserviert, weil Cézanne schon zu Lebzeiten berühmt war, wenn auch erst am Ende seines Schaffens. Zuvor hatte er keine finanziellen Sorgen, weil er aus begütertem Hause stammte. Er gilt als Begründer der Malerei des 20. Jahrhunderts, seine Bilder, darunter zahlreiche Darstellungen der Montagne-Ste.-Victoire, hängen in Aix an jedem Postkartenstand. Er hat den Bergklotz mehr als 60 mal gemalt, und auch sein letztes Bild entstand unterhalb des Gebirges. Dort wurde er im Alter von 66 Jahren beim Malen von einem Gewitter überrascht, worauf er durchnässt zusammenbrach. In bewusstlosem Zustand brachte man ihn nach

Hause, wo er kurz darauf starb. Südlich des Gebirgsmassives gibt es ab Aix-en-Provence auf dem Weg nach Le Tholonet (D 17) die *Route Cézanne*, eine Strecke, an der eine Vielzahl der berühmten Landschaftsbilder des Künstlers entstanden sind.

Leider hängen im **Musée Granet** keine bedeutenden Bilder von Cézanne, insbesondere keine Landschaftsimpressionen des Ste.-Victoire-Berges. Das Museum im Stadtteil südlich des Cours Mirabeau, dem Quartier Mazarin, das im 17. Jahrhundert am Reißbrett speziell für Adelspaläste geplant worden ist, lohnt sich trotzdem. Verlassen Sie den Cours Mirabeau in Höhe des östlichen Brunnens (das ist in der Nähe des *Café 2 G*) und gehen Sie, den Brunnen im Rücken, die Rue du 4. Septem-

bre strikt geradeaus. Sie kommen dann zur **Place des Quatre Dauphins**. Der Platz ist nach dem gleichnamigen Brunnen in seiner Mitte benannt, den vier Delphine zieren. Viele halten diesen Platz für den schönsten von Aix (ich finde den Rathausplatz interessanter). Zum Museum Granet gehen Sie nun nach links durch die Rue Cardinale in östlicher Richtung. Sie stoßen dann direkt auf den Museumsbau *(Di- So 10-19 Uhr, Do 12-22 Uhr; 6 €)*. Das größte Interesse gilt natürlich dem Cézanne-Saal. Es sind aber auch Funde aus der Ausgrabungsstätte Entremont, der ehemaligen keltisch-ligurischen Siedlung, ausgestellt sowie griechische, römische und frühchristliche Werke, ferner Gemälde eines Herrn Granet.

Wenn Sie an Kunst interessiert sind, dürfen Sie sich die **Fondation Vasarely**, 2,5 km westlich der Innenstadt nicht entgehen lassen (im Zentrum zunächst Richtung *‚Arles'* fahren; später im nördlichen Schnittpunkt der beiden Autobahnen beschildert). Der 1997 verstorbene ungarische Maler wurde durch seine geometrischen Formen in reiner Farbe, besonders durch die von ihm erfundene Farbkinetik berühmt, bei der er auf Grund mathematischer Berechnungen durch sich kreuzende Linien und Netzüberlagerungen Bewegungseffekte erzeugte. Fachleute nennen die Stilrichtung *Op-art*. Sein Lebenswerk geriet aber nach seinem Tod in Gefahr, nachdem eine ungeheure Steuerlast von 2,7 Mio. Euro den Nachlass zum Konkurs gezwungen hatte. Das Museum finde ich sehr beeindruckend, weil die Effekte sehr anschaulich vorgeführt werden *(10-18 oder 19 Uhr; 7 €; schlechte Parkmöglichkeiten für WOMOs, halten Sie an der Zufahrt, man öffnet Ihnen nach Rückfrage die Einfahrt)*.

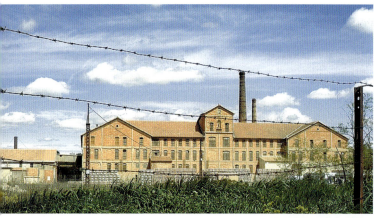

Ziegelei von Les Milles

Seit ein paar Jahren kann auch ein Teil der **Ziegelei von Les Milles** besichtigt werden. Fahren Sie auf der Autobahn (A 51) von Aix in Richtung Marseille und verlassen Sie diese bei der ersten Ausfahrt Richtung Les Milles (südwestlich von Aix). Auf der Michelin-Karte erkennen Sie einen Flugplatz, kurz davor eine Bahnlinie und sogar das Symbol für ein Industrieanwesen. Gleich hinter dem Bahnübergang liegt die heute noch arbeitende Ziegelei und an deren Rand die Baracke mit der Aufschrift ‚*Mémorial*' *(Mo-Fr 9-12 und 12:45-17 Uhr – kostenlos)*.

> **Die Ziegelei von Les Milles**
> Nach dem Überfall Deutschlands auf Polen, mit dem der 2. Weltkrieg begann, internierte die französische Regierung nach und nach sämtliche in Frankreich lebenden Deutsche und Österreicher als feindliche Ausländer und nahm dabei keine Rücksicht auf Emigranten, die selbst vor dem Hitlerregime geflohen waren. Hauptlager im Süden Frankreichs war die zu diesem Zweck stillgelegte Ziegelei von Les Milles (weitere Lager gab es in Manosque und Les Mees). Viele der Verhafteten hatten zuvor in Sanary-sur-Mer (Tour 1) Schutz gesucht, unter ihnen der Schriftsteller Golo Mann (Sohn von Thomas Mann), Lion Feuchtwanger (der die Ziegeleiinternierung nach seiner geglückten Flucht in dem Buch ‚*Der Teufel in Frankreich*' beschrieben hat), Walter Benjamin (der sich nach gescheitertem Fluchtversuch an der spanischen Grenze das Leben nahm) und Walter Hasenclever (der sein Leben schon im Lager durch Selbstmord beendete). Weitere hatten sich zuvor an anderen Stellen in Südfrankreich aufgehalten (z.B. Wilhelm Reich und Max Ernst).
> Die schlimmste Zeit begann mit dem Waffenstillstand zwischen Frankreich und Deutschland im Juni 1940. Nach dem Vertrag

waren die deutschen Emigranten in Frankreich dem NS-Regime auf Verlangen auszuliefern. Nur wenige Internierte, unter ihnen Golo Mann und Lion Feuchtwanger, wurden auf Drängen, unter anderem der Frau des amerikanischen Präsidenten, freigelassen. Alle Flüchtlinge litten an Hunger und die meisten an dadurch verursachten Krankheiten. Als Bett diente ein Bündel Stroh und durch Fensteröffnungen pfiff der Wind. Flöhe, Wanzen und vor allem der feine, rote Ziegelstaub quälten die Internierten. Etwa 3.000 Menschen mussten sich in einem unbewohnbaren Gebäude einen einzigen Wasserhahn und vier primitive Klosetts teilen.

Schon im Oktober 1940 führte die mit den Nazis kooperierende französische Regierung einen Judenstatus ein, und von Juli 1942 bis September 1942 wurde das Lager Les Milles als Ausgangspunkt für Deportationen in die Vernichtungslager, unter anderem nach Auschwitz, benutzt, bevor der Gebäudekomplex nach dem Krieg wieder zur Backsteinherstellung verwendet worden ist.

Es dauerte bis zum Jahr 2002, um endlich eine Gedenkstätte einzurichten, wozu die ehemalige Kantinenbaracke der Wachmannschaften, die gerade noch vor dem Abriss gerettet werden konnte, wie geschaffen war. Im Herbst 1940 war nämlich dort ein an die Wände gemalter Bilderzyklus entstanden, in dem inhaftierte Maler auf realistische und surrealistische Weise ihre schlechten Haftbedingungen, aber auch ihre Träume und Hoffnungen dargestellt haben

Auf einem Eisenbahngleis gegenüber steht ein historischer Güterwagen, in dem die Opfer in die Vernichtungslager abtransportiert worden sind

Es stellt sich nun noch die Frage, wann Sie das alles besichtigen? Vielleicht regnet es einmal zwei Tage, vielleicht setzen Sie sich aber auch morgens hinter das Lenkrad Ihres WOMOs, im Kopf ein volles Tagesprogramm, dessen erster Punkt zugleich auch der Letzte ist: das Café!

Davor und danach wünscht man sich einen Stellplatz. Leider habe ich in Aix weiterhin trotz neuerlicher Suche nichts Vernünftiges gefunden. Der Campingplatz im Südosten, 2 km vom Zentrum, ist wegen seiner großen, naturbelassenen Parzellen ein echter Trost. Es verkehrt ein Bus, wir sind aber auch gut mit dem Rad zurecht gekommen:

(098) WOMO-Campingplatz-Tipp: Aix-en-Provence (Chantecler)

GPS: N 43°30'56" E 05°28'28"; Av. Val St. André. **Ortszentrum**: 2 km. **Zeiten**: ganzjährig. **Tel.** 04 42 26 12 98. **Ausstattung**: Brotverkauf, Schwimmbad und Restaurant (beides im Sommer); **Zufahrt**: Der Platz liegt südöstlich der Innenstadt und nördlich der A 8. Verlassen Sie die A 8 bei der Abfahrt Nr. 2, ‚Aix-Est', fahren Sie nach Norden und folgen Sie dem Wegweiser. Von Aix aus fahren Sie in Richtung Toulon und biegen von der N 7 bei der Autobahnbrücke nach links bergauf ab.

Oder Sie entscheiden sich zuerst einmal für die Natur. Zu diesem Programmpunkt führen aus Aix alle Wege nach Os-

Montagne Ste.-Victoire - von Süden

ten. Sie müssen sich nur entscheiden, ob Sie das natürliche Wahrzeichen der Stadt, die **Montagne Ste.-Victoire**, von Norden oder von Süden her anfahren möchten. Klassischer ist Dank Cézanne die Sicht von Süden auf die weißen Steilhänge des Massives, für Wanderer kommt eigentlich nur die Nordtour infrage. Wir fahren in diesem Buch einmal um das Gebirge, was nicht lebensnahe und stellplatzmäßig wenig ergiebig, dafür landschaftlich umso reizvoller ist. Wir fahren »oben rum«:

Badeplätze an den beiden Stauseen kommen dabei leider nicht vor, vermutlich nicht mal im Hochsommer. Ein Badeparadies werden Sie jedenfalls nicht finden. Das Auto war nämlich noch nicht erfunden, als im Jahre 1854 der Vater des Romanschriftstellers Emile Zola, ein eingewanderter Italiener, den kleineren, später nach ihm benannten Stausee ohne Berücksichtigung von Freizeitaspekten konstruiert hat. An die Barrage Zola führt keine Straße, und auch an die Barrage du Bimont kommt man nicht richtig ran. Nur zur Staumauer kann man fahren (beschildert, und auf der Michelin-Karte eingezeichnet), dort gibt es auch einen Parkplatz, von dem man kein Wasser sieht, sondern nur die Rückseite des Staudamms. Er wird gerne als Ausgangspunkt für Wanderungen benutzt, es gilt aber Nachtparkverbot. Die Campingrestriktion ist sicher auch darauf zurückzuführen, dass der Wald am 12 km langen und 1.011 m hohen Bergmassiv der Montagne-Ste.-Victoire im Sommer 1989 wegen einer heiß gelaufenen Motorsäge abgebrannt ist, besonders auf der Südseite. Viele Fachleute sind der Meinung, der riesige Waldbrand habe einen nicht mehr gutzumachenden Schaden angerichtet. Nun werden zwar Waldbrände nicht von Wohnmobilisten gelegt, aber das ist ohnehin nicht der Hauptgrund für das Campingverbot. Es ist vielmehr die Gefahr, in die man sich selbst begibt, wenn man im Wald nächtigt. Wir nennen Ihnen gefahrlose Übernachtungsmöglichkeiten und weisen Sie auf den **Campingplatz** von **Puyloubier**, südlich des Gebirgszugs hin *(geöffnet vom 1.4.-30.10.; GPS: N 43°31'40" E 05°40'57")*.

Auch das Dorf **Vauvenargues** (900 Einwohner) stellen wir uns anders vor. Statt durch einen lebhaften Ort laufen wir durch eine etwas müde Ansiedlung. Selbst im Sommer ist es hier unerwartet beschaulich, und nur zwei Lokale warten auf Gäste (im schlichten Restaurant *Chez Ahmed - Le Couscoussier* bekommen Sie riesige Portionen zu einem mehr als fairen Preis). Man läuft vom Parkplatz zum Schloss und wieder zurück, und es bleibt nichts anderes, als weiterzufahren oder sich zum Schmökern zurückzuziehen:

(099) WOMO-Wanderparkplatz: Vauvenargues

GPS: N 43°33'17"
E 05°35'51";
max. WOMOs: 4-5.
Ausstattung/Lage: Gaststätten, Geschäft, Toilette (nach ca. 200 m an der Hauptstraße vor der Kirche), Wanderwege; nicht direkt am Parkplatz, sondern an einer benachbarten Straße Schild ‚Camping et caravaning interdit', nach unseren Erfahrungen werden Wohnmobile nicht beanstandet, je nach Jahreszeit nur bis ca. 7,50 m / schön am Ortsrand.
Zufahrt: Der Parkplatz liegt westlich des Dorfes, an der Ortszufahrt, kurz nach Abzweigung von der D 10. Auf Asphalt stehen Sie links des Friedhofes.
Hinweise: Zuletzt war im Sommer rechts des Friedhofes auf einer etwas schrägen Wiese ein sehr großer, zusätzlicher Parkplatz ausgewiesen (bitte dort kein Campingleben!). Große Fahrzeuge können in Parkbuchten neben der Umgehungsstraße stehen.

Der Blick schweift teilweise sogar vom Parkplatz, jedenfalls von den meisten Stellen des Dorfes, auf den Nordhang der Mgne.-Ste.-Victoire und auf das **Schloss** Vauvenargues. In dessen Garten ist der Maler **Pablo Picasso** (1881 bis 1973) beerdigt.

Vauvernargues - Schloss von Picasso

Picasso in Vauvenargues

Nachdem der Künstler im Jahre 1958 das Schloss des ehemaligen Marquis de Vauvenargues gekauft hatte, beabsichtigte er eigentlich, dort den Lebensabend zu verbringen. Lange hielt er es mit seiner dritten Frau in der doch recht einsamen Gegend nicht aus. Im Februar 1959 zog er ein, und schon im Juni 1961 kehrte er wieder zurück an die Küste, nach Vallauris in der Nähe von Cannes, wo er auch vorher gewohnt hatte. Das Schloss wurde vor seinem Tod nur noch als Bilderlager benutzt und machte bis 2009 einen total verrammelten Eindruck. Wer in der Hoffnung auf eine Besichtigung am eisernen Gittertor stand, musste den Hinweis zur Kenntnis nehmen, der Eintritt sei verboten, man solle bitte nicht insistieren und: *„Le Musée est à Paris"* („Das Museum ist in Paris").

Damit man sich wenigstens während des Sommers nicht mehr im falschen Urlaub fühlt, lässt die Tochter von Picassos letzter Frau seit 2009 von Ende Juni bis Anfang Oktober Besucher in das Gebäude und zeigt die wichtigsten Räume: Esszimmer (zwei von Picasso einst dort aufgehängte Matisse-Bilder sind nicht mehr zu sehen), Schlafzimmer (mit Bettkopfteil und Teppich, beides vom Meister entworfen), Badezimmer und Atelier mit ehemaligen Staffeleien *(montags u. dienstags geschlossen, geführte Besichtigungen um 10, 11, 14, 15, 16 17 Uhr; 8 €; auch im Mai auf Vorbestellung unter chateau-vauvenargues.com).*

Als Picasso das Schloss aus dem 14. Jahrhundert gekauft hat, war es übrigens völlig leer. Catherine Hutin, die Stieftochter, würde nicht zuletzt wegen hoher Unterhaltungskosten gerne das ganze Jahr über die Schaulustigen einlassen. Aber das wurde ihr angeblich von der Verwaltung aus Angst vor Massentourismus verboten. Dazu passt, dass man Fremden die Zufahrt auf einen östlichen, dem Schloss nahen Parkplatz nicht mehr gestattet.

Sie liebäugeln mit einer kleinen körperlichen Ertüchtigung und einem grandiosen Erlebnis am Ziel, an dem auch die Kinder Spaß haben? Der Ausflug zu Fuß hoch zum **Priorat von Ste.-Victoire** und zum Gipfelkreuz *La Croix de Provence* (946 m) erfüllt alle Erwartungen, solange die Sicht gut ist:

Zum Croix de Provence

Starten Sie entweder seitlich der D 10 am Parkplatz namens *‚Les Venturieres'*, oder in Vauvenargues; im zweiten Fall hat man pro Strecke 20 Minuten zusätzlichen Weg zu bewältigen, aber das Auto ist so wesentlich besser bewacht.

Den Parkplatz an der D 10 können Sie nicht verfehlen, er ist nämlich genauso wie der Wanderweg GR 9 auf Ihrer Michelin-Karte eingezeichnet und vor Ort beschildert. Meistens parken dort auch schon andere Autos (manchmal zu viele, schlechte Wendemöglichkeit, u. U. vorher zu Fuß erkunden). Auf jeden Fall müssen Sie eine **rot-weiße** Markierung finden (am Anfang bei einer Gabelung rechts und auf dem breiten Fahrweg bleiben), die Sie nun zum Gipfel leitet. Sie werden bei einigermaßen gemütlichem Tempo von diesem Parkplatz bis zur *Prieuré* nicht länger als 1,5 Stunden benötigen (mehrere Leser haben länger gebraucht und sich deshalb bei mir beschwert). Der Anstieg ist nur stellenweise steil, am Ende wird er etwas steinig. **Aber er lohnt sich!** Nach dem ersten Drittel des Weges lichtet sich der Kiefernwald, und Sie werden schon Gipfelgefühle spüren.

oberhalb der Einsiedelei

Bald kommt das Gebäude der alten Einsiedelei immer näher. Wenn Sie dann vor der Tür des kleinen Kirchleins stehen, werden Sie begeistert sein von dem, was sich unter Ihnen auftut: Die Provence schlechthin. Sie können sich nun ein paar Meter zu einem Felsspalt oberhalb der südlichen Abbruchkante vorwagen oder noch ein Stück weiter klettern (was von hier an das passende Wort ist), Sie werden dann zu Ihren Füßen im Südwesten das Meer und den südlichen Teil der Provence vorfinden. Ohne Übertreibung, Sie stehen an einem der **schönsten Aussichtspunkte Südfrankreichs**.

am Croix de Provence

Die Einsiedelei soll schon im 5. Jahrhundert gegründet worden und bis 1879 in Betrieb gewesen sein. In der Kirche ist auf Fotos der Wiederaufbau in neuerer Zeit festgehalten. Ein Teil des Komplexes ist heute zu einer Schutzhütte umfunktioniert, in der wir uns an einem Kaminfeuerchen wärmen. Im Frühjahr führt sogar eine christliche Wallfahrt hier hinauf.

Für den Rückweg empfehle ich Ungeübten dieselbe Strecke. Es gibt aber auch andere Alternativen, die auf einer Karte bei der Einsiedelei dargestellt sind. Nur sollte man dann gut ausgerüstet und schwindelfrei sein. Dies gilt auch schon für das kurze Stück vom Priorat hoch zum Gipfelkreuz. Falls Sie unter Höhenangst leiden, können Sie aber bis zum Priorat wirklich unbesorgt wandern. Sie müssen in jedem Fall warme Kleidung mitnehmen, denn hier oben weht oft ein kräftiger Wind. Eine Karte ist entbehrlich.

Pourrières

Auf schmalen Straßen kommen Sie nun auf dem restlichen Teil der Nordroute und auf der Ostseite nur schleppender als gewohnt voran. Langsamer scheinen auch die Uhren in **Pourrières** zu gehen, in einem Dorf mit beschaulichem Platz unter Platanen, das von Süden aussieht wie aus dem Bilderbuch, von Nahem aber eher wie von vorgestern. Beim Sperren des von mir erst in der Vorauflage publizierten Stellplatzes war

in Pourrières

man allerdings überraschend flink. So werden noch weniger Fremde den Ort beehren.

Das nächste westliche Dorf ist **Puyloubier** mit dem oben schon erwähnten Campingplatz. Nun folgt der schönste Teil der Strecke unter einem gewaltigen Bergmassiv. Ab und zu sehen Sie Parkplätze, echte Stellplätze sind nicht dabei. Sie werden dennoch mehrfach anhalten und vielleicht auch nochmals hoch schauen zum Croix de Provence (siehe unsere Wanderung).

Vielleicht fahren Sie auch in das nördlich gelegene **Rians** (4.200 Einwohner). Sie werden durch den Ort bummeln, in dem es nichts Aufregendes zu sehen gibt, der Sie aber trotzdem erfreut: Ein typisches Beispiel für eine südfranzösische Kleinstadt, in der noch gelebt und nicht nur geurlaubt wird. Es gibt am südlichen Ortsrand einen **Campingplatz** *(Municipal; Juni – Anfang Okt.; in der übrigen Zeit kann man zumindest davor stehen),* daneben ein Schwimmbad und bei der Post einen Übernachtungsplatz ohne großen Charme, aber mit schönem Blick auf Altstadt und Kirche:

(100) WOMO-Stellplatz: Rians

GPS: N 43°36'29"
E 05°45'30";
Rue René Cassin;
max. WOMOs: >5.
Ausstattung/Lage: Gaststätten, Geschäfte / Ortsrand.
Zufahrt: Verlassen Sie die Umgehungsstraße, die D 3, bei der nördlichsten Ortszufahrt (Av. de la Gare), fahren Sie dort Richtung ‚Centre Ville' und biegen Sie beim Wegweiser zur Post links bergauf ab.

Passabel ist im Zentrum das Restaurant *Hôtel-Esplanade*, die Wirtin spricht fließend deutsch, aber Sie sollten wegen der engen Gassen mit breiten Fahrzeugen nicht dorthin fahren.

in Rians

Traumstadt und Bergklötze

Genauso beschaulich geht es in St. Maximin-la-Ste. Baume weiter, das wir uns erst nach einer Wanderung näher ansehen wollen, weshalb wir zunächst von dort über die D 560 und die D 80 nach **Plan-d'Aups** (360 Einwohner) fahren, zu einem Kaff am Fuß des **Massif de la Sainte Baume**, dem Hauptort einer Gegend, die ein Eldorado für Naturliebhaber ist. Das Dorf besteht nur aus wenigen Häusern (und zunehmender Bautätigkeit), es kann aber mit einem ordentlichen Übernachtungsplatz aufwarten:

---

(101) WOMO-Stellplatz: Plan-d'Aups

GPS: N 43°19'40"
E 05°42'50";
max. WOMOs: >5.
Ausstattung/Lage: Gaststätte, Geschäft, Wanderweg / im Ort.
Zufahrt: Sie können den geräumigen Parkplatz mitten im Ort neben dem Tennisplatz nicht verfehlen.

Sie stehen auf 700 Höhenmetern mit angenehmem Klima und Blick auf den lang gestreckten Kamm des Gebirgsmassivs. Wer es einsamer liebt, fährt von Plan-d'Aups die D 80 noch 3 km nach Osten zur auf der Michelin-Karte eingezeichneten *Hôtellerie*, dem Ausgangspunkt unserer Wanderung. Dort stellt man sich dann nicht direkt neben die Herberge, sondern noch 300 m weiter östlich – einsam – zwischen das Buschwerk. Der dahinter aufragende, steile Berg garantiert ein grandioses Naturerlebnis:

---

(102) WOMO-Wanderparkplatz: Massif de la Ste. Baume

GPS: N 43°20'08"
E 05°45'33";
an der D 80;
max. WOMOs: >5.
Ausstattung/Lage: Mülleimer, Gaststätte (zeitweise), Wanderwege, klappstuhlgeeignet / außerorts, mehr oder weniger einsam.
Zufahrt: Parken Sie auf der D 80, 3 km östlich von Plan-d'Aups, bei der Pilgerherberge, der *Hôtellerie de la St. Baume*, oder in deren Nähe auf dem großen Naturpicknickplatz.

Wir befinden uns in einer Gegend tiefster Frömmigkeit. Schon Päpste und Könige sind zur Grotte im Ste. Baume Massiv gepilgert, in der Maria Magdalena auf ihr Ende gewartet haben soll (Näheres bei der Wanderung). Im **Restaurant *Lou Pèbre d'Ai*** wird trotzdem ein sehr schmackhaftes und preislich akzeptables Menü aufgetragen *(Tel. 04 42 04 50 42; dienstags abends und außer im Sommer auch mittwochs geschlossen).*

Die Wanderung ist eher ein ausgedehnter Spaziergang, mit 2 ½ Stunden kommt man hin. Und sie lohnt sich:

In das Massif de la Sainte Baume

Wir parken bei der *Hôtellerie de la St. Baume*, 3 km östlich von Plan-d'Aups (die Wertsachen mitnehmen!), und folgen dem südöstlich weisenden Wegschild zur Grotte. Man kann sich nicht verirren, zumal der Weg sogar auf der Michelin-Karte eingezeichnet ist. Als Hinweg wählen wir die westliche der beiden Alternativen, wo man auf einem bequemen, schattigen Waldweg (deshalb auch im Sommer geeignet) langsam an Höhe gewinnt. Kurz unterhalb des Gipfels, man kann es nicht verfehlen, schickt uns dann ein bestens gepflegter Plattenweg auf Serpentinen und auf einer Treppe zur berühmten

Waldweg zur Grotte

Grotte Sainte-Marie-Madeleine (870 m - die Treppe war einmal wegen Steinschlaggefahr gesperrt, was die meisten Wanderer ignorierten).

Die Sage erzählt, dass Maria Magdalena, eine der Begleiterinnen Jesu (Näheres im Neuen Testament) nach Stes. Maries-de-la-Mer verschlagen wurde (Näheres in Teil 1). Mit an Bord waren der Jünger Maximin und auch Sarah, die in Saintes-Maries verehrte

auf dem Kamm des Massif de la Ste. Baume

Traumstadt und Bergklötze   185

Zigeunerheilige. Die frühchristlichen Boat-People gingen dann in der Provence unterschiedliche Wege, um ihr missionarisches Geschäft zu erledigen. Nach getaner Arbeit zog sich Maria Magdalena dann für ihre letzten Tage (daraus wurden 33 Jahre) in die Grotte am Ste. Baume Massiv zurück. Nur zum Sterben schleppte sie sich ins Tal, zu Maximin, ihrem Reisebegleiter. Sie wurde dann in der heutigen Stadt St. Maximin beigesetzt (siehe unten).

Die Tage in der Grotte dürften nicht sehr abwechslungsreich gewesen sein, denn die Gegend hier oben war und ist reichlich abgelegen. Dafür wurde es im Mittelalter lebhafter: Könige und sogar Päpste kamen ziemlich genau auf der Strecke hierher, die wir gewandert sind. Vermutlich in einer Sänfte oder auf dem Rücken irgendwelcher Tiere und keineswegs so still, wie wir. Denn auf der ganzen Strecke begegnen uns keine zehn Wanderer.

Von der Madeleine-Grotte ist es höchstens noch eine halbe Stunde hinauf auf den Kamm zur kleinen **Saint-Pilon-Kirche (1.134 m)**, wo man bei klarer Sicht einen tollen Ausblick bis zum Meer hat (Foto Seite 186).

Auf dem Rückweg geht man entweder bei der Saint-Pilon-Kapelle ein kleines Stück nach Osten, um dann bei nächster Gelegenheit wieder ins Tal abzusteigen, oder man wandert zurück zur Grotte, um dort den östlichen Abgang zu suchen. Die Wege sind gut beschildert und markiert, man kann sich auch ohne die Karte 3345 OT nicht verlaufen.

Wer die Grotte Maria Magdalenas betrachtet hat, ein eher dunkles mit etwas Kitsch angereichertes, feuchtes Loch, möchte auch die Kirche sehen, in der die Überreste der Heiligen aufbewahrt werden und beendet seinen religiösen Trip, indem er über Nans-les-Pins nach **St. Maximin-la-Ste. Baume** (9.500 Einwohner) weiterfährt (im wirklichen Leben besuchen Sie vielleicht die Stadt vor der Wanderung, falls Sie unserer Tourstrecke folgen). Schon im 13. Jahrhundert kam die heutige Kleinstadt

zu Wohlstand, als man glaubte, hier die Gebeine von Maximin und Magdalena gefunden zu haben. Was eigentlich nicht sein konnte, da die Knochen längst im burgundischen Vézalay Pilger mit deren Geldsäckel anlockten. Aber ein paar Schädel waren auch in St. Maximin aufzutreiben. So musste der Papst schlichten. Aus machtpolitischen Gründen entschied er sich für die Provence, und verschaffte damit der Region den pekuniären Segen eines Wallfahrtsortes, einen beachtlichen Wirtschaftsfaktor in der damaligen Zeit. Nicht alle Pilgeralmosen sollten nämlich im spanischen Santiago de Compostela landen. Ein stattliches Gotteshaus war die zwangsläufige Folge. Die am Ende des 13. Jahrhunderts erbaute **Basilika** *(8:30-19 Uhr)* ist der größte gotische Sakralbau der Provence, ihr fehlen jedoch fast alle üblichen Attribute gotischer Kathedralen. Zu früh ist den Bauherren das Geld ausgegangen. Unser Kunstreiseführer schwärmt zwar vom ausgewogenen Verhältnis der Breite zur Höhe im Innern der dreischiffigen Kirche. Letztendlich ist das hallenartige Gebäude aber doch etwas enttäuschend. Und die Grabkammer in der Krypta, der Aufbewahrungsort der heiligen Gebeine, ist kaum mehr als eine fromme Legende.

Aber dafür begegnen wir fast keinen anderen Touristen, und als wir nach der Pflicht in einem der Cafés der kleinen Stadt unseren Milchkaffee schlürfen, haben wir auch diese kunsthistorische Lehrstunde kaum bereut. Zumindest haben wir einen der Orte abgehakt, dem der Kunst-Reiseführer beinahe drei Seiten widmet.

Wer mal wieder Waschmaschine und Schwimmbad nötig hat, findet beides auf dem angenehmen Campingplatz:

> **(103) WOMO-Campingplatz-Tipp: St. Maximin-la-Ste.B. (Provençal)**
> **GPS**: N 43°25'44" E 05°51'52"; Route de Mazaugues. **Zeiten**: 1.4-30.9.
> **Ortszentrum**: 3 km.   **Ausstattung**: Schwimmbad, Laden, Restaurant
> (alles nur im Sommer).   **Zufahrt**: Südöstlich der Innenstadt beschildert.

Tour 9: Rundtour über Tourtour

Carcès - Abbe. du Thoronet - Draguignan - Tourtour
Aups - Sillans-la-Cascade - Salernes - Cotignac

Stellplätze:	bei Carcès, beim Kloster Thoronet, in Entrecasteaux, in Tourtour, in Villecroze, in Aups, in Sillans, in Salernes, in Cotignac
Campingplätze:	in Carcès, Aups und Salernes
Besichtigen:	Kloster Thoronet, Schloss von Entrecasteaux, Draguignan, Tourtour, Aups, Wasserfall von Sillans, Cotignac
Essen:	Restaurant *La Table* in Tourtour, *Auberge du Grand Chêne* bei Sillans

Unsere 9. Tour ist eine ganze, kleine Reise wert und führt Sie durch einen wenig bekannten Teil der Provence, durch beschauliches Hinterland mit vielen schönen Orten und einem oder zwei Badeplätzen. Es ist eine Rundtour, bei der Sie vielleicht nicht unbedingt unserem Streckenablauf folgen werden. Das macht nichts, denn Sie kommen auf jeden Fall an den lohnenden Stellen vorbei.

Vielleicht starten Sie in St. Maximin und wählen bis zur Abfahrt Brignoles die Autobahn, bevor Sie sich in einsamere Gefilde schlagen. Wir bringen Sie nicht zu Angelina und Brad ins Schloss von Correns, das nördlich von Brignoles liegt (falls Familie Jolie-Pitt noch dort oder überhaupt noch zusammen wohnt), sondern wir lotsen Sie in nordöstliche Richtung. Seien Sie nicht enttäuscht, wenn Sie am **Lac de Carcès** (wegen der jahrelangen Trockenheit sehr niedriger Wasserstand im Sommer) keinen Stellplatz auftreiben und wenn zudem das Baden verboten ist.

Denn auf dem relativ neu angelegten Parkplatz nördlich von **Carcès** (3.000 Einwohner) wird Ihre Freude wieder zurückkehren, wenn Sie sich vor den staunenden Augen Ihrer Kinder an einem Tarzanseil unterhalb eines niedrigen Wasserfalls in die Fluten des l'Argens plumpsen lassen. Erwarten Sie dort kein touristisch aufbereitetes Ufer, sondern eine kleine Badestelle, die von der heimischen Jugend genutzt wird:

Carcès - Badestelle

Rundtour über Tourtour

> **(104) WOMO-Badeplatz: Carcès**
> **GPS**: N 43°28'43" E 06°10'59"; Route du Stade; **max. WOMOs**: >5.
> **Ausstattung/Lage**: Badeplatz (vor der Fußgängerbrücke rechts auf Stufen ans Ufer), Spielplatz, Gaststätten und Geschäfte im nahen Ort, klappstuhlgeeignet / Ortsrand.
> **Zufahrt**: Der mit ‚P' beschilderte Platz liegt nördlich des Ortes unterhalb der D 13 beim Sportplatz.
>
> Am südlichen Ortsende finden Sie einen schön gelegenen **Campingplatz** mit Pool; **(105) GPS**: N 43°28'24" E 06°11'19".

Das Dorf hat gerade erst zaghaft begonnen, sich für Touristen zu rüsten und einem örtlichen Fassadenmaler diverse Aufträge erteilt. Durch den relativen Stillstand sind an manchen Häusern noch die interessanten, glasierten Keramikschindeln (aus dem nahen Salernes) erhalten geblieben.

Im südlich **Cabasse** (1.700 Einwohner) ist übrigens die Kirche St. Pons mit einem geschnitzten, vergoldeten Hochaltar sehenswert. Fast niemand fährt dorthin, was man vom **Kloster Thoronet** nicht behaupten kann. Die ehemalige Abtei ist einer der Hauptgründe für Ihre Reise in diesen Teil der Provence, die netten Dörfer im weiteren Umkreis sind die Zugabe. Sofern Sie im späteren Leben hierher zurückkehren, wird es freilich umgekehrt sein.

Thoronet war ein Zisterzienser-Kloster und wurde im Jahre 1160 gegründet. Es ist das älteste und nach Meinung vieler das klassischste der drei Zisterzienser-Klöster in der Provence, weil es harmonischer und noch schlichter ausgeführt wurde als die Abtei von Sénanque. Lesen Sie nach, was ich Ihnen anlässlich der 4. Tour in Teil 1 über Baustil und Orden der Zisterzienser vermitteln wollte. Das gilt für Thoronet ganz genauso *(täglich von 9-17 oder 18:30 Uhr, sonntags Mittagspause von 12-14 Uhr, im Innern informative Beschilderung; 7,50 €)*. Auch wenn die im letzten Jahrhundert durchgeführten Restaurierungsarbeiten ein wenig zu perfekt waren, zählt die Abtei von Thoronet zu den sehenswertesten Bauwerken der Ost-Provence.

Kloster Thoronet

Lange Zeit hat die Bauxitgewinnung dem Kloster sehr zugesetzt. Der Tagebau war so dicht an das Kloster herangerückt, dass die Fundamente der klösterlichen Anlage unter Druck geraten waren. Die Gruben sind aber inzwischen geschlossen. Es steht daher auch einem ruhigen Mittag auf der nahen Picknickwiese oder dem schattigen Parkplatz nichts im Wege. Theoretisch können Sie dort sogar übernachten, vermutlich wird das Ihnen aber zu einsam sein:

> **(106) WOMO-Picknickplatz: Abbe. du Thoronet**
> **GPS**: N 43°27'37" E 06°15'41"; an der D 79; **max. WOMOs**: >5.
> **Ausstattung/Lage**: Picknickbänke, Kiosk, Mülleimer, klappstuhlgeeignet; Toilette und Wasser am Ortseingang von Thoronet / außerorts, sehr einsam.
> **Zufahrt**: Am besten fahren Sie an die Wiese oberhalb des beschilderten Parkplatzes beim Kloster.

Wer alte Schlösser liebt, wagt auf schmalem Sträßchen einen Abstecher nach **Entrecasteaux** (900 Einwohner), um durch den Garten und die Räume, vornehmlich die Küche, eines stattlichen Château aus dem 17. Jahrhundert zu schreiten. Ein schottischer Maler hat die verfallende Immobilie ab dem Jahr 1974 gerettet, dabei aber fast sich selbst finanziell ruiniert. Nach seinem Tod (1981) haben die Erben den Ausbau zu einem Museum fortgeführt, bis zu einer Ehescheidung anno 1996, deren Hausratteilung angeblich einiges Schlossmobiliar zum Opfer fiel. Es ist aber noch genug da *(Ostern - Okt. tägl. außer samstags Führung um 16 Uhr, im August auch um 11:30 Uhr; 7 €)*. Unterhalb des Château liegt ein reizvoller Stellplatz:

> **(107) WOMO-Stellplatz: Entrecasteaux**
> **GPS**: N 43°30'53" E 06°14'29"; Rue Ste. Anne; **max. WOMOs**: >5.
> **Ausstattung/Lage**: Mülleimer, Gaststätten, Geschäft./ Ortsrand.
> **Zufahrt**: Der Platz liegt unterhalb des Schlosses.

Die Landschaft ist hier sanft, mit Zypressen, Weinfeldern und südlichem Flair. Das zog die Wohlhabenden an, die besonders in der Gegend um Lorgues, in erreichbarer Nähe zur Küste, ihr Feriendomizil gefunden haben. Trotzdem wurden die Dörfer nicht ganz verlassen, wenn auch mancher Ort inzwischen mit dem Geld aus dem Norden etwas zu herausgeputzt wirkt. Von **Draguignan** (34.000 Einwohner) kann

Draguignan

man das nicht behaupten, denn vom höchsten Punkt der Stadt, der Tour de l'Horloge (Uhrturm - mit nettem kleinen Garten-Theater), blickt man auf eine in Auflösung begriffene Altstadt. Ganze Häuserzeilen sind verrottet und dem Verfall preisgegeben. Ein Hochwasser hat im Juni 2010 den Auflösungsprozess noch verstärkt. Trotzdem ist die »Drachenstadt«, im Mittelalter eine der größten Städte in der Provence, einen Stopp wert, allein des malerischen Marktplatzes wegen. In Draguignan begegnet man dem morbiden Zauber vieler französischer Provinzstädte. Man sucht keine Highlights und doch wird man als Frankreichliebhaber immer wieder eingefangen.

Von Draguignan können Sie geradewegs nach Norden fahren, um auf unsere übernächste Tour zu treffen. Sie queren dann das Kalkhochplateau von Canjueres, über das einst die Schafherden zogen. Heute kreuzen eher Panzer die Straße, denn das weite, nun gar nicht mehr liebliche Land wurde zu einem der größten Truppenübungsplätze Frankreichs umfunktioniert. Sie gelangen dann schon an den Rand der Verdon-Schlucht (siehe die nächsten beiden Touren).

Es wäre aber schade, wenn Sie sich schon bei Draguignan von unserer 9. Tour verabschieden würden, deren weitere Attraktionen erst noch kommen. Am besten fahren Sie in Draguignan auf der D 955 noch ein Stück nach Norden, um bei **Chateaudouble**, einem über die gleichnamige Schlucht geklebten, malerischen Dorf, nach links auf die D 51 abzubiegen. Stattdessen können Sie auch die südlichere D 557 nehmen, um am entsprechenden Wegweiser nach **Tourtour** abzubiegen. Die Strecke von dieser Seite, über die D 77 (wie über die D 51), ist übrigens die Zufahrt, die ich Ihnen mit einem großen WOMO empfehle, sie ist ab der D 557 deutlich

in Tourtour

als Lkw-Strecke ausgeschildert. Der Weg von Norden ist für weniger geübte Chauffeure wegen einer Engstelle bei der Ortsdurchfahrt schwierig (aber machbar). Tourtour, *'Eines der schönsten Dörfer Frankreichs'*, steht auf der Hitliste der Touristendörfer ganz oben, genauso wie auf der Stellplatztabelle. Erste Liga! Von einem Parkplatz des Dorfes schweift der Blick bestimmt hundert Kilometer über die Provence bis zur Montagne-Ste.-Victoire und bei klarem Wetter sogar bis zum Ventoux. Ein Stellplatztraum. Nicht umsonst nennt sich Tourtour *'Ein Dorf im Himmel'*:

(108) WOMO-Stellplatz: Tourtour

GPS: N 43°35'16"
E 06°18'16";
Parking de l'Eglise; **max. WOMOs**: >5.

Ausstattung/Lage: Toilette (am Platz unterhalb des Schlosses), Wasser (links des Kircheneingangs an der Friedhofswand oder an der südlichen Kirchenseite hinter dem Regenfallrohr), Mülleimer, Gaststätten, Geschäfte / Ortsrand.

Zufahrt: Süd-östlich des Dorfes biegen Sie von der D 77 (blaues ,P') zum Aussichtspunkt bei der Kirche ab. Fahren Sie im Kreisverkehr nicht in den Ort, sondern nehmen Sie die nächste Ausfahrt und fahren Sie nach etwa 50 m steil hinauf zur Kirche. Falls Sie trotz meiner Warnung von Norden kommen – ich bin mehrfach ohne Probleme durch die Engstelle gefahren, müssen Sie durch den kleinen Ort und durch den Torbogen, dahinter bergab, rechts um den Ort und

dann rechts bergauf – nicht vor dem Torbogen !
Sie können **seitlich der Kirche** stehen; schön, wenn auch ohne die Supersicht ist der kleine Parkplatz **hinter der Kirche** zwischen Büschen.
Hinweis: Es sind leistungsfähige Auffahrkeile erforderlich.

Tourtour ist ein Bilderbuchdorf, hochgepäppelt und touristisch hochgerüstet, aber dennoch nicht steril. Der Dorfplatz um einen Brunnen, mit Cafés und einem ansehnlichen Schloss, wäre nahezu perfekt, würden hier noch mehr Einheimische verweilen. Die gibt es zwar auch, aber überwiegend nur, wenn sie Ihnen Postkarten verkaufen, den Kaffee bringen oder den Verkehr regeln. Trotzdem gefällt mir Tourtour. Übernachten Sie hier, dann entgehen Sie dem Rummel und haben die Gelegenheit für ein weit überdurchschnittliches und bezahlbares Menü im kleinen **Restaurant *La Table*** *(Tel. 04 94 70 55 95; dienstags*

Ruhetag, wenigstens eine Stunde vorher reservieren). Es würde mich nicht wundern, wenn Laurent, der Küchenchef, hier oder woanders zu den Großen aufsteigt.

Nicht ganz so runderneuert ist der Nachbarort **Villecroze**, den Sie auf einer schmalen Straße erreichen (etwa 2 km südöstlich von Tourtour ohne Wegweiser abbiegen). Ein Komplex von Höhlen, in die früher Wohnungen gebaut waren, umgibt das Dorf, dessen alter Kern wegen seiner Treppenwege und Arkaden auch heute noch sehenswert ist. Verweilen Sie in einem schönen Park mit kleinem Wasserfall (und Parkplatz, dort ‚*Camping et Caravaning interdit'*). Einen schönen Stellplatz finden Sie südwestlich des Ortes:

> **(109) WOMO-Stellplatz: Villecroze**
> **GPS**: N 43°34'49" E 06°16'31"; Route Barbebelle; **max. WOMOs**: >5.
> **Ausstattung/Lage**: Mülleimer, Gaststätten, Geschäfte, in der Nähe, ein Platz mit möglicherweise kurzer Halbwertzeit / Ortsrand.
> **Zufahrt**: Biegen Sie westlich des Ortskernes an der D 51, Richtung Salernes beim Wegweiser ‚*Barbebelle'* nach Süden ab und fahren Sie bis zu einem lang gezogenen Parkplatz seitlich eines Parkes.

Es würde mich nicht wundern, wenn Sie in **Aups** (2.000 Einwohner) erneut hängen blieben, in einer sehenswerten Kleinstadt mit Brunnen, altem Waschhaus, Stadtmauerresten, Uhrturm nebst schmiedeeisernem Glockenkäfig, Sonnenuhr sowie beschaulichen Cafés. Und Sie werden mit einem Stellplatz verwöhnt, dessen Nachteil eigentlich nur darin besteht, dass man oft als Einziger nächtigt. Würden drei andere WOMOs dort stehen, wäre er ideal. Am Mittwochmorgen allerdings wird es turbulent, denn der Markt von Aups ist legendär:

Aups

> **(110) WOMO-Stellplatz: Aups**
> **GPS**: N 43°37'29" E 06°13'21"; Chemin de la Piscine; **max. WOMOs**: >5.
> **Ausstattung/Lage**: Toilette (am Marktplatz), Mülleimer, Gaststätten, Geschäfte, Spielplatz, Freibad, klappstuhlgeeignet / Ortsrand.
> **Zufahrt**: Wenn Sie auf der D 22 von Süden kommen, fahren Sie Richtung Ortsmitte und ca. 700 m nach dem Ortsanfang halbrechts. Sie überqueren einen Platanenmarktplatz und wählen die Richtung Tourtour. Nach 100 m biegen Sie erneut rechts ab, dem ‚P' hinterher.
> Wenn Sie von Norden kommen, fahren Sie um den Ort und biegen auf der Südseite vor dem Marktplatz mit dem ‚P' nach links ab.
> Fahren Sie in beiden Fällen bis an das Ende des Weges hinter die Mehrzweckhalle, wo Sie schön unter Bäumen stehen.

Oder Sie wählen den Campingplatz westlich des Ortes, weil es von hier zu Fuß nur 8 Minuten in den Ort sind, weil es ein Schwimmbad gibt und weil seine mit Oliven und Obstbäumen bestandene Wiese besonders ruhig ist:

> **(111) WOMO-Campingplatz-Tipp: Aups (International)**
> **GPS**: N 43°37'26" E 06°12'40"; D 60 - Route de Fox-Amphoux.
> **Ortszentrum**: 0,5 km; **Zeiten**: 1.4.-30.9.
> **Ausstattung**: Schwimmbad, schalldichte Disko.
> **Zufahrt**: Biegen Sie im südlichen Ortsbereich auf die D 60 ab (beschildert).

Während Thoronet der kulturelle Höhepunkt unserer 9. Tour war, ist **Sillans-la-Cascade** (480 Einwohner) einer für Naturliebhaber. Schon der Name des Dorfes deutet auf einen **Wasserfall** hin, der nicht nur den Kindern Vergnügen bereitet. Südlich des Ortes kommen Sie am Parkplatz vorbei, wo ein etwa 15-minütiger Weg zu der tollen Natursehenswürdigkeit

Sillans-la-Cascade

beginnt. Packen Sie heimlich die Badesachen (und die Wertgegenstände) ein, auch Gummisandalen sind kein Fehler. Denn wo der Bach Bresque 40 m in die Tiefe gestürzt ist, hat sich

Cascade

ein geräumiges Wasserbecken gebildet, in dessen kaltem Wasser man bis kurz vor die donnernde Gischt schwimmen kann, aus Sicherheitsgründen aber nicht mehr darf. Hier wurde – wie an vielen anderen Stellen in Frankreich gleichermaßen – mit einem Verbot das Haftungsrisiko der öffentlichen Hand minimiert, wenngleich schon Generationen unbeschadet in die Fluten getaucht und wieder aus dem Wasser gestiegen sind. Aber folgerichtig muss auch ich Sie warnen. Am Wochenende geht es bisweilen turbulenter zu. Reihen Sie sich dann ein, wenn wohlgekleidete Damen mit Hund und Picknick-Korb zur Cascade stöckeln.

Leider ist der in den Vorauflagen empfohlene Stellplatz so gut wie nicht mehr nutzbar. Dafür gibt es inzwischen ein offizielles Gelände am östlichen Eingang des niedlichen Ortes und oberhalb der Bresque, jenem Bach, der sich kurz danach in die Tiefe stürzt:

(112) WOMO-Stellplatz: Sillans-la-Cascade

GPS: N 43°34'02" E 06°10'56";
Route de Salernes;
max. WOMOs: >5.
Ausstattung/Lage: Ver- und Entsorgung (3 € mit Jetons, die Sie beim Bäcker kaufen können), Strom; Freibad, klappstuhlgeeignet, Gaststätten und Geschäfte in der Nähe / Ortsrand, ganz leicht einsam. **Zufahrt**: Der Platz liegt an der Straße nach Salernes.

Oder Sie entscheiden sich für den **Gasthausstellplatz** bei der ***Auberge du Grand Chêne***, 2 km westlich von Sillans, an der D 560 (*ab Sillans beschildert; Tel. 04 94 04 63 65*). Bevor Ihnen der Patron, ein Deutsch sprechender Luxemburger, im hinteren Teil des geräumigen Geländes und unter Bäumen Ihr Nachtquartier zeigt, hat Sie sein Sohn bestens bekocht, traditionell, ländlich oder mit Pizzas aus dem Holzofen (wurde von uns länger nicht mehr getestet, schreiben Sie mir, wenn Sie hier gegessen und geschlafen haben). Falls Sie Ihren Kindern und sich noch einen weiteren Badetag gönnen (vor den vielen weiteren an den Verdon-Stauseen), biegen Sie nach **Salernes** ab, um dort nochmals in die kühle Bresque zu springen. Romantischer kann ein Flussbad kaum sein: Vor einer uralten, romanischen Brücke wurde der Wasserlauf durch zwei Becken gezähmt. Das eine taugt für Nichtschwimmer, das andere als Sprungbecken für die Mutprobe von der Mauer des Straßenrandes. Direkt daneben liegt ein gepflegter Campingplatz:

---

(113) WOMO-Campingplatz-Tipp: Salernes (Municipal des Arnauds)

GPS: N 43°33'59" E 06°13'33";
Ortszentrum: 1 km.
Zeiten: Mai bis September;
Ausstattung: Schwimmbad im Fluss.
Zufahrt: Biegen Sie nördlich von Salernes von der D 31 ab (beschildert).

Der Architekt hat im sonstigen Leben vermutlich Fernstraßen geplant und konnte beim Kleinauftrag eines Campingplatz-Entwurfs nicht mehr loslassen. Breite Asphaltbänder nebst Randsteinen umgeben Grünstreifen und Hecken. Da kann man sich gleich an den Straßenrand stellen und tagsüber auf der Wiese seitlich der Badebecken kostenlos sonnen:

---

(114) WOMO-Badeplatz: Salernes

GPS: N 43°33'55" E 06°13'32"; Chemin du Gourgaret; **max. WOMOs**: > 5.
Ausstattung/Lage: Wasser, Mülleimer, Badestelle, etwas störend sind vorbeifahrende Autos, im Sommer tagsüber voll geparkt / Ortsrand.

Zufahrt: Biegen Sie westlich von Salernes am nächstliegenden Kreisverkehr zwischen Campingplatz und Innenstadt Richtung ‚La Muie – Baignade municipal' ab und fahren Sie bis kurz vor die alte Steinbrücke; dort können Sie rechts am ausgeweiteten Straßenrand vor der Mauer des Campingplatzes stehen.

Sie können auch etwa 250 m vorher eine geräumige Freifläche neben einer Keramikfabrik wählen, auch wenn dort gelegentlich der kommunale Grünschnitt abgeladen wird.

Salernes ist eine lebhafte Kleinstadt in der Provinz. Die 3.000 Einwohner ernähren sich von der heimischen Erde. Sie brennen nämlich im großen Stil Badezimmer- und Keramikfliesen. Und sie trinken im Sommer abends ein Bierchen unter Prachtplatanen - im normalen Südfrankreich, aber wie gemalt.

Cotignac

Auch die Bewohner von **Cotignac** (2.000 Einwohner) erfrischen sich unter Platanen. Daneben picheln aber deutlich mehr Touristen, seit der Bilderbuchort von einem führenden Reisemagazin zu einem der schönsten Dörfer der Provence erhoben worden ist. Vor allem wegen der Lage unterhalb einer von ehemaligen Wohnhöhlen zerklüfteten Felswand (zu besichtigen). Aber auch wegen der malerischen Drogerie neben den Platanen - und bestimmt nicht wegen des Kriegerdenkmals, das in meinem geistigen Bildband der anrührendsten Kriegerdenkmäler Frankreichs einen Ehrenplatz einnimmt.

Der Stellplatz in der Nähe des Boulodrômes und der Tennisplätze ist ein Muster von einem Dorfstellplatz:

(115) WOMO-Stellplatz: Cotignac

GPS: N 43°31'33"
E 06°09'07";
Rue Hubert Blanc;
max. WOMOs: >5.
Ausstattung/Lage: Wasser (an der Mauer bei der Zufahrt), Toilette, Gaststätten, Geschäfte / Ortsrand.
Zufahrt: Biegen Sie südlich des Ortskernes von der D 13, der Straße nach Sillans, beim ‚P' zum Tennisplatz ab.
Hinweise: Der Rückweg führt um eine schmale, aber umfahrbare Ecke (Vorsicht mit dem WOMO-Heck). Wegen des Marktes nicht in der Nacht auf Dienstag.
Alternativ kommt dann ein großer, weniger schöner Parkplatz an der Straße nach Carcès, neben der Tankstelle, infrage.

Südlich von Cotignac schickt Sie vor der Tankstelle ein Wegweiser zur **Kapelle Notre Dame de Grâces**. Erinnern Sie sich noch an die Reliquie in der Kathedrale von Apt (Teil 1), die dem Paar Ludwig XIII. und Anna von Österreich den Kinderwunsch erfüllt hat? Mit dazu beitragen musste eine neuntägige Andacht der Königin in dieser Kirche. Und der somit herbeigebetete Ludwig XIV., der Sonnenkönig, hat hier später auf einer Reise nach Österreich ebenfalls gerastet. Es gibt an diesem erst in neuerer Zeit wieder aufgebauten und von Frömmigkeit durchzogenen Ort nicht viel zu sehen - und vor allem nicht den

erhofften Stellplatz mit Fernsicht.

Vielleicht beginnen Sie unsere 9. Tour auch in umgekehrter Richtung, Aups oder Tourtour sind nach den Herrlichkeiten des Verdon die ersten Orte, in denen Sie wieder aussteigen. Sie sind auf dem Weg an die Küste, und es ist Ende Juli. Viel zu schnell steigen Sie wieder in Ihr Auto und fahren weiter ans Meer. Sie werden am Abend, am nächsten Abend, am Abend darauf und den ganzen Rest des Urlaubs wehmütig an Aups, an Sillans, Cotignac und all die anderen Dörfer, die ich mir selbst noch für weitere Urlaube aufgehoben habe, denken und sich wünschen, endlich nicht mehr ständig dem Drang zum Strand nachgeben zu müssen.

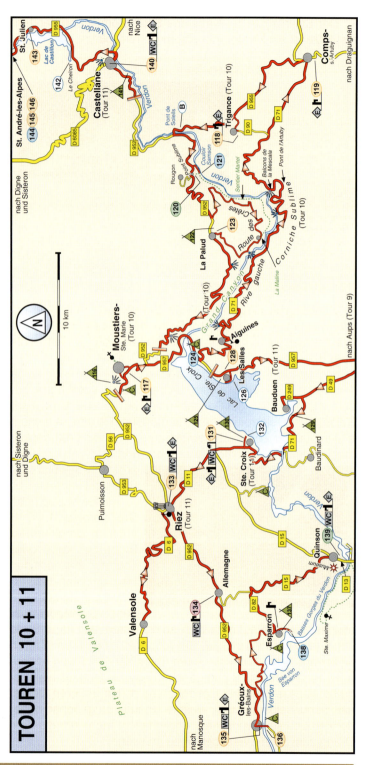

Tour 10: Die Mutter aller Schluchten

Moustiers-Ste. Marie - Grand Canyon du Verdon - La Palud

Stellplätze:	in Moustiers, in Trigance, in Comps-sur-Artuby, am Couloir Samson, in La Palud
Campingplätze:	in Moustiers, in La Palud
Besichtigen:	Moustiers-Ste.-Marie; den Grand Canyon du Verdon
Essen:	Restaurant *Treille Muscat* in Moustiers
Wandern:	im Grand Canyon du Verdon

Bei jeder Auflage bastele ich an einer Neufassung der Beschreibung von **Moustiers-Ste. Marie** (580 Einwohner). An Anfang fühlte ich mich berufen, von hochsommerlichem Gedränge zu berichten und eher von einem der meistbesuchten Dörfer der Ost-Provence abzuraten. Später, unter dem Eindruck eines wunderbar lauen Aprilabends mit klarer Luft, und als uns die Hügel zum Greifen nahe schienen, geriet ich ins Schwärmen. Dann war wieder Sommer, der schöne Stellplatz beim Friedhof war illegal geworden (siehe unten) und ich wollte schon weiterfahren. Aber ich bin geblieben, wenn auch in gebührendem Abstand und dort, wo Moustiers am schönsten ist: beim Blick auf sich selbst. Sogar als notorischen Hotelgast würde ich Sie dazu auf den Hügel des Campingplatzes schicken:

Moustiers-Ste. Marie - Blick vom Campingplatz

> **(116) WOMO-Campingplatz-Tipp: Moustiers-Ste. Marie (Manaysse)**
> **GPS**: N 43°50'42" E 06°12'56"; Route du Riez. **Ortszentrum**: 0,7 km; Sie können in 15 Minuten in den Ort laufen, der Fußweg ist beschildert - Taschenlampe für den Rückweg mitnehmen! **Zeiten**: 1.4 - 2.11; www.camping-manaysse.com/ **Ausstattung**: Teilweise sehr schöner Blick, preiswert (12 € für 2 Personen), im Sommer Brotverkauf; man müsste dem Besitzer mal sagen, dass seine zu hohen Hecken die Sicht vom Klappstuhl beeinträchtigen.
> **Zufahrt**: Westlich von Moustiers an der D 952 beschildert.

Auch der einzige noch legale, dafür offizielle, freie Stellplatz liegt nicht schlecht und bietet ebenfalls Sicht auf den Ort. Man fühlt sich dort aber nur in der Nachbarschaft anderer Reisemobile wohl:

> **(117) WOMO-Stellplatz: Moustiers-Ste. Marie**
>
>
>
> **GPS**: N 43°50'37" E 06°13'10"; an der D 952; **max. WOMOs**: >5.
> **Ausstattung/Lage**: Ver- und Entsorgung (2 €), Mülleimer, Gaststätten und Geschäfte (nach 7 Minuten Fußweg), klappstuhlgeeignet, Wanderwege, auf 48 Std. begrenzt / außerorts, leicht einsam, aber meist gut besucht.
> **Zufahrt**: Wegweiser ‚*P – Camping-Car*' (P 5) auf eine sehr große Fläche mit Schranke, etwa auf der Hälfte der Ortsumgehungsstraße D 952 und unterhalb derselben. **Parkgebühr**: 6 €/24 Std.
>
> Falls außerhalb der Saison niemand neben Ihnen steht und es Ihnen zu einsam ist, folgender Tipp: Leser und ich haben schon über dem Ort beim Friedhof unbeanstandet die Nacht verbracht, wo Platz für 2-3 Fahrzeuge ist, wenn Sie südlich des Ortes dem ‚*P*' steil bergauf (nur für Wohnwagen verboten) bis vor eine Mauer folgen und vor dem nachts vermutlich verbotenen Parkplatz bleiben (in unmittelbarer Nähe Nachtparkverbot, eher also illegal; Blick, Ruhe, Toilette).

Wenn Sie auf einem der beiden westlichen Campingplätze stehen, können Sie auf einem (nachts nicht beleuchteten) Fußweg durch schöne Gärten und unter duftenden Feigenbäumen hoch ins Dorf spazieren, ‚*Eines der schönsten Frankreichs*'. Dort treffen Sie auf einen rauschenden Bergbach, der den Ort nicht nur zweiteilt, sondern ihm auch einen außergewöhnlichen Charme verleiht. Dazu tragen genauso die hinter dem

Moustiers-Ste. Marie

Dorf steil aufragenden Bergzacken bei, mit einer fast schon beängstigenden Klamm, die von einer malerischen Bogenbrücke überspannt wird, der so genannten »Eselsrückenbrücke«. Über sie führt der Weg zum Platz vor der Kirche (im Inneren sehenswerte Gemälde aus dem 15. Jahrhundert und Chorgestühl aus dem 16. und 18. Jahrhundert), deren sich verjüngender Turm einst beim Läuten heftigst geschwankt hat, bis er mit Beton und Stahl verstärkt worden ist.

Sie müssen also nicht mehr befürchten, das markante, die Silhouette des Ortes prägende Bauteil könne Ihnen aufs Haupt fallen, wenn Sie im **Restaurant *Treille Muscat*** Platz genommen haben. Leider übertrifft dort die Küchenleistung den Umfang der Portionen deutlich. Wegen der herausragenden Lage unter einer riesigen Platane sowie an der Brüstung über dem Bach, und weil das benachbarte *Les Santons* nach einem Wechsel nicht mehr die frühere Qualität bietet, nehmen wir die *Muskatellerlaube* trotzdem ins Programm *(Tel. 04 92 74 64 31; außer Juli/Aug. mittwochs abends und donnerstags geschlossen).*

Die Mutter aller Schluchten

Nach dem berühmten Wahrzeichen des Dorfes sollten Sie schon vorher, im Hellen, schauen. Wenn Sie es nicht wüssten, würden Sie vermutlich erst nach Tagen den **Stern von Moustiers** golden in der Sonne blinken sehen, an einer 227 m langen, zwischen die Felsen gespannten Kette. Seine Herkunft ist ungeklärt. Sicher ist nur, dass er im Jahre 1957 (und vermutlich 1995 erneut) an die Stelle eines oder mehrerer Vorgänger getreten ist, deren erster von einem zurückgekehrten Kreuzritter zur Erfüllung eines Gelübdes aufgehängt worden sein soll. Sie erkennen ihn hoch über der **Felsenkapelle** Notre-Dame-de-Beauvoir (der kurze Weg dorthin lohnt vor allem wegen der Sicht auf den Ort).

Blick von der Felsenkapelle zum Campingplatz

Viele Touristen kommen wegen des Porzellans, mit dem man in Moustiers-Ste.-Marie an die Tradition der Fayenzen-Herstellung angeknüpft hat. Ein Mönch aus dem italienischen Faenza hat angeblich im 17. Jahrhundert das Handwerk der feinen Porzellanbemalung nach Moustiers gebracht, das bald den Adel in ganz Europa belieferte. Durch die französische Revolution und die Abkehr von höfischem Prunk wurden die Zeiten für die Künstler aber schlechter, und in der zweiten Hälfte des 19. Jahrhunderts musste die letzte Werkstatt schließen. Erst in den 20er Jahren des 20. Jahrhunderts hat man wieder neu angefangen. Heutzutage, in den Zeiten unkritischer Touristenmassen, importiert man einiges, aber längst nicht alles, aus Fernost. Mit Sicherheit keine Plagiate sehen Sie im **Fayencen-Museum**, das täglich, außer dienstags, von 9 bis 12 und 14 bis 18 Uhr geöffnet ist (für Regentage).

Moustiers ist auch Ausgangspunkt für die erste **Verdon-Tour**, die Tour am Lenkrad: 2,5 km hinter Moustiers-Ste.-Marie müssen Sie am Kreisverkehr wählen: Nach links fährt man auf der D 952, der alten Straße nach Castellane, nördlich am

Grand Canyon du Verdon vorbei, während man zur <u>südlichen</u> Schluchtstrecke *(Rive gauche)* geradeaus fährt und erst später nach links auf die Corniche Sublime abbiegt.

Ganz so einfach ist die Entscheidung aber nicht. Falls Sie nicht die ganze Rundtour bewältigen oder uns nicht auf unserer Tour 11 folgen, nehmen Sie erst mal den Weg nach links, bis Sie nach etwa 6 km einen **phantastischen Blick** auf den Einlauf des Verdon in den Lac de Ste. Croix haben. Weltklasse!

Einlauf des Verdon in den Lac de Ste. Croix

Dort sollten Sie umkehren und nun bei besagtem Kreisel Richtung See fahren. Die südliche **Corniche Sublime** *(Rive gauche)* ist nämlich, vom genannten Seeblick abgesehen, die eindrucksvollere Variante.

Nach wenigen Kilometern erreichen Sie den Lac-de-Ste.-Croix, um den sich unsere 11. Tour dreht. Der Einlauf des Verdon in den Stausee ist an dessen östlichem Ende von einer mächtigen Brücke überspannt, hinter der Sie nach **Aiguines** abbiegen. In dem kleinen Ort kann man in einem netten Café noch einmal Luft holen vor den fahrtechnischen Her-

Aiguines

Die Mutter aller Schluchten

in Aiguines

ausforderungen der nächsten eineinhalb Stunden. Das malerische Schloss (17. Jahrhundert) mit seinen Rundtürmchen und den bunt glasierten Ziegeln, 300 m über dem See, der tief unten blau glitzert, kennen Sie vielleicht schon von Provence-Postern.

Danach schraubt sich die problemlos befahrbare Straße hoch an den Rand der bis zu 700 m tiefen Felsspalte des **Grand Canyon du Verdon**, der Mutter aller Schluchten in Frankreich. Am ersten Aussichtspunkt, kurz hinter Aiguines, ist noch ein kleiner Parkplatz angelegt, später ist das Halten mit einem Wohnmobil am Rande der schmalen, kurvigen Strecke nicht überall einfach. Hat man aber einmal beigedreht und kennt man den Schwindel erregenden Blick bis auf den Grund der Schlucht, lässt man kein

Blick von der Corniche Sublime

206   Tour 10

Belvédère mehr aus. Am Anfang erspäht man noch in der Ferne den See von Ste. Croix. Später gehört die Klamm nur noch den Wanderern und Kletterern. Es ist kaum zu glauben, dass der Canyon erst im Jahre 1905 durchdrungen werden konnte. Der Höhlenforscher Martel, der Ihnen vielleicht aus französischen Grotten geläufig ist, hat zunächst vergeblich eine Durchquerung mit Booten versucht. Erst zu Fuß und mit Rettungsringen war die Expedition erfolgreich. Im Jahre 1947 kam dann mit dem Bau der wirklich atemberaubenden Corniche Sublime (D 71), auf der Sie gerade fahren, die touristische Erschließung.

In den 70er Jahren entstand auf dem nördliche Plateau die von der D 952 abzweigende **Route des Crêtes**. Sie hat den Vorteil, dass sie teilweise eine Einbahnstraße ist, weshalb ängstliche WOMO-Chauffeure hier besser aufgehoben sind. Sie fahren östlich von La Palud los und in westlicher Richtung. Diese Aussichtsstraße ist ebenfalls imposant, aber nicht ganz so eindrucksvoll wie die Corniche Sublime, auf der allerdings für Wohnmobile die beiden kurzen Tunnels etwas unangenehm sind. Denn Gegenverkehr darf es dort nicht geben, was aber auch das einzige Problem der Strecke ist, wenn man im Umgang mit einem Wohnmobil etwas Übung besitzt. In dem zweiten, dunkleren Tunnel kann man bei starkem Verkehr einen Beifahrer mit Taschenlampe zu Fuß vorausschicken, der notfalls den Gegenverkehr anhält. Haben Sie keine Angst, uns sind beim Update für diese Auflage die größten Wohnmobile und zwei Reisebusse begegnet, alle kamen irgendwie durch. Aber äußerste Vorsicht ist geboten, schließlich möchte man nicht an der Felswand entlang schrammen (bei Gegenverkehr möglichst stehen bleiben, keine Hektik, im Rückspiegel das ausscherende WOMO-Heck beachten, der Beifahrer taxiert den Abstand zum rechten Straßenrand). Lassen Sie sich Zeit und schauen Sie nur in die Tiefe, wenn das Auto steht.

Artuby-Brücke

Eine Verschnaufpause gibt es dann an der **Brücke über den Artuby**, wo Sie an einem Imbissstand bei einer kleinen Erfrischung mit Ihrer besseren Hälfte ausknobeln können, wer zuerst den Sprung in 200 m Tiefe wagt. Eine Zeitlang war es verboten, vom steinernen Geländer kopfüber loszuhechten. Zu viele Menschen haben hier ihrem Leben ein Ende gesetzt – und tun es vermutlich noch immer.

Die Mutter aller Schluchten

So wirkt es ein wenig makaber, wenn an sonnigen Sommertagen mutige, junge Urlauber sich unter dem Beifall zahlreicher Zuschauer am Gummiseil in die Schlucht des Artuby stürzen (und bei aller Angst sicher nicht befürchten, gerade in diesem Moment könnte ihr Wohnmobil aufgebrochen werden, was hier an sonnigen Sommertagen ebenfalls praktiziert wird).

Trigance

Hinter den *Balkons de la Mescala* könnten Sie bei erster Gelegenheit auf einem noch schmäleren, aber unproblematischen Sträßchen nach links abbiegen, nach **Trigance**, zu einem überraschend ruhigen Hangdorf mit Burg und angenehmem Stellplatz bei schöner Sicht:

(118) WOMO-Stellplatz: Trigance

GPS: N 43°45'37"
E 06°26'28";
Rue du Portail;
max. WOMOs: 5.
Ausstattung/Lage: Ver- und Entsorgung, Toilette, Strom, Mülleimer, Gaststätte (im Schloss), Bäckerei mit ausgezeichnetem Baguette, Epicerie, bedingt klappstuhlgeeignet / Ortsrand.

Zufahrt: Am südwestlichen Ortseingang stößt man auf der D 90 auf den unübersehbaren Platz hinter der Entsorgungsstation.
Parkgebühr: 5 €/24 Std.

Auf unserer Tour fahren wir jedoch noch 16 km nach Süden, weil **Comps-sur-Artuby** (400 Einwohner) ein buntes Minidorf ist und an seiner Südseite einen relativ neu angelegten offiziellen Stellplatz mit Blick auf dasselbe anbietet:

> **(119) WOMO-Picknickplatz: Comps-sur-Artuby**
> **GPS**: N 43°42'21" E 06°30'24";   an der D 955;   **max. WOMOs**: >5.
> **Ausstattung/Lage**: Ver- und Entsorgung, Toilette, Mülleimer, Strom, Picknickgelände, Pizzeria (dort gibt es Jetons für Wasser und Strom), weitere, anspruchsvollere Gaststätte im Ort, klappstuhlgeeignet / außerorts, häufig besucht.
> **Zufahrt**: Der offizielle Platz liegt südlich des Ortes an der D 955 in einer Kurve.

Von hier könnte man zu Tour 9 weiterfahren. Wir kehren hingegen um und parken noch vor Erreichen der Verdon-Schlucht und etwa 300 m vor der Verdon-Brücke (Pont-de-Soleis), weil man hier an Kiesbänken auch bei Niedrigwasser gut baden kann.

Rechts geht es nun nach Castellane, das wir uns für die 11. Tour aufsparen, ebenso wie nähere Informationen zum unterschiedlichen Wasserstand. Wir aber kurven nach links (Westen), um uns am **Point Sublime**, nördlich des Verdon, auf ein Abenteuer vorzubereiten. Wegen einer hölzernen Höhenbegrenzung kann man hier nur noch höchst eingeschränkt **übernachten** (**120**: GPS: N 43°47'39" E 06°23'53").

Möglich ist aber weiterhin die Übernachtung am tiefer gelegenen Aussichtspunkt des **Couloir Samson,** zu dem eine eigene Stichstraße führt. Wir haben Glück, was hier in der Nähe des Point Sublime in der Hauptsaison tagsüber nicht selbstverständlich ist, und finden ein freies Plätzchen, von dem wir nur wenige Meter zum Verdon hinunterklettern müssen - zu einer herrlichen Badestelle (Achtung, der Wasserstand kann dort schnell ansteigen!). An diesem kleinen Badestrand endet auch der Wanderweg, den wir Ihnen weiter unten beschreiben, soweit dieser durch die Schlucht führt:

> **(121) WOMO-Badeplatz: Couloir Samson**
> **GPS**: N 43°47'23" E 06°23'44";   an der D 952;   **max. WOMOs**: 2-3.
> **Ausstattung/Lage**: Badestelle, bedingt klappstuhlgeeignet / außerorts, einsam.
> **Zufahrt**: Biegen Sie östlich des Point Sublime und westlich eines kleinen Tunnels von der D 952 ab und fahren Sie runter zum Verdon bis zum Parkplatz - in der Hauptsaison finden Sie tagsüber nur schwer eine Parklücke; Sie können dann oft am Straßenrand bis zum Abend warten.
> **Hinweis**: Für sehr große WOMOs ungeeignet.

Am Point Sublime muss man irgendwie parken (frühmorgens gibt es freie Plätze, große Fahrzeuge kann man ein paar Meter unterhalb abstellen), um die **berühmte Wanderung** zwischen der La Maline-Hütte und dem Point Sublime in Angriff zu nehmen. Denn auf einer Strecke braucht man ein Taxi, das hier, am Point Sublime, morgens gelegentlich ungerufen wartet *(eine Telefon-Nr. steht angeschrieben: 06 68 18 13 13; weitere Nummern sind: 04 92 83 65 38 oder 04 92 77 38 20* *oder 04 92 83 65 34 – die unterschiedlichen Vorwahlziffern sind kein Druckfehler; am besten das Taxi schon am Vortag bestellen, oft kann man noch andere Wanderer mitnehmen; angeblich kann man auch gut trampen).* Wahrscheinlich fährt im Sommer auch ein Bus, zu dem ich keine Infos habe. Es ist angenehmer, nachmittags am eigenen Fahrzeug anzukommen. Und schließlich wird der größere Höhenunterschied bei der La Maline-Hütte bergab bewältigt.

bei der La Maline-Hütte

Wir bereiten uns gründlich vor und ziehen die Literatur zu Rate, wo es sich niemand nehmen lässt, in allen Einzelheiten vor den Gefahren zu warnen. Wie müssen wir ausgerüstet sein? Mit Wanderschuhen, einem Pullover (unbedingt erforderlich), Verpflegung und genügend Wasser, Badezeug (man kann nur am Ende unserer Strecke baden) Verbandszeug (wenn Sie abstürzen, nutzt Ihnen das nichts), einem Seil für Kinder (für Vorsichtige gar nicht so überflüssig), einer Wanderkarte (entbehrlich, der Weg ist optimal markiert und zudem so stark begangen, dass es schwer wäre, sich zu verirren) und – ganz wichtig – einer Taschenlampe (weniger altmodische Globetrotter nehmen eine Stirnlampe). Die Wanderung ist sogar für den normal beweglichen Schreibtischmenschen machbar. Nur wer sehr schwindelanfällig ist, bekommt an einer Stelle Fracksausen. Man muss aber zwei, drei Felspartien überqueren, auf denen man bei Regen ausrutschen und böse abstürzen könnte, weshalb ich bei feuchtem Wetter von der Wanderung dringend abrate (!), erst recht bei Gewittergefahr. Bleiben Sie bei allen Wetterlagen auf dem markierten Weg und durchqueren Sie niemals (!!) den Verdon. Das flussaufwärts betriebene Elektrizitätswerk lässt den Wasserstand binnen kurzem ansteigen. Dadurch kommt es zu Strudeln, und der Rückweg durch eine Furt könnte abgeschnitten werden. Weshalb man auch beim Baden äußerste Vorsicht walten lassen und am Ufer bleiben sollte. Hunde sind vermutlich verboten. Meiner Meinung nach kann man die Wanderung mit Hund nicht gehen, selbst wenn man die Eisenleiter umwandert.

Offen ist noch die am meisten gestellte Frage nach der Dauer der Wanderung. Jemand hat wohl mal 8 Stunden benötigt, was ein Kunststück war, das man auch mit Trödeleien kaum fertig bringt. Aber er hat es geschafft und sogar publiziert. Viele haben diesen Unsinn abgekupfert, ohne einen Fuß in die Schlucht gesetzt zu haben. Uns reichen **5 1/2 Stunden,** bei einer ausgedehnten Rast, ohne Badepausen und ohne Andrang:

Der Sentier Martel

Wir starten am Morgen beim **Point Sublime** und versuchen zunächst, beim Taxifahrer den Preis runter zu handeln. Was natürlich nicht gelingt, denn die 22 Euro (vor ein paar Jahren !) sind für die nicht kurze Fahrstrecke angemessen.

Bei der Schutzhütte, dem **Châlet de la Maline**, an der D 23, zeigt uns der Chauffeur den Einstieg in die Schlucht und wünscht »Bonne route«. Hier beginnt also der berühmte *‚Sentier Martel'*, der vom Touring-Club-de-France in den 30er Jahren angelegt worden ist. Von oben haben wir gleich einen prächtigen Blick, ehe es erst mal bergab geht. Auf der Talsohle muss man etwas aufpassen, dass man nicht den – nach halbrechts – abzweigenden Pfad zum Cavaliers-Felsen erwischt.

Und dann geht es auf atemberaubendem Weg Verdon aufwärts, zumeist einige Meter oberhalb des Wasserlaufs. Durch schmale, hunderte von Metern tiefe Schluchten, unter überhängenden Felsen, aber auch immer wieder bergauf und bergab. Es macht uns keine Schwierigkeiten, ein kurzes Geröllfeld zu queren, können wir uns nämlich an einem stabilen Stahlseil entlang hangeln. Aber dann kommt die Mutprobe doch noch: Nachdem wir eine Zeit lang steil bergauf gekraxelt sind, scheint der Pfad zu enden. Tief unten erkennen wir gerade noch den Verdon. Verdammt tief, und es geht nahezu senkrecht

Die Mutter aller Schluchten 211

in den Abgrund. Die Knie werden weich, die Hände feucht, als wir die erste der 250 Eisenstufen der **Escalier-Imbert** (*Imbert-Leiter*) ertasten. Rückwärts, dass wir die schwindelnde Höhe nicht mehr sehen. Ordentlich fest halten (den Daumen unter die Stange, wie weiland am Reck!) und sich einreden, dass nichts passieren kann. Umkehren geht sowieso nicht - von oben kommen die Nächsten. Und die gehen auf der schrägen Treppe vorwärts, mit nur einer Hand am Geländer! Beim Wechseln von einer Treppe auf die Nächste erlaube ich das Überholen. »*Ihr seid aber mutig!*«

»*Ja, eigentlich sind wir nicht zum Wandern am Verdon, sondern zum Klettern*«, antwortet der Waghalsige.

‚*Ich bin zum Wandern hier'*, denke ich bei mir, ‚*und nicht zum Klettern'*.

Aber nach jeder Stufe wird die Höhenangst geringer. Die Imbert-Treppe ist übrigens das einzige Argument, die Wanderung am Point Sublime zu beginnen, dann erklimmt man sie aufwärts und erschaudert erst, wenn man oben angekommen ist. Wer hier partout nicht weiter kann oder seinen Hund dabei hat, kehrt um und wählt kurz vorher den etwa 1.200 m langen Tunnel von Guegues (auf der Wanderkarte eingezeichnet, von uns aber nicht getestet !!).

Im zweiten Teil wird die Strecke etwas eintöniger, vielleicht weil man sich schon satt gesehen hat. Bis dann die **zwei Tunnels** kommen. »*Wo ist die Taschenlampe?*« »*Verflucht, ich habe sie im WOMO vergessen*«. Also stiefeln wir ohne Licht in die Röhre. Bei der ersten ist es nicht schlimm, denn man sieht schon gleich wieder Licht am Ende des Tunnels. Aber dann die zweite, 800 m lang, und rabenschwarz. Bestimmt haben die anderen eine Funzel dabei, das steht doch in jedem Reiseführer. Den hat aber offenbar niemand gelesen. Früher mussten deshalb Feuerzeuge helfen, während der moderne Mensch in solchen Notlagen das Display seines Smartphones als Laterne einsetzt.

Gleich hinter den Tunnels sind wir dann am **Couloir Samson**. Nun geht es nochmals schweißtreibend hoch zum Point Sublime, wo wir stolz die Weiterreise antreten. Aber wo ist die Taschenlampe?

Im Rucksack natürlich!

Man liest immer wieder von Alternativen zum *Sentier Martel*. Ich kenne keine. Entweder sind sie für den Normalsterblichen zu schwierig oder man muss auf halber Strecke umkehren. Einzig in Frage kommt ein Gang vom Couloir Samson (siehe oben) nach Westen: Über einige Stufen in die Schlucht, durch die Tunnels und irgendwann wieder zurück. Das ist besser als nichts, _viel_ besser als nichts und ein echter Ersatz für die große Strecke.

Auf dem weiteren Weg nördlich der Schlucht erreicht man automatisch **La Palud-sur-Verdon**, den Hauptort des Verdongebietes, aber eigentlich nur eine Basisstation für Natur verbundene Urlauber. Hier kommt man in 900 m Höhe an zwei romantischen Campingplätzen vorbei, wo es den alten Pfadfindern unter unseren Lesern warm ums Herz wird, wenn abends Kletterer aus halb Europa in dicken Pullovern vor ihren kleinen Zelten hocken und zur Klampfe singen:

> **(122) WOMO-Campingplatz-Tipp: La Palud (Municipal)**
> **GPS**: N 43°46'48" E 06°20'56";   an der D 952.   **Ortszentrum**: 0,4 km.
> **Zeiten**: Anfang April bis Ende September.
> **Zufahrt**: Der Platz liegt östlich des Ortes an der Straße nach Castellane.
> Der zweite Platz liegt direkt westlich des Dorfes; ein dritter ist einige Kilometer weiter westlich als ‚La Ferme' beschildert und ist geöffnet, während die anderen geschlossen sind, dann allerdings ohne Wasser.

Wer selbst für Stimmung sorgen kann, die schöne Umgebung trägt das ihre dazu bei, darf auch frei übernachten:

> **(123) WOMO-Wanderparkplatz: La Palud**
> **GPS**: N 43°46'44" E 06°20'30";   an der D 23;   **max. WOMOs**: >5.
> **Ausstattung/Lage**: Mülleimer, Gaststätten, Geschäfte, Wanderwege, Spielplatz / Ortsrand.
> **Zufahrt**: Fahren Sie in La Palud Richtung ‚La Maline', und Sie werden am Dorfrand, seitlich der D 23, einen heimeligen Parkplatz finden.
> **Hinweise**: Teilweise abschüssig; das Campingverbot meint das Zelten auf der angrenzenden Wiese. Leser haben von neuen Verbotsschildern berichtet, die bei unserem späteren Besuch nicht mehr zu sehen waren. Vom 1.7. bis 30.9. ist ein weiterer Parkplatz mitten im Ort verboten.
> Es gibt auch einen **neuen Parkplatz** an der Hauptstraße, östlich der Häuser, mit schönem Blick, ohne Verbot und mit etwas Schräglage.

Die Mutter aller Schluchten

Tour 11: Verdon, die 2te

See von Ste. Croix - Riez - Valensole - See von Esparron
Castellane - See von Castillon - Entrevaux

Stellplätze:	bei Les Salles-sur-Verdon und Ste. Croix-du-Verdon, in Riez, in Allemagne, in und bei Gréoux-les-Bains, am Stausee von Esparron, bei Quinson, in Castellane, am Lac de Castillon, in Entrevaux
Campingplätze:	in Les Salles-sur-Verdon, Bauduen und Ste. Croix, am Lac de Esparron, bei Castellane
Besichtigen:	Apollo-Tempel und Baptisterium in Riez; Prähistorisches Museum in Quinson, Castellane, St. Julien-du-Verdon, Entrevaux, Maillol-Skulptur in Puget-Théniers
Essen:	Restaurants *L'Escapade* in Les Salles-sur-Verdon, *L'Olivier* in Ste. Croix, *Les Alpes* in Gréoux-les-Bains, *Nouvelle Hôtel du Commerce* in Castellane
Wandern:	durch die Basses Gorges du Verdon, in Castellane zum Aussichtspunkt
Karte:	Seite 200

Nach einer anstrengenden Wanderung am Ufer des Verdon, der aufregend schmalen Kammstraße oder nach beidem suchen Sie noch ein paar Tage Erholung und ziehen dazu den zweitgrößten Stausee Frankreichs (21,80 km^2) in Betracht, den Sie schon mehrfach von oben im Blick hatten, den **Lac de Ste. Croix** mit guten bis hervorragenden, aber wechselhaften Bedingungen für einen sommerlichen Badeurlaub. Zuletzt mussten wir auf dem Südufer, nachdem wir den **Verdon-Einlauf** auf der hohen **Galetas-Brücke** überquert hatten, ein ernst gemeintes Übernachtungsverbot direkt am See hinnehmen, wir fanden

Lac de Ste. Croix - im Vordergrund Les Salles

aber einen Stellplatz, auf dem man ausschließlich während der Nacht stehen darf:

> **(124) WOMO-Badeplatz: Lac de Ste. Croix (Südufer)**
> **GPS**: N 43°47'48" E 06°14'32";   an der D 957;   **max. WOMOs**: >5.
> **Ausstattung/Lage**: Ver- und Entsorgung, Toiletten, Badestelle, Bootsvermietung / außerorts, nicht einsam.
> **Zufahrt**: Im Nordteil des Südufers auf halber Strecke zwischen der großen Brücke und der Abzweigung zur Corniche Sublime auf der dem See abgewandten Seite der Straße.   **Übernachtungsgebühr**: 10 €.
> **Hinweise**: Der Platz, auf dem Sie sich tagsüber am Seeufer aufhalten können, liegt 50 m entfernt auf der anderen Straßenseite. Dort müssen Sie allerdings um 23 Uhr verschwunden sein, wobei ich Ihnen empfehle, schon zu einem früheren Zeitpunkt auf den Nachtplatz auszuweichen, weil der nämlich in der Saison bald belegt ist.
>
>
> Platz für den Tag
>
> Auf dem **Nachtplatz** hingegen dürfen Sie sich nur von 15 bis 11 Uhr aufhalten. Nicht nur ein Schelm kommt dabei auf den Gedanken, lieber gleich den benachbarten Campingplatz aufzusuchen, zumal auch die ebenen oder schattigen Möglichkeiten auf dem gegenüberliegenden Tagparkplatz im Sommer irgendwann belegt sein können.

Einige hundert Meter weiter im Norden können Sie Boote und Kajaks mieten, aber nicht mehr weit in die Verdon-Schlucht hineinpaddeln. Zu viele Leute kamen bei böigem Wind nicht mehr mit eigener Kraft zurück.

Campingplatzliebhabern empfehlen wir wegen der Straße zwischen Platz und See nicht das Gelände beim vorgenannten Stellplatz, sondern eher die beiden *Campings* von **Les Salles-sur-Verdon**, die sehr schön am Wasser liegen. Allerdings sind sie im Juli/August häufig und

Lac de Ste. Croix bei Les Salles

Lac de Ste. Croix - bei den Plätzen 125

selbst Ende August noch am Abend belegt (vormittags anreisen!). Es sind nach unserem Geschmack die beiden besten Campingplätze am Lac de Ste. Croix:

> **(125) WOMO- Campingplatz-Tipps: Les Salles-sur-Verdon (*La Source* oder *Les Pins*)**
> **GPS**: N 43°46'31" E 06°12'24". **Ortszentrum**: 0,2 km.
> **Zeiten** 1.4. bis Mitte oder Ende Oktober; Mittagspause 12-14 Uhr.
> **Tel**. *La Source* 04 94 70 20 40 ; **Tel**. *Les Pins* 04 98 10 23 80.
> **Ausstattung**: Läden und Gaststätten im nahen Ort, jeweils nur durch einen unbedeutenden Weg vom schönen Strand getrennt.
> **Zufahrt**: Zwischen Les Salles und dem See (beschildert), beide Plätze liegen unmittelbar nebeneinander.
>
> Nördlich von Les Salles gibt es an der D 957 einen **weiteren** kommunalen **Campingplatz**, der auch nicht weit vom See entfernt liegt und beinahe ganzjährig geöffnet ist.

Platz 126 - für den Tag

Ganz in der Nähe finden Sie mehrere Möglichkeiten am Strand, darunter einen schön gelegenen, geräumigen Platz, den Sie ab 23 Uhr verlassen müssen. Sonst droht eine Strafe von 137 Euro und, nicht zu vergessen, 20 Cent. Genussreichen Badetagen außerhalb von Campingplätzen ist das jedoch kein Hindernis. Sie müssen sich nur an das **zweigeteilte Stellplatzleben** gewöhnen, ein legaler Badeplatz für die Tage und ein offizieller oder legaler Übernachtungsplatz für die Stunden dazwischen. Leider ist der schöne Nachtplatz in Les Salles einem Neubaugebiet geopfert worden. Die beiden Ersatzmöglichkeiten sind nicht so schön. Dafür ist ein Tagplatz verbessert:

WOMO-Bade- und Stellplätze: Les Salles-sur-Verdon

(126) Zum Baden (5-23 Uhr):
GPS: N 43°46'14" E 06°12'32";   **max. WOMOs**: >5.
Ausstattung/Lage: Direkt am schönen Strand, Mülleimer, klappstuhlgeeignet. Der See liegt Ihnen zu Füßen, eine große, vor Mistral geschützte Badebucht sehen Sie rechts, das Dorf ist 8 Minuten entfernt (gehen Sie die Straße weiter und vor den beiden Campingplätzen die Treppe hoch). Auf dem Weg, bzw. wenn Sie an der eben genannten Badestelle weiterfahren, kommen Sie auch zu Wasser und Toilette / außerorts.
Zufahrt: Biegen Sie südlich von Les Salles von der D 957 ab und folgen Sie dem Wegweiser ‚*Le Lac*' (die schmale Zufahrtsstraße ist anfangs eine Einbahnstraße); wenn Sie zum See gekommen sind, fahren Sie links auf einen großen Parkplatz.
Hinweis: Trotz des Verbotes sieht man auch nachts oft viele WOMOs, Leser berichten ebenfalls von häufigen, ungesühnten Verstößen.

(127) Tag und Nacht:
GPS: N 43°46'28" E 06°13'04";   an der D 957;   **max. WOMOs**: > 5.
Ausstattung/Lage: Ver- und Entsorgung, Mülleimer, Gaststätten und Geschäfte im nahen Ort / Ortsrand.
Zufahrt: Der Platz liegt hinter der Tankstelle direkt oberhalb der D 957 auf der nördlichen Zufahrtsstraße nach Les Salles.   **Parkgebühr**: 8 €/Nacht.
Hinweis: Wir kennen nicht die Geräuschbelastung auf diesem privaten Stellplatz.

(128) Tag und Nacht:
GPS: N 43°46'38" E 06°12'50";   an der D 957;   **max. WOMOs**: > 5.
Ausstattung/Lage: Keine Infrastruktur, klappstuhlgeeignet, Gaststätten und Geschäfte im Ort, man kann auch an den nicht so weit entfernten See laufen (in beiden Fällen nehmen Sie den Weg, der gegenüber in die D 957 einmündet) / außerorts, einsam.
Zufahrt: Der Platz liegt direkt an der D 957 hinter Büschen noch nördlich der nördlichen Zufahrtsstraße nach Les Salles.
Hinweis: Wir kennen nicht die Geräuschbelastung auf dem neu angelegten, offiziellen Stellplatz der Gemeinde, der sich noch entwickeln muss. Bislang kommt er eher nur für Notfälle in Betracht.

Tipp: Als Nachtplatz nach einem oder mehreren Badetagen empfehle ich den **Stellplatz von Aups** (Tour 9), etwa 22 km südlich, in einer lohnenden Kleinstadt.

Im **Restaurant *L'Escapade***, einem unserer Lieblingslokale der letzten Recherchereise, werden Ihnen zu wirklich anständigen Preisen üppige traditionelle, aber auch ambitionierte

Gerichte, darunter Trüffeln, serviert. Sie speisen garantiert in munterer Runde und trotzdem noch schlicht und bodenständig; entsprechend groß ist der Zulauf *(weshalb Sie im Hochsommer spätestens am Morgen, in der übrigen Zeit am späteren Nachmittag reservieren sollten; Tel. 04 94 70 20 36; Mai – Sept. keinen Ruhetag, sonst mittwochs und von Ende Okt. – Anfang März geschlossen; www.escapade-savoureuse.fr).*

Auch sonst wird in **Les Salles-sur-Verdon** (200 Einwohner), das sich ‚*Un des plus jeunes Villages de France*' (Eines der jüngsten Dörfer Frankreichs) nennt, gut gesorgt: Sie finden im Dorf mehrere Restaurants, eine Pizzeria, Zeitungen, einen gut sortierten Supermarkt und ein interessantes **Touristenbüro**.

Die dem Fortschritt geopferte Vergangenheit

Wenn man heute durch Les Salles-sur-Verdon spaziert, hält man die Ansiedlung für eine neuzeitliche, dem Tourismus geschuldete Idee und käme nicht auf den Gedanken, dass 400 m weiter, begraben von den Wassermassen des Stausees, ein historisches Dorf unwiederbringlich verschwunden ist, wo schon im 14. Jahrhundert 200 und Mitte des 19. Jahrhundert sogar rund 400 Menschen gelebt haben. Zu Beginn des 20. Jahrhunderts wurden hier eine Mühle und eine Ölmühle betrieben, noch nach dem Ersten Weltkrieg gab es drei Bäcker und um 1970 hat man jährlich

rund 4.000 t Trüffel aufgespürt. Aber die Landflucht hatte das Dorf zunehmend entvölkert, weshalb man bereit war, es dem Bedarf nach Trinkwasser und Elektrizität zu opfern.

Das alte Dorf wurde 1974 gesprengt. Einige Dorfbewohner haben bis zuletzt Widerstand geleistet und waren in ihren Häusern geblieben, obgleich dort bereits Wasser eingedrungen war. Die meisten Menschen wurden, gegen ihren Willen und schlecht entschädigt, umgesiedelt und mussten ihre historischen Häuser gegen Bauwerke tauschen, die man heute für Ferienwohnungen hält.

Von den alten Baulichkeiten hat man so gut wie nichts mitgenommen: Die Kirchturmuhr (sie hängt heute in der Touristeninformation), die Glocke, den Brunnen – und das Kriegerdenkmal. Die größten Schätze wurden dem Fortschritt geopfert: Die Fontaine L'Eveque, eine der ergiebigsten Karstquellen Europas (ähnlich der Fontaine de Vaucluse – siehe Teil 1), eine historische Mühle und eine Brücke, die mit neun Bögen den Verdon überspannt hat. Es wird zwar kontrovers diskutiert, ob es sich um eine römische Konstruktion gehandelt hat oder nur um eine Konstruktion aus dem 6. Jahrhundert, was aber unbedeutend ist, wenn man bedenkt, welche Kostbarkeit man sehenden Auges vernichtet hat. Heute würden die Bauwerke abgetragen und an anderer Stelle wieder errichtet und wären in einem touristisch aufbereiteten Park gegen Eintritt und zu Eis und Cola eine Attraktion.

Im Touristenbüro von Le Salles können Sie beim Betrachten historischer Fotos den Verlust der Brücke bedauern und den Gram der Alten nachempfinden, als die Häuser langsam im Wasser versunken sind.

Es wird dort aber auch die Funktion der Stromgewinnung an der Staumauer erklärt und die Notwendigkeit des Sees, von dessen Wasser 116 Gemeinden und mehrere große Städte, darunter Aix und Toulon, versorgt werden. Nehmen Sie mal Ihre Michelin-Karte zur Hand, und Sie werden am weiter westlichen See von Esparron (dieser Stausee wurde schon 1967 angelegt) den zumeist unterirdischen Canal de Provence abgehen sehen, der sich mehrfach verzweigt und für die Versorgung der Bevölkerung heute nicht mehr wegzudenken ist. Die Idee zu diesem Kanal stammt schon aus dem 16. Jahrhundert, und es gab auch mehrere kleine Vorläufer, ehe dann 1964 mit dem Bau der insgesamt 3.000 Kanalkilometer begonnen wurde.

Hoffen wir, dass in Les Salles, dem neuen, das erst allmählich etwas Patina ansetzt, wenigstens der Rest des kleinen Freiraums erhalten bleibt. Denn am Lac de Ste. Croix war die Entwicklung lange nicht zu Ende. Aus einsamen Bergdörfern waren schlagartig Badeorte geworden, die sich im ungewohnten Tourismusgeschehen erst noch orientieren mussten. Aber in den letzten Jahren scheint die Entwicklung erfreulicherweise zu stagnieren. Sieht man aber die Sache relativ und bedenkt man, dass dieser Badesee nicht nur im Herzen Europas, sondern auch direkt neben einer der größten Natursehenswürdigkeiten liegt, ist der Tourismusandrang, jedenfalls werktags, maßvoll und die Vermarktung der Landschaft noch sensationell gering. So kann man sogar Sympathie dafür aufbringen, dass nicht jeder Uferstreifen auch nachts für WOMOs freigegeben ist.

In **Bauduen** (310 Einwohner), einem einladenden Dorf, sind die Uhren nach 1972 zwar auch nicht stehen geblieben, aber hier verspüren Sie sogar im Hochsommer noch den Charme der Provinz. Das Dorf liegt etwas abseits am Anfang eines Seitenarms des Sees.

Bauduen - Blick von Platz 129

Genau gegenüber, am Rande der D 71, wohnen wir eine Nacht auf dem nett gelegenen Campingplatz *Le Vieux*

Chêne, wo man zwar nicht direkt am Wasser steht, wo aber immerhin das Gewässer bei einem relativ schönen Strand an das Gelände des Campingplatzes grenzt. Die Gebühren sind niedrig, und sogar in der Hochsaison gibt es noch Platz. Wer ein Fahrrad oder Boot hat, kann in Bauduen einkaufen, ohne das WOMO zu bewegen:

> **(129) WOMO-Campingplatz-Tipp: Bauduen**
> **(Le Vieux Chêne)**
> **GPS**: N 43°43'23" E 06°10'44"; Route du Barrage; **Ortszentrum**: 3 km.
> **Zeiten**: 1.4 bis 30.9; 12-14 Uhr Mittagspause.   **Tel**. 04 94 70 09 08.
> **Ausstattung**: Direkter Zugang zum 300 m entfernten Strand, Brotbestellung.
> **Zufahrt**: Fahren Sie von Bauduen auf der D 249 nach Süden, dann auf der D 71 noch etwa 800 m nach Westen.

Ste. Croix-du-Verdon

Ste. Croix-du-Verdon (150 Einwohner), nach dem der See seinen Namen hat, ist nicht größer als seine Nachbarn, es liegt nur etwas spektakulärer auf der Kuppe, es hat den schönsten Strand, einen astreinen Campingplatz und ein zweigeteiltes Stellplatzangebot. Der Reihe nach:

> **(130) Campingplatz-Tipp: Ste. Croix-du-Verdon**
> **(Municipal Les Roches)**
> **GPS**: N 43°45'39" E 06°09'11"; Route du Lac.   **Ortszentrum**: 0,7 km.
> **Zeiten**: 1.4.-30.9. Im Juli/August nachmittags oft belegt (vormittags anreisen). **Tel**. 04 92 77 78 99.
> **Ausstattung**: Vom Badestrand durch eine kleine, nachts völlig ruhige Straße getrennt, Gaststätte in der Nähe, Supermarkt im Ort (800 m), der Brotwagenverkäufer macht schlechte Geschäfte, er kommt nämlich schon um 7:30 Uhr.   **Zufahrt**: Fahren Sie von Ste. Croix zum See.

Ob Sie zwischen Tag- und Nacht-Stellplatz wechseln, hängt von der Saison ab. Sie werden es sicher nicht tun, wenn Sie auf dem Nachtplatz in der ersten Reihe stehen. Der Blick auf den See ist nämlich unübertrefflich, man gibt ihn nicht gerne auf (zu Fuß sind es 7 Minuten an den Strand). Zumindest sollten Sie sich im Hochsommer vor 11 Uhr auf dem Badeplatz und vor 17 Uhr auf dem Nachtplatz installiert haben. Auf beiden kann es danach eng werden:

WOMO-Stell- und Badeplätze: Ste. Croix

Platz 131 - Blick aus dem Fenster

(131) Tag und Nacht:
GPS: N 43°45'39" E 06°09'05";   Route du Lac;   **max. WOMOs**: 24.
Ausstattung/Lage: Ver- und Entsorgung, Toilette, Dusche, Mülleimer, Gaststätten, Geschäfte, Boules-Platz.
Zufahrt: Der Platz liegt an der Zufahrtsstraße von Ste. Croix zum See (beschildert). **Parkgebühr**: 6 €/Nacht, offiziell sind nur 2 Nächte am Stück erlaubt, was man aber nicht so eng sieht.
Hinweise: In der Saison oft schon am Nachmittag belegt, Sie können dann nach Riez oder Allemagne - siehe unten – ausweichen. Es wurde eine Schranke montiert, und ich weiß nicht. ob Sie ohne erneuten Obolus abends wieder einfahren können, wenn Sie den Platz morgens in Richtung Strand verlassen haben.

(132) Zum Baden (8-20 Uhr):
GPS: N 43°45'37" E 06°09'13";   Route du Lac;   **max. WOMOs**: >5.
Ausstattung/Lage: Ver- und Entsorgung, Toilette, Mülleimer, Picknicktische, Snack, direkt am schönen Badestrand.
Zufahrt: Fahren Sie erst am Nachtplatz, dann am Campingplatz vorbei bis zum See; Wenn Sie noch ein paar hundert Meter nach links vorstoßen, gelangen Sie zu außerhalb der Hochsaison einsamen Strandbuchten.

Verdon, die 2te

in Ste. Croix

In Ste. Croix darf ich Ihnen allein schon wegen der phantastischen Sicht das **Restaurant *L'Olivier*** empfehlen. Die Küche gab keinen Anlass zum Meckern. Von allen Plätzen ist es bequem per pedes zu erreichen.

Unsere Tour, die keine Rundreise ist, verzweigt sich nun. Den nordwestlichen Teil des Verdon und alles, was nördlich

in Riez

davon liegt und noch zur Provence gehört, werden Sie am Ende und bei der nächsten Tour kennen lernen, während wir nun zunächst dem Verdon bis zur Mündung in die Durance folgen. Dabei erreichen wir, 10 km vom Lac de Ste. Croix entfernt, das Provinzstädtchen **Riez** (1.700 Einwohner), das nicht nur reichlich südfranzösischen Landcharme besitzt, sondern überdies vier **römische** (korinthische) **Säulen** eines ehemaligen Apollo-Tempels, weshalb sich die Stadt Riez-la-Romaine nennt. Das

römische Säulen bei Riez

muss man ihr zubilligen, war sie nämlich in römischer Zeit mit 20.000 Einwohnern eine Großstadt, eine der größten in der *Provincia*. Haben Sie keine Angst vor antiken Trümmern, die Sache ist schnell erledigt, denn die Dinger stehen einfach in der Landschaft; wenn man von Westen kommt, am Ortseingang gleich links.

Dort kann man dann daneben das **Baptisterium** gleich mitbesichtigen. Der untere Teil der Anfang des vorigen Jahrhunderts restaurierten Taufkapelle stammt aus dem 5. oder 6. Jahrhundert, weshalb das Taufhaus als einer der ältesten Sakralbauten Frankreichs gilt und wirklich interessant ist, wenngleich ich bislang nur durch ein verschlossenes Gitter spähen durfte. Die ganze Anlage soll schon seit Jahren touristisch aufgemotzt werden, bislang hat sich aber nichts getan, und der große Stellplatz am Bach, in der Nähe der Säulen, steht weiterhin zur Verfügung. Sie werden ihn schätzen, wenn Sie in Ste. Croix keinen Platz mehr bekommen haben:

(133) WOMO-Stellplatz: Riez

GPS: N 43°48'58"
E 06°05'21";
max. WOMOs: >5.
Ausstattung/Lage: Ver- und Entsorgung, Toilette (alles gegenüber auf dem offiziellen Stellplatz in der Ecke des Großparkplatzes - GPS: N 43°48'58" E 06°05'30"), Gaststätten, Geschäfte.
Zufahrt: Der große Parkplatz liegt am Südwestrand von Riez unterhalb der D 952 zwischen Kreisverkehr und Innenstadt sowie zwischen Taufkapelle und Säulen.
Hinweise: An der Zufahrt befindet sich eine offene Barriere; zeitweise staubig.

Der **offizielle Platz** liegt ganz in der Nähe: gegenüber beim Kreisverkehr an der Straße nach Ste. Croix.

Von Riez sind es 8 km nach *Deutschland* – jedenfalls wenn man den Namen des nächsten Dorfes wörtlich übersetzt. Das heißt nämlich **Allemagne**, wobei das Wort wahrscheinlich auf das lateinische *ara magna* (*großer Altar*) zurückzuführen ist. Noch vor 200 Jahren hieß das Dorf Aramagno. Trotzdem war den Allemagnern ihr Ortsname, vor allem im zweiten Weltkrieg, nicht geheuer, so dass sie seit den frühen 50ern mit dem Zusatz *en Provence* alles klarstellen dürfen. In der Ortsmitte fährt man an einem fast verwunschenen, jedenfalls sehr französisch anmutenden **Renaissance-Schlösschen** vorbei (*sehenswerter Kamin; Führungen 1 Stunde, Juli bis Mitte Sept. außer montags täglich um 16 und 17 Uhr, Ostern bis 2.11. nur am Wochenende und Feiertagen; 6 €*). Davor liegt unter Bäumen ein geräumiger Parkplatz:

(134) WOMO-Picknickplatz: Allemagne-en-Provence

GPS: N 43°46'58"
E 06°00'26";
Place Verdun;
max. WOMOs: >5.
Ausstattung/Lage: Toilette, Wasser, Bänke und Tische, Mülleimer, Gaststätte, Geschäft, Spielplatz / im Ort.
Zufahrt: Der Platz liegt im Dorf seitlich der D 952 beim Schloss; gut stehen Sie hinter der Toilette.

Wenn Sie von Anfang Juli bis Anfang August, der Hauptblütezeit des Lavendel, unterwegs sind, werden Sie merken, dass die Straße, auf der Sie gerade fahren, ihrem Namen alle Ehre macht. Es ist die **Route de Lavande (Lavendelstraße)**, die von Carpentras über Sault, Manosque und Gréoux an Allemagne und Riez vorbei bis nach Castellane und zur Route Napoléon führt. Traktoren ziehen dann mit Blüten beladene Anhänger zu den kleinen Destillerien, die man zumeist deutlich riecht und an langen schmalen Schornsteinen erkennt. Fast noch mehr als bei Sault (Teil 1) prägen hier die langen, schnurgeraden Lavendelreihen auf den Feldern die Landschaft.

Besonders sticht dies auf dem **Plateau von Valensole** ins Auge, weshalb Sie, wenn Sie Zeit haben, die Fahrt von Allemagne nach Riez über Valensole ausdehnen sollten. Nirgendwo besser, als auf dem Plateau von Valensole, findet man eine provenzalische Landschaft mit so viel Weite – und so viel Lavendel. Die ausgedehntesten Felder, die Sie ohne anstrengende Umwege erreichen, liegen auf den ersten 5 km an der Straße von Valensole nach Manosque, der D 6 (große Felder treffen Sie auch zwischen Quinson und Ste. Croix an). Nur wenige Wälder stehen den Blicken im Weg.

Lavendelanbau in der Provence

Die Bäume wurden erst zwischen den 20er und 50er Jahren des letzten Jahrhunderts abgeholzt, als das Geschäft mit dem Lavendel immer mehr zunahm. Erstaunlicherweise ist nämlich der Lavendelanbau in der Provence noch recht jung. Er entwickelte sich erst zu Beginn des 19. Jahrhunderts, nachdem viele Bauern in die Städte gezogen waren, was dazu führte, dass immer

mehr Felder brach lagen. Auf dem Ödland gedieh wilder Lavendel erstaunlich gut, weshalb die Anwohner, angeregt durch die Duftmittelnachfrage aus Grasse, auf die Idee kamen, die Pflanze nun kultiviert anzubauen, zunächst im Nebenerwerb und dann in großen Plantagen, auf denen auch heute noch der blaue Lavendel blüht, mit dem man so sehr die Provence in Verbindung bringt.

Verdon, die 2te 225

Dabei müsste ich, wenn vom Verkaufsprodukt die Rede ist, eher über den *Lavandin* schreiben, einer deutlich ertragreicheren Kreuzung zwischen dem Echten Lavendel und dem so genannten Großen Speick. Die meisten Reihen auf den Feldern bestehen inzwischen aus *Lavandin*, diesem Zuchtlavendel. Angeblich ist sein Aroma intensiver als das des echten *Lavande*, den es natürlich auch noch gibt, und dessen Lavendelöl sogar erheblich teurer ist. Denn 100 Kilo Lavendel ergeben etwa 1 Kilo Essenz, während *Lavandin* dreimal so viel hergibt. Ihn nimmt man auch eher fürs Grobe, für Lavendelsäckchen, für Seife oder gegen die Motten. Die Parfumindustrie hingegen greift zum *Lavande*, der in größeren Höhen zwischen 500 m und 800 m wächst; der gekreuzte Bruder gedeiht schon ab 400 m.

Halten Sie mal an einem der Verkaufsstände seitlich der Straße an und testen Sie selbst! Ihnen wird dann auch eine *Appellation Contrôlée* von der *Essence de la lavande de Haute-Provence*

angeboten. Das ist natürlich kein Lavendelbenzin, sondern Lavendelöl, dessen Herkunftsbezeichnung aus der Haute-Provence gesetzlich geschützt ist. Der Wein erhielt in Frankreich als Erster eine *Appellation Contrôlée* (siehe Teil 1), verschiedene Schnäpse und der Käse durften folgen und seit 1981 auch der Lavendel. Aber nur, wenn er wirklich von hier kommt, und wenn der Erzeuger bestimmte Herstellungsvorschriften einhält. Dazu gehört die richtige Destillation, der man am Straßenrand und auch in den Ortschaften zusehen kann: Die getrockneten Blütenzweige werden in einen großen Kessel gestopft, der sodann im Wasserdampf erhitzt wird. Dadurch löst sich das in den Blüten enthaltene Lavendelöl, das danach in Glasballons fließt, wenn es bei der Abkühlung kondensiert.

Falls Sie sich mit Lavendel eindecken, sollten Sie sich auf Lavendelextrakte in kleinen Fläschchen beschränken. Die angebotenen Zweige hingegen verlieren schnell die Farbe und noch schneller das Aroma. Aber kein Produkt lässt sich in der Provence ähnlich gut vermarkten, ganz gleich, ob eingenäht in Säckchen oder farblich getürkt auf Postkarten und Kalendern.

Wer Lavendel betrachten möchte, bekommt von Mitte Juli bis Anfang August die beste Gelegenheit, also gerade in der Zeit, in der wir von einer Reise ins Zielgebiet abraten. Ich habe den Eindruck, dass der Lavendel in den letzten Jahren immer früher geerntet worden ist und war wegen unserer späten Ferien schon länger nicht mehr zur rechten Zeit vor Ort. Ich habe übrigens auch das Gefühl, dass die Lavendelfelder wieder weniger werden.

Wälder findet man heute nur noch am Übergang von den Tälern zur Hochebene und, in junger Form, wo sie wieder aufgeforstet wurden. Das Plateau de Valensole war – und ist es noch – ein Trüffelgebiet. Der edle Pilz hat in den Zeiten der *Nouvelle Cuisine* eine Renaissance erlebt. Eine Trüffel kann aber nur unterirdisch an den Wurzeln einiger Bäume, vornehmlich Eichen, wachsen. Bis zu 1.000 Euro erzielt man für ein Kilo. Da ist Großmutters Parfum-Stoff, der Lavendel, schon weniger gewinnträchtig. Den kann man aber leichter ernten, man benutzt heutzutage Maschinen, während man Trüffeln nur mühsam und mit speziell abgerichteten Hunden aufspüren kann. Ich gebe zu, der Vergleich hinkt, aber in der Gegend um Riez hat nun mal die Trüffel mit dem Lavendel zu tun.

Zum nächsten, intensiven Verdon-Kontakt kommt es am **See von Esparron**, den ältere Einheimische noch *Retenue de Gréoux* nennen, womit dann auch gesagt ist, dass es sich um das Rückhaltebecken von Gréoux, also um einen Stausee, handelt.

Am Ortsschild des nahen **Gréoux-les-Baines** (2.450 Einwohner) werden Sie nicht ganz so sehr wie ich staunen (oder rätseln, was ich damit meine), und wenn Sie im schattigen Kurpark wandeln, kommen Ihnen Fürsten und Russen des vorletzten Jahrhunderts in den Sinn – dabei täuschen Sie sich gewaltig. Der Badebetrieb wurde nämlich erst um 1960 wieder aufgenommen, obwohl schon die Römer

Verdon, die 2te 227

Gréoux-les-Bains

in den warmen Schwefelquellen (42 Grad) ihr Rheumaleiden gelindert haben. Hoch über dem mit mehreren größeren Hotels und einer Badeanstalt bestückten neueren Ortsteil liegt das alte Gréoux am Hang, wo Sie über schöne Treppen zu einer ehemaligen Tempelritterburg aufsteigen. Entsprechend hoch ist der Lavendelsäckchenfaktor! Trotzdem finden Sie selten einen besseren Ort für das 17-Uhr-Bier als unter den sogar im September noch grünen Kastanien der *Brasserie* am Rand der Altstadt.

Ebenso erfreulich ist das Preis-Leistungsverhältnis im modern eingerichteten **Restaurant** des **Hotels Les Alps**. Das ist ein echter Geheimtipp, weil man ein solch empfehlenswertes Lokal hinter der biederen Eingangstür, an der jedwede Werbung französischer Restaurantführer fehlt, nicht erwartet oder zumindest deutlich höhere Preise befürchtet *(kein Ruhetag; Tel. 04 92 74 24 24)*.

Vom offiziellen Stellplatz ist alles gut zu Fuß zu erreichen, und man muss das Engagement der Stadt für diesen Platz loben, wo wir, obgleich es erst 15:30 Uhr ist, den zweitletzten

das beliebteste Souvenir - Lavendelsäckchen

Platz ergattern – und damit das Durchschnittsalter der dortigen Gäste drastisch senken:

(135) WOMO-Stellplatz: Gréoux-les-Baines (Stadt)

GPS: N 43°45'19"
E 05°53'22";
Chemin de la Barque;
max. WOMOs: > 30.
Ausstattung/Lage: Ver- und Entsorgung, Toilette, kostenloser Strom, Geschäfte und Gaststätten in der Nähe, etwa 200 m oberhalb des aufgestauten Verdons / im Ort.
Zufahrt: Der Stellplatz liegt zwischen Kuranstalt und altem Ortsteil und ist mit *Aire-de-Camping-Car* (teilweise schlecht) beschildert. **Übernachtungspreis**: 7 €/24 Std.
Die **Bedienung des Parkautomaten** ist eine Wissenschaft für sich: Fahren Sie beim Verlassen des Platzes erst bis zu einer bestimmten Stelle kurz vor der Ausfahrt, wo sich ein Kästchen mit Kartenschlitz befindet. Steigen Sie dort aus und gehen Sie zu dem an der nahen Hauswand angebrachten Parkscheinautomaten. Dort führen Sie den Parkschein ein und bezahlen, was mit der VISA-Karte, aber auch mit Bargeld funktioniert. Bei der Bedienung des Parkscheintomaten werden Sie aufgefordert, eine ‚*OK*'-Taste zu drücken, die Sie am Automaten lange, aber vergeblich suchen und erst nach Aufbringung größtmöglicher Konzentration auf der Zifferntastatur als ‚*V*' identifizieren. Nach diesem mentalen Kraftakt eilen Sie ins Fahrzeug zurück und stecken den bei der Bezahlung entwerteten Parkschein in den Schlitz des Kästchens, an dem Ihr WOMO steht. Erleichtert fahren Sie nun endlich auf zwei Schranken zu, die sich erstaunlicherweise ohne weiteres Zutun öffnen.

Die Aufenthaltsdauer auf diesem schönen Stellplatz ist nicht, wie sonst häufig, auf 48 Stunden begrenzt, sondern auf 30 Tage. Eine Badekur braucht eben ihre Zeit. Ich habe den Eindruck, die Hochsaison beginnt hier erst im September. Entsprechend großzügig ist man gegenüber Best-Age-Kunden. WOMOS dürfen auf fast allen Parkplätzen der Kleinstadt stehen, weil der offizielle Stellplatz die Nachfrage bei weitem nicht deckt.

Erstaunlicherweise darf man sogar auf der anderen Seite des Verdon ans Ufer fahren und sucht dort vergeblich nach Verbotsschildern:

(136) WOMO-Stellplatz: Gréoux-les-Baines (Verdon)

GPS: N 43°45'12"
E 05°53'21";
max. WOMOs:>5.
Ausstattung/Lage: Gaststätten und Geschäft im zu Fuß noch erreichbaren Ort; der Stellplatz liegt unter Bäumen direkt am Ufer des Verdon, der hier etwas aufgestaut ist;

> Badebetrieb habe ich nicht beobachtet, das Ufer scheint nicht badetauglich zu sein; aber der Blick über das breite Wasser ist sehr angenehm / außerorts, einsam.
> **Zufahrt**: Fahren Sie in Gréoux in Richtung Campingplätze und überqueren Sie den Verdon. <u>Direkt</u> nach der Brücke fahren Sie rechts auf einem Weg hinunter ans Ufer.
>
> Fährt man nach der Brücke auf der Straße rechts, gelangt man zu zwei **Campingplätzen**, von denen man abends nicht mehr zu Fuß in den Ort gehen kann. Dafür besser geeignet ist der Campingplatz, der nach der Brücke links liegt, weil dort der Weg beleuchtet ist.

Das Gegenteil zum lebhaften Badeort ist der nahe **Stausee**, der als der landschaftlich schönste der Verdon-Seen gilt (ich persönlich finde den Lac de Castillon schöner, wenngleich für einen Urlaub weniger geeignet).

Lac d'Esparron

Nur hat auch er den Nachteil der anderen Seen - und praktisch aller Stauseen, dass die Ufer zum größten Teil steil und mit dem Auto unerreichbar sind. Ein Stausee wird nämlich meist so angelegt, dass man ihn mit einfachen Mitteln, also mit einer vergleichsweise kurzen Mauer, aufstauen kann. Dazu bedarf es aber eines Tals, das von natürlicher, steil abfallender Berglandschaft eingegrenzt ist. Wer über Südfrankreich reale Vorstellungen besitzt, kann sich denken, dass die wenigen zugänglichen Stellen eines solchen Sees häufig touristisch aufbereitet sind. Und die Landschaft ist übersichtlicher geworden, nachdem im Jahr 2006 ein riesiger Bereich westlich von Esparron abgebrannt ist; Wald gibt es im westlichen Teil nicht mehr.

Das schön gelegene **Esparron-de-Verdon** (430 Einwohner) war davon nicht betroffen (Achtung: manche Navigationsgeräte oder Ihre Unachtsamkeit schicken Sie leicht ins – falsche – Esparron-*de-Provence*; das liegt bei Rians, also weiter südlich). Im eigentlichen Dorf wohnen allerhöchstens

Esparron - Château

200 Einwohner, es gibt nur ein kleines Hotel und einen Campingplatz. Am Abend sind nur noch zwei Kneipen offen. Und trotzdem hat man keine Kosten für ein WOMO-Verbotsschild am Seeparkplatz im Ort gescheut.

Statt dessen ist der schattige Campingplatz am Hang direkt über dem See empfehlenswert, mit stellenweise schönem Blick und freundlichem Verwalter. Hier könnte ich einen ganzen Urlaub verbringen, weshalb Sie ausnahmsweise auch mal eine Reservierung ins Auge fassen sollten:

> **(137) WOMO-Campingplatz-Tipp: Esparron-de-Verdon (Camping le Soleil)**
> **GPS**: N 43°44'05" E 05°58'11"; **Ortszentrum**: 1,2 km.
> **Zeiten**: *15.3.-30.9.*; in der Hochsaison vormittags anreisen.
> **Tel.:** *04 92 77 13 78*; *www. campinglesoleil.net*
> **Ausstattung**: Direkt am See mit hier sehr angenehmem, weichem Wasser, Laden, Restaurant, Bootsvermietung. **Hinweis**: Keine Hunde.
> **Zufahrt**: Südlich von Esparron von der D 82 abbiegen (beschildert).

Es gibt am See von Esparron noch zwei weitere Campingplätze: Der erste, westlichste ist ein fern jeder Ortschaft verstecktes Naturistencamp, das einige Kilometer vor Esparron abseits der Straße am See liegt (spärlicher Wegweiser zum ‚INF'). Angeblich darf jeder dort hin, ist er nur nackt. Wir haben zwar den gut befahrbaren Weg getestet, sonst aber nichts. Im Gegensatz zu einem Campingplatz, 2 km vor Esparron *(Camping du Lac)*, der in der Nähe des Sees liegt, aber nicht unmittelbar an diesen grenzt und daher nur zweite Wahl sein dürfte (der Platz war nach dem Waldbrand geschlossen, ich bin nicht ganz sicher, ob er wieder offen ist; Tel. 04 92 77 16 12). Ein einsames freies Plätzchen möchte ich noch verraten, wenn Sie mir versprechen umzukehren, falls schon mehr als drei andere Wohnmobile dort sind. Dann dürfen Sie am Campingplatz Le Soleil vorbeifahren. Der Lohn der Mühe ist ein nettes Plätzchen am Wegesrand und direkt am See, aber einsam und in einem feuergefährdeten Wald. Für die Legalität dieses Tipps übernehmen wir, wie immer keine, hier gar keine, Gewähr. Auf jeden Fall können Sie hier wunderbar einen Badetag verbringen (siehe auch Foto S. 227):

(138) WOMO-Badeplatz: Esparron-de-Verdon

GPS: N 43°43'47"
E 05°57'58";
max. WOMOs: 2-3.
Ausstattung/Lage: Mülleimer, Badestelle (der beste Einstieg ist am Ende des Weges), Wasser (am Brunnen hinter dem Schloss), im Sommer Bootsvermietung / außerorts, sehr einsam.

Zufahrt: Fahren Sie zunächst wie zum Campingplatz *Le Soleil*; der Weg wird dann etwas schmaler und nach etwa 800 m hört sogar der Asphalt auf; fahren Sie noch 150 m weiter und halten Sie an, wo Sie noch wenden können und erkunden Sie die letzten 150 m zu Fuß. Um nachtfertig zu stehen, sollten Sie unbedingt vorher gewendet haben, was am Ende diese Weges, direkt am Wasser, kein Problem ist, wenn die für die Feuerwehr reservierte Fläche nicht zugeparkt ist.
Hinweis: Der Bereich ist am Wochenende oder in der Hochsaison tagsüber oftmals zugeparkt, weshalb in der Hochsaison sogar das Wenden schwierig sein kann (in solchen Zeiten erst zu Fuß erkunden); für WOMOs über 7,50 m auf keinen Fall geeignet. Es sind leistungsfähige Keile erforderlich. Offiziell ist das wilde Camping verboten. Größte Vorsicht bei Waldbrandgefahr, das ganze Jahr auf keinen Fall grillen!!

Sowohl am Stellplatz wie auch auf dem Campingplatz oder im Ort können Sie sogar elektrisch betriebene Boote (diese nur im Dorf) mieten. Wir empfehlen trotzdem die klassische **Kanutour** durch die Schlucht flussaufwärts, die **Basses Gorges du Verdon**. Sie ist ein unvergessliches Erlebnis (das ich der Elektrotour auf gleicher Strecke nicht absprechen möchte). Mit sehr viel Kondition schaffen Sie es bis nach Quinson – heimwärts geht es wegen der Strömung etwas schneller. Wenn Sie unterwegs mal anlegen und am linken Flussufer ein paar Meter hochklettern, stehen Sie im ehemaligen Kanal, der schon im 19. Jahrhundert Aix-en-Provence mit Trinkwasser versorgt hat, durch den auch Teile eines bei **Quinson** beginnenden Wanderweges führen, eines der schönsten in der Provence:

Durch die Basses Gorges du Verdon

Vorab muss ich etwas klarstellen: Der Weg ist unlängst auf einem kurzen Stück am Beginn meiner Route direkt oberhalb des Wassers abgebrochen, weshalb die Route aus Rechtsgründen offiziell gesperrt worden ist. Leser sind an der abgerutschten Stelle erfolgreich vorbei balanciert, weshalb ich die ansonsten sehr lohnende Wanderempfehlung vorerst nicht streiche. Bitte berichten Sie mir von der neueren Entwicklung.

Die Wanderung durch die **Basses Gorges du Verdon** kann zwar mit dem in Tour 10 beschriebenen *Sentier Martel* nicht konkurrieren, aber sie ist kaum weniger eindrucksvoll, dafür leichter und kürzer. In den Weg steigen Sie südlich der Verdon-Brücke, südlich von **Quinson** an der D 13, ein (Schild: *Ste. Maxime par les Gorges*). Der gelb markierte Pfad führt teilweise durch den oben erwähnten **Ancien Canal du Verdon**, meistens aber an seinem Rand. Ab und an gaukelt ein verrottetes Eisengeländer

Schutz vor. Festhalten sollten Sie sich daran allerdings nicht. Die Strecke ist, von dem abgerutschten Teil abgesehen, trotzdem nicht problematisch. Sogar mein sonst eher Schwindel anfälliger Wanderbegleiter Reinhard Korn, den Sie von vielen Fotos kennen, konnte den Weg klaglos bewältigen. Achtung, bleiben Sie bei der ersten beschilderten Abzweigung (bei einer Brücke über den Kanal – möglicherweise ist hier oder später der Weg ebenfalls aus Haftungsgründen gesperrt, wahrscheinlich kann man trotzdem auf eigene Verantwortung weiter gehen) auf dem Kanalniveau bis zu einem 150 m langen Tunnel (Taschenlampe !). 5 Minuten vor der Tunnelröhre ist man kurz irritiert, weil der Pfad an der Kanalmauer endet. Sie haben dann 50 m vorher eine Abzweigung nach links verpasst.

Nach dem Tunnel windet sich der Weg vom Verdon weg, um nach kurzem, steilen Anstieg die Kappelle Ste. Maxime zu erreichen. Bald danach stoßen Sie auf den rot-weiß markierten GR, der Sie nach insgesamt 3 Stunden an den Ausgangspunkt zurück bringt. Mit der Karte 3343 OT ist die Orientierung nicht schwierig, ich würde aber nicht ohne Karte losgehen. Die Wanderung beschert Ihnen wegen des Schattens und gelegentlicher (kalter) Badeplätze auch im Hochsommer ein großes Vergnügen.

In der Nähe des Ausgangspunktes liegt auch ein Stellplatz, dessen schönere Brüder nahe beim Wasser leider den Schildertod erlitten haben:

(139) WOMO-Wanderparkplatz: Quinson

GPS: N 43°41'50" E 06°02'18"; . **max. WOMOs**: > 5.
Ausstattung/Lage: Ver- und Entsorgung, Toilette, Gaststätte (das Restaurant *Relais Notre-Dame* wirkt einladend), Bäckerei in der Nähe, Badestelle (in der Nähe, kaltes Wasser - Ende August 16°, weil die nahe, oberhalb gebaute Staumauer das tiefe, also kalte Wasser durchlässt), Bootsvermietung (wo die Kanus weniger kosten als in Esparron), Wanderweg / außerorts, nicht einsam.
Zufahrt: Biegen Sie südlich von Quinson auf den beschilderten **Museumsparkplatz** ab.
Hinweise: Das eigentliche Dorf ist für WOMOs gesperrt. Hinter dem Parkplatz gibt es einen **Campingplatz**.
Wenn man sofort südlich der Brücke von der D 13 auf einen Zufahrtsweg abgebogen ist, darf man vor der **Bootsvermietung** nicht mehr stehen; aber möglicherweise kann man nach einem kleinen Lokal nach rechts in die einsame Pampa fahren.

Quinson (350 Einwohner) ist erstaunlich ruhig und provinziell geblieben, auch wenn hier im Jahr 2001 das **Prähistorische Museum** eröffnet worden ist, ein 25 Mio. teures Vorzeigeob-

Quinson - Prähistorisches Museum

in Quinson

jekt, das größte Museum der Vorgeschichte in Europa. Der Architekt des kargen, aber beeindruckenden Bauwerkes war Norman Forster, der auch den Umbau des Berliner Reichstages und die Brücke von Millau geplant hat. Leider wurde keine entsprechende Kapazität für die Multimediadarstellungen beauftragt. So leiden die im Grunde gut gemachten und realistischen Inszenierungen an mangelhafter Tontechnik. Hervorragend ist der dreidimensionale virtuelle Nachbau der nahen, am Verdon gelegenen Grotte *Baume Bonne*. Das Museum bietet einen lehrreichen und auch für Kinder einigermaßen kurzweiligen Einblick in die menschliche Frühgeschichte, es ist fast noch ein Geheimtipp *(10-18 oder 19, im Juli/August bis 20 Uhr, außer im Juli/August und in den franz. Osterferien dienstags geschlossen; 7 €; im Preis enthalten ist der Besuch eines nahen, nachgebauten prähistorischen Dorfes).*

Sie machen nun einen großen Sprung, denn inzwischen haben Sie gelernt, dass Sie am Verdon Ihre gesamten Ferien verbringen können. Es liegt daher auf der Hand, auch den Oberlauf kennen zu lernen, zumal mann diesen Teil der Provence, in dem die hohen Berge schon unerwartet nahe kommen, gut mit der Heim- oder Hinreise verbinden kann (siehe *Anreise*). Östlich der Schlucht dürfen Sie sich sogar vom Verdon in den Schlaf rauschen lassen. Entweder auf einem von mehreren

Campingplätzen westlich von **Castellane**. Oder, man glaubt es kaum, frei direkt am Flussufer:

> ### (140) WOMO-Stellplatz: Castellane
> **GPS**: N 43°50'46" E 06°30'53"; Quartier de la paix; **max. WOMOs**: >5.
> **Ausstattung/Lage**: Ver- und Entsorgung, (Toiletten waren 2010 scheinbar im Bau), Mülleimer, Gaststätten, Geschäfte, Schwimmbad, Wanderwege / im Ort.
> **Zufahrt**: Fahren Sie in Castellane auf der Hauptstraße in Richtung ‚Cannes, Nice' durch den Ort; am östlichen Ende des Städtchens kommen Sie an eine Brücke, die über den Verdon führt; biegen Sie westlich der Brücke zum deutlich beschilderten offiziellen Stellplatz- ab. **Parkgebühr**: 6 €/24 Std., offiziell sind nur 2 Nächte am Stück erlaubt; die Barriere hebt sich, wenn Sie bezahlt haben. **Hinweise**: Der Platz ist oft gut besucht, und man steht sehr eng. Bisweilen findet man auch gar keine Lücke mehr. Es bietet sich dann der **Campingplatz Frédéric Mistral** an. Der liegt an der Straße nach Moustiers so gut wie im Ort und ist mit 18 € pro Nacht für zwei Personen auch noch bezahlbar.

Wer ohne Animation nicht urlauben kann (oder das Remmidemmi seinen Kindern versprochen hat), aber mit etwas Mühe noch zu Fuß nach Castellane gelangen will, findet flussaufwärts eine gute Möglichkeit. Der Verdon ist zum Baden zwar zu flach, aber an seinem Rand urlauben Sie schöner als in Castellane. Schlagen Sie Ihr Lager nicht unter den Campingplatz-Pappeln auf. Sie sehen dort nichts von der herrlichen Umwelt und kommen sich vor wie in Burgund, an der Loire oder wie auf jedem beliebigen anderen Zeltplatz, auf dem Pappeln Schatten spenden, weil sie so schnell wachsen:

> ### (141) WOMO-Campingplatz: Castellane (Camp du Verdon)
> **GPS**: N 43°50'22" E 06°29'38"; an der D 952. **Ortszentrum**: 1,2 km, separater Weg in den Ort, auf dem man gut radeln kann.
> **Zeiten**: 15.5.-15.9., auch im Hochsommer ohne Voranmeldung.
> **Ausstattung**: Für Kinder ideal, Schwimmbad mit zwei Becken und großer Rutsche, Laden, Restaurant, Animation, ziemlicher Rummel, aber einige schöne Parzellen am Fluss (unser Foto).
> **Zufahrt**: Der Platz liegt an der D 952 etwa 1,4 km westlich von Castellane.

Castellane ist mit seinen 1.400 Einwohnern im Grunde ein Dorf, es wirkt jedoch, besonders mittwochs und samstags, wenn Markt ist, wie eine Stadt, weshalb das Gedränge nicht so stört. Obwohl sich alles um den Tourismus dreht: Es gibt jede Menge Lokale, Andenkenläden und Reisebüros. Dort kann man die sportliche Seite der Verdon-Vermarktung kennenlernen: *Rafting, Cano-Raft, Hydrospeed, Aqua-Rando, Air-Boat, Canyoning*. An den Wänden dieser Büros hängen große Plakate, auf denen neonbunt gekleidete, sonnengebräunte Menschen Beschäftigungen nachgehen, von denen mir ein Teil bis dahin unbekannt war und die nur möglich sind, wenn die Schleuse oberhalb von Castellane für einen knappen Tag genügend Wasser durchlässt. Nur dann ist nämlich im Sommer der Fluss für die meisten Unterfangen tief genug. Es gibt keine zeitliche Gesetzmäßigkeit, die Vermarkter kennen aber die Zeiten etwa eine Woche vorher – und verraten sie Ihnen, wenn Sie Interesse für eine Rafting-Tour heucheln, in Wirklichkeit aber nur wissen möchten, wann Sie Ihr privates Kanu ins Wasser lassen können.

Wir fordern lieber die Köche im besten **Restaurant** des Ortes heraus: Im **Nouvel Hôtel du Commerce** (*Tel. 04 92 83 61 00; dienstags und mittwochs mittags geschlossen*) wird immer noch ein gutes und bezahlbares Essen serviert, das ich Ihnen aber nur im schönen Garten nahe dem Stellplatz empfehlen kann; im Speiseraum herrscht eher Endzeitstimmung.

Von einer kleinen sportlichen Leistung darf ich doch noch berichten, vom Fußweg hinauf auf den **Aussichtsfelsen Not-**

Castellane - Blick vom Aussichtsfelsen (Stellplatz 140 beim Pfeil)

re **Dame du Roc**. Es lohnt sich, der Weg beginnt links neben der Kirche, am oberen Ende des länglichen Platzes, an dem vorne rechts die Post und daneben das *Nouvel Hôtel du Commerce* liegen. Er dauert mit Rückweg eine Stunde und belohnt Sie mit einem phantastischen Blick auf den Ort, dessen mittelalterliche Befestigung, die Reste des **römischen Petra Castellana** und die umliegenden Berge.

Von Castellane ist es nicht mehr weit zum nördlichsten und ältesten (1947) der drei großen Stauseen, zum **Lac de Castillon**. Es gibt mehrere Stellen, an denen Sie in die auch im Sommer kühlen Fluten steigen dürfen:

WOMO-Stell- und Badeplätze: Lac de Castillon

(142) Zum Baden **(8-18 Uhr - Le Cheiron):**
GPS: N 43°52'26" E 06°30'52";
max. WOMOs: > 5.
Ausstattung: Mülleimer, Kiosk, Badestelle, Bootsvermietung, Nachtparkverbot.
Zufahrt: Sie sehen seitlich der D 955 ein geräumiges, an den See grenzendes Gelände.

(143) Tag und Nacht **(St. Julien):**
GPS: N 43°54'53" E 06°32'32"; an der N 202; **max. WOMOs**: > 5. **Ausstattung/Lage**: Mülleimer, Gaststätte, Spielplatz, Wasser (am Restaurant vorbei auf einem weiteren Parkplatz).
Zufahrt: Der Platz liegt seitlich der N 202 vor dem Dorf.

(144) Zum Baden und Schlafen **(N 202):**
GPS: N 43°56'39" E 06°30'59"; an der N 202;
max. WOMOs: > 5.
Ausstattung/Lage: Mülleimer, Kiosk, Badestelle mit Strand, direkt an der Straße, idealer Badeplatz, für die Nacht, jedoch nicht

beschaulich / außerorts, stark besucht.
Zufahrt: Der Platz liegt seitlich der N 202 wenige Kilometer südlich von St. André.

(145) Tag und Nacht **(St. André-les-Alpes – offiziell):**
GPS: N 43°57'55" E 06°30'26"; Grande Rue; **max. WOMOs**: > 5.
Ausstattung/Lage: Ver- und Entsorgung, Mülleimer, Gaststätten und Geschäfte in der Nähe, steriler, aber offizieller Stellplatz.
Zufahrt: Biegen Sie im südlichen Teil von St. André bei der Beschilderung von der N 202 ab, der Platz liegt dann bald links.

> **(146) Tag und Nacht (St. André-les-Alpes – neben Wiese):**
> **GPS**: N 43°57'32" E 06°30'39"; Chemin des Iscles; **max. WOMOs**: > 5.
> **Ausstattung / Lage**: Schöne Umgebung, Baden wegen des Schilfs nicht möglich / Ortsrand.
> **Zufahrt**: Biegen Sie südlich von St. André beim Campingplatzwegweiser von der N 202 ab, Richtung Camping, aber *rechts* am Sportplatz vorbei bis auf eine Betonfläche vor einer geräumigen Wiese nördlich des Sees, wo die Gleitschirmflieger landen.
> **Hinweis**: Vor nicht langer Zeit war die Wiese oftmals vorübergehend gesperrt, wenn dort Gleitschirmflieger gelandet sind. Das Verbotsschild war beweglich. Ob es nun dauerhaft angebracht ist, weiß ich nicht. Bislang hat es den betonierten Bereich nicht mit erfasst.

St. Julien-du-Verdon ist ein verschlafenes Nest oberhalb des Sees. Wir parken unter Bäumen am Ortsrand (auf unserem Nachtstellplatz) und bummeln zum höchsten Punkt des Dorfes, einer kleinen Kapelle inmitten eines stillgelegten Friedhofes. Die Hühner dürfen hier noch frei umherlaufen. Touristen könnten es auch, ohne es aber zu wollen. Dabei ist dieser kurze Spaziergang hinauf zum Kirchhof ein kleiner Geheimtipp, vielleicht der unspektakulärste in diesem Buch, auf jeden Fall aber eine kurze Episode, in der Frankreich wieder Überzeugungsarbeit für kommende Urlaube geleistet hat. Schade, dass Wohnmobile hier nicht mehr an den See fahren dürfen, wo in den Zeiten vor dem Stausee das Dorfzentrum lag.

St. Julien-du-Verdon

Südlich von **St. André-les-Alpes**, können Sie nochmals baden und sich am Strand lümmeln. Der Rest ergibt sich aus obiger Übersicht des Stellplatzpotpourris.

Es bietet sich an, von hier auf schöner Strecke durch das relativ breite Tal des Var in die Seealpen weiterzufahren und auf diesem Weg bei der 6. Tour anzukommen. Wir halten es

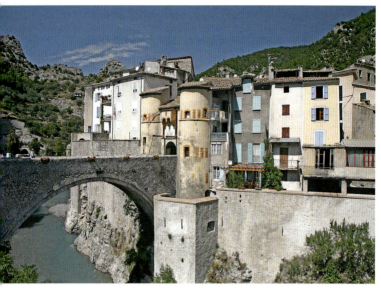

Entrevaux

dabei für eine gute Idee, mittags noch bei St. André-les-Alpes zu baden und später in **Entrevaux** (900 Einwohner) zu schlafen, auch wenn das auf unserer Tourenkarte nicht mehr abgebildet ist. Der sehenswerte, mittelalterliche Ort liegt malerisch am Zusammenfluss des Var mit der Chalvagne und bot die beste Verteidigungsposition des ganzen Tals. Kein Wunder, dass der in Frankreich allgegenwärtige Festungsbaumeister Vauban seinem Chef, Ludwig XIV., um 1690 den Bau einer **Zitadelle** empfohlen hat, die im Jahre 1707 bei einer Feuertaufe der Belagerung durch die feindlichen Savoyer (von denen die italienischen Könige abstammen) standgehalten hat und die noch im Ersten Weltkrieg als Kriegsgefangenenlager für deutsche Offiziere herhalten musste *(Eintritt 3 €)*.

Man erwartet im Städtchen zu Füßen dieser Bastion, wenn man über die Zugbrücke das Stadttor durchschreitet, Andenkenläden mit Ritterkitsch und Lavendelzweigen und steht stattdessen in touristisch fast unbeleckten Gassen – oder im kostenlosen Motorradmuseum.

Nachts steht man auf der anderen Seite der noch täglich betriebenen Schmalspur-Bahnstrecke von Digne nach Nizza, des so genannten *Train des Pignes* – zwischen Mai und Oktober sonntags sogar mit Dampflok - und wundert sich nicht, dass sich der geräumige Parkplatz in der WOMO-Szene herumgesprochen hat:

(147) WOMO-Stellplatz: Entrevaux

GPS: N 43°56'55"
E 06°48'49";
max. WOMOs: >5.
Ausstattung/Lage: Toilette, Wasser, Geschäfte, Gaststätten/Ortsrand.
Zufahrt: Der Platz liegt südlich der Bahnlinie und ist an der Durchgangsstraße mit blau-weißem ‚P' beschildert – ‚300 Parkplätze', man kann ihn nicht verfehlen.

7 km weiter östlich, in **Puget-Théniers** (1.800 Einwohner), finden Sie – beschildert – beim Krankenhaus eine Entsorgungsstation mit wenig attraktivem Stellplatz und nahe beim Ort ein erstaunliches **Denkmal**. Gedacht wird nicht, zumindest nicht hier, der zahlreichen Gefallenen des Ersten Weltkriegs, sondern des 1805 geborenen Sohns der Stadt, des Kommunisten **Blanqui**, der an den meisten revolutionären Aktionen des 19. Jahrhunderts in Frankreich beteiligt war, darunter den Revolutionen von 1830 und 1848. Und er war sogar Mitglied der

Pariser Commune von 1871, einem legendären, spontan gebildeten, revolutionären Stadtparlament. Diese Aktivitäten reichten damals für fast 40 Jahre Gefängnis. Die Genugtuung, dass kein geringerer als der berühmte **Maillol** im Jahr 1908 eine Skulptur zur Erinnerung liefern durfte, hat Blanqui nicht mehr erfahren. Er war zu dieser Zeit schon über 30 Jahre tot. Und Maillol widmete dem Revolutionär, was ihm, dem Künstler, im Leben stets am besten gelungen ist: Ein bronzenes Weib mit anmutiger Brust, strammen Schenkeln und gewaltigem Hintern (an der Straße nach Entrevaux beim Parkplatz seitlich der Straße nicht zu verfehlen).

Skulptur von Maillol

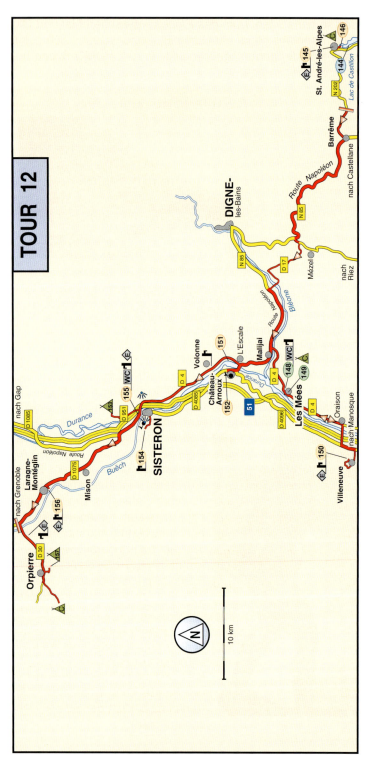

Tour 12: Tour Napoléon

Les Mées - Manosque - Volonne - Sisteron - Orpierre

Stellplätze: in Les Mées, in Villeneuve, bei Volonne, in Château-Arnoux-St.-Auban, in Sisteron, in Laragne-Montéglin

Campingplätze: in Sisteron, in Orpierre

Besichtigen: Felsen von Les Mées, Manosque, Altstadt und Zitadelle von Sisteron, Orpierre

»*Mittagessen in Castellane, Nachtlager in Barrême*«. So etwa könnte die Tagebucheintragung Napoleons am 3. März 1815 ausgesehen haben. Ein knappes Jährchen hatte es der abgesetzte Kaiser in seinem Exil auf Elba ausgehalten, ehe er am 1. März 1815 mit weniger als 1.000 Soldaten zwischen Cannes und Antibes wieder französischen Boden betrat. Paris und die Übernahme der Macht waren sein Ziel, als er über Grasse auf der Strecke der heutigen D 8085, der früheren N 85, eilig nach Norden zog. Am 2. März war er an der Küste aufgebrochen und am 3. lagerte er bereits bei Barrême. Am 5. März stand er vor Sisteron, und am 18. Juni 1815 war bei Waterloo der Traum schon wieder ausgeträumt. Napoleon musste auf die Süd-Atlantik-Insel St. Helena, wo er im Jahre 1821 auch starb.

Fährt man entlang der D 8085, der **Route Napoléon**, sieht man immer wieder Gedenksteine am Straßenrand, und besonders stolz sind die Orte, die sich rühmen können, der Kaiser habe hier genächtigt. Dazu zählt auch das ansonsten wenig bedeutsame Städtchen Barrême, wo wir nach unserem kleinen Ausflug an den Lac de Castillon, am Ende der 11. Tour, wieder auf die D 8085 stoßen. Der klassische Weg nach Norden führt nun über Digne, das ich aber nur aus der Literatur kenne. Denn ich habe immer nördlich von Mèzel, auf der querverlaufenden D 17, abgekürzt, um dann weiter westlich, im Tal der Durance, auf einen der klassischen Zufahrtswege in die Provence zu stoßen.

Kurz vorher empfiehlt sich ein kleiner Abstecher nach Süden, um die auffällige Felsformation bei **Les Mées** zu betrachten. **Les Pénitents de Mées** (die Büßer von Mées) sind der Sage nach Mönche, die der heilige Donatus zu Stein werden ließ, weil sie leicht bekleidete Damen begafft hatten. Sie können hier sehr schön **wandern**, eine Beschreibung des Rundkurses, der vor dem beschilderten Campingplatz oberhalb des Ortes beginnt, drückt man Ihnen in der Touristeninformation beim Stellplatz 148 in die Hand:

Les Pénitents de Mées

WOMO-Wanderparkplätze: Les Mées

(148) <u>Pénitents</u>
GPS: N 44°01'58" E 05°59'07";   an der D 4;   **max. WOMOs**: >5.
Ausstattung/Lage: Toilette, Wasser, Mülleimer, Wanderwege, etwas laut / Ortsrand.   **Zufahrt**: Der Platz liegt seitlich der D 4 etwa 500 m nördlich des Zentrums von Les Mées.

(149) <u>Zentrum</u>
GPS: N 44°01'48" E 05°58'33";   Rue de l'Hôpital;   **max. WOMOs**: >5.
Ausstattung/Lage: Toilette, Wasser (beides hinter der Kirche), Geschäfte, Gaststätten, Mülleimer, Wanderwege, tagsüber oft zugeparkt / im Ort.
Zufahrt: Fahren Sie mitten im Zentrum auf den unteren von zwei übereinander liegenden Parkplätzen.

Es gibt auch einen von Ende Mai bis Ende Sept. geöffneten gut und ortsnah liegenden **Campingplatz** oberhalb der Innenstadt.

Wenn Sie etwas Zeit mitbringen, könnten Sie von hier aus noch einmal ein Stück nach Süden zurückfahren. Das hat dann mit Napoleon gar nichts mehr zu tun, und eigentlich gehört **Manosque** (23.000 Einwohner) eher in Teil 1. Dort hatte ich aber keinen Platz mehr, und ich muss gestehen, dass ich die Stadt oberhalb der Durance auch erst spät lieb gewonnen habe. In früheren Zeiten haben mich das umtriebige Umfeld und die vielen Supermärkte eine verdorbene Altstadt vermuten lassen. Dann habe ich aber gelesen, dass Manosque erst in den letzten 20 Jahren wegen der dort angesiedelten Hightech-Industrie um das Vierfache gewachsen ist, und ich habe mir das **historische Zentrum** näher angesehen. Es lohnt sich! Einen schöneren Marktplatz finden Sie selten. Auch die dortige **Kirche Notre-Dame-de-Romigier**, in der ein Marmorsarkophag aus dem 4. oder 5. Jahrhundert als Altar dient, ist wirklich lohnend. Der steinerne Sarg erinnert stark an die Kunst der Römer. Links daneben steht in einer Nische das Hauptkunstwerk des Gotteshauses, die schwarze Madonna, die an-

in Manosque

geblich schon im 10. Jahrhundert aufgetaucht und die älteste aller zahlreichen schwarzen Madonnen Frankreichs ist. Nicht ganz so beeindruckend, dennoch sehenswert ist die zweite Kirche von Manosque, die seitlich der Hauptstraße erbaute Eglise St. Saveur. Manosque ist die Stadt von Jean Giono (1895 bis 1970), an den auch ein kleines Museum erinnert, und der einer der bedeutendsten Schriftsteller der Provence ist. All sein bekanntestes Werk gilt ‚Der Husar auf dem Dach', eine liebevolle und naturalistisch verbrämte Erzählung aus seiner Heimat. Sein Geburtshaus steht in der Hauptstraße und ist durch eine Gedenktafel leicht zu erkennen.

Etwa 12 km nördlich von Manosque lohnt sich ein Abstecher in den alten Teil des auf der Hügelspitze thronenden Dorfes **Villeneuve** (Kirche aus dem 15. Jahrhundert, Uhrturm) alleine schon wegen des perfekt beschilderten offiziellen Stellplatzes, vielleicht des schönsten auf dieser Tour, den ich wegen des Zusammenhangs auch schon in Teil 1 erwähnt habe:

(150) WOMO-Stellplatz: Villeneuve

GPS: N 43°53'45" E 05°51'41"; Chemin du moulin; **max. WOMOs**: >5.
Ausstattung/Lage: Ver- und Entsorgung, Mülleimer, Geschäfte und Gaststätten in der Nähe / Ortsrand.
Zufahrt: Fahren Sie von der D 4096 hoch in das alte Dorf, vor dem Dorf links zum Friedhof und dort bergab (bestens beschildert).

Zurück auf der Route Napoléon fahren Sie über **Malijai** (der dort früher empfohlene Stellplatz ist gesperrt), und Sie sind nördlich davon am kleinen Stausee bei **Volonne** ein wenig enttäuscht, weil dieser stark verschilft und zum Baden nicht geeignet ist. Aber die Landschaft ist reizvoll, und Sie finden direkt am See einen Wiese, auf der Sie übernachten könnten, und von welcher der Blick nicht mehr ganz so frei ist, wie auf unserem Foto:

(151) WOMO-Picknickplatz: Volonne
GPS: N 44°05'35" E 06°01'20"; an der D 4; **max. WOMOs**: >5.
Ausstattung/Lage: Wasser (in Volonne gegenüber dem Platz an der kleinen Kirche), Mülleimer, Picknickbänke / außerorts, einsam.
Zufahrt: Der Platz liegt zwischen L'Escale und Volonne unterhalb der D 4.

Schön ist dort auch der Blick auf das gegenüberliegende **Château-Arnoux-St.-Auban** (5.000 Einwohner). Falls Sie das dortige **Renaissance-Schloss** näher betrachten, werden Sie

See von Volonne - Blick auf Château-Arnoux

seitlich desselben auf einen riesigen Parkplatz stoßen und dort möglicherweise – wegen des Verkehrslärms möglichst weit hinten – die Nacht verbringen:

> **(152) WOMO-Stellplatz: Château-Arnoux-St.-Auban**
> **GPS**: N 44°05'41" E 06°00'34"; Av. Général de Gaulle; **max. WOMOs**: >5.
> **Ausstattung/Lage**: Mülleimer, Gaststätten, Geschäfte / im Ort.
> **Zufahrt**: Der Platz liegt an der D 4085 (ehemals N 85) gleich nördlich des Schlosses.

Bald folgt **Sisteron** (7.200 Einwohner), ein beliebter Etappenort auf der Fahrt in die Provence oder auf dem Heimweg. Dort kommt auf jeden Fall der nördlich der Stadt angelegte Campingplatz in die engere Wahl. Sie können von dort gut nach Sisteron radeln:

> **(153) WOMO-Campingplatz: Sisteron (Des Prés Hautes)**
> **GPS**: N 44°12'51" E 05°56'10";   Chemin des Prés Hautes.
> **Ortszentrum**: 3 km.   **Zeiten**: März – Okt.
> **Ausstattung**: Schwimmbad, Brotdienst.
> **Zufahrt**: Der Platz ist nördlich von Sisteron an der D 951 beschildert.

In früheren Büchern habe ich in Sisteron mehrfach freie Stellplätze empfohlen, die jeweils nicht einmal eine Auflage überlebt haben. In der Verwaltung scheint ein WOMO-Hasser zu lauern, dessen Aufmerksamkeit hiermit erneut auf eine harte Probe gestellt werden soll:

> **(154) WOMO-Stellplatz: Sisteron (Zitadelle)**
>
>
>
> **GPS**: N 44°11'56" E 05°56'23"; Allée du Souvenir Français; **max. WOMOs**: >5.
> **Ausstattung/Lage**: Wasser (am nahen Friedhof und an der Zufahrt vor der Zitadelle) Gaststätten in der Nähe, schöner Blick auf die Zitadelle / Ortsrand, leicht einsam.
> **Zufahrt**: Folgen Sie mitten in Sisteron dem Wegweiser zur ‚*Citadelle*'. Sie fahren kurz durch nur scheinbar enge Straßen und halten sich dann halblinks bergauf. Rechts folgen nacheinander zwei Parkplätze, der zweite ist sehr schräg und liegt direkt vor der Zitadelle (rechts davor Wasser). Sie fah-

ren weiter bergauf, links liegt der Friedhof. Dann gabelt sich die Straße, Sie fahren rechts und um eine relativ steile Linkskurve auf eine große, ebene Freifläche. **Alternativ** können Sie eine Etage tiefer vor dem Friedhof stehen.
Hinweis: Wir haben hier noch nicht selbst geschlafen und wissen nicht, ob mit Störungen zu rechnen ist; beispielsweise am Wochenende mit schaukelnden Autos, kiffenden Jugendlichen (oder deren Eltern), rasenden Mopeds – oder allem zur selben Zeit.

Wenn der Platz es überlebt und es kein mir noch nicht bekanntes Haar in der Suppe gibt, hat er das Zeug zum Lieblingsplatz. Und auf dem lauten, offiziellen Platz stehen nur die bedauernswerten Nichtleser dieses Buches, denen man einen gesunden Schlaf wünschen muss. Der Platz liegt nämlich direkt an der Hauptdurchgangsstraße:

(155) WOMO-Stellplatz: Sisteron (offiziell)
GPS: N 44°12'00" E 05°56'40"; Cours Melchior Donnet; **max. WOMOs**: 10.
Ausstattung/Lage: Ver- und Entsorgung (2 €), Toilette, Mülleimer, Gaststätten, Geschäfte, lauter Verkehr / Ortsrand.
Zufahrt: Der Platz liegt am Nordrand von Sisteron, bei der Brücke seitlich der D 4085.
Hinweis: Die Obrigkeit (wieder dieser WOMO-Hasser ?) achtet sorgfältig darauf, dass sich kein Reisemobil auf die Pkw-Parkplätze mogelt. Leser wurden dort noch spät am Abend weggeschickt.

Auf der anderen, der östlichen Seite der Durance brauchen Sie nicht nach einem Schlafplatz zu suchen, es gibt keinen. Dafür gelingt Ihnen hier am frühen Morgen das klassische Foto auf die Stadt.

Auf jeden Fall ist Sisteron zu schade, um nur als Etappenort angefahren zu werden, um dabei dort über das Autobahnende zu fluchen, die Tanks zu entleeren, ein letztes Lavendelsäckchen zu kaufen und zum ersten Mal wieder an die Heimat zu

Sisteron

denken. Steigen Sie aus und vor allem hoch zur **Zitadelle**. Bei Mistral ist das wegen des Blicks, der bei klarem Wettern nach Norden und Süden jeweils über 70 km reicht, ein absolutes Muss *(Ende März – Mitte November; 9 bis im Nov 17 Uhr, im April, Mai und Oktober 18 Uhr, sonst 19:30 Uhr; 4 €).*

Die Zitadelle von Sisteron

Mit dieser Festung wurde von jeher der Durancedurchbruch militärisch kontrolliert. Angeblich ist die Zitadelle schon seit Anfang des 13. Jahrhunderts in Betrieb, also lange, bevor der allgegenwärtige Vauban sich überall an Frankreichs Grenzen verewigt hat. Aber Vauban wäre nicht Vauban, wenn er nicht auch in Sisteron hätte Hand anlegen lassen. Von seinen hochtrabenden Plänen wurden jedoch nur das Pulvermagazin und ein Brunnen verwirklicht.

Das heutzutage im Zusammenhang mit dieser Festung mit Abstand am meisten erörterte Ereignis ist einer Bastion gar nicht würdig. Handelt es nämlich nicht von heldenhafter Verteidigung, sondern von militärischer Untreue. 20 Kanonen waren auf die Brücke über die Durance gerichtet und hätten Napoleon hinweggepustet, wenn die Soldaten von ihrem Befehlshaber nicht abgezogen worden wären. Der ehemalige Kaiser war schon bewusst nicht durch das Rhônetal nach Paris gezogen, weil er auf dieser Strecke mit besonderem Widerstand zu rechnen hatte. So zog er durch die Ausläufer der Seealpen – und wunderte sich, dass sein früherer Befehl, dort eine anständige Straße zu bauen, nicht ausgeführt worden war.

Bei Sisteron allerdings traf er auch bessere Straßenverhältnisse, aber er musste das Problem der unüberwindbaren Festung lösen. Deshalb schickte er von seinem Nachtlager bei Malijai eine Vorhut los, die ihm signalisieren durfte, der Provinzgouverneur werde sich mit seinen Truppen dem Marsch auf Paris nicht entgegen stellen. Napoleon blieb unbehelligt und wurde in Sisteron sogar vom Bürgermeister begrüßt. Ein wenig scheint man sich heute wegen dieser mangelhaften Loyalität gegenüber dem Pariser König zu schämen. So ist im offiziellen Faltblatt der Festung zu lesen, man habe den aus dem Exil heimkehrenden Kaiser und seine 1.200 Gefolgsleute aus Pulvermangel weiterziehen lassen.

Im ersten Weltkrieg war die Zitadelle Gefängnis einer in der Nähe abgestürzten deutschen Zeppelinbesatzung, und noch 1944 hatte das Bollwerk strategische Bedeutung. Es wurde deshalb von amerikanischen Flugzeugen bombardiert und erheblich zerstört. 400 Menschen sind dabei in Sisteron ums Leben gekommen. Man kann heute Fotos vom Wiederaufbau der Festung und den kühn von Dachspitzen winkenden Dachdeckern bestaunen.

Von der wieder aufgebauten Terrasse der Zitadelle schießt (wir stehen schließlich auf militärischem Gelände) man eines der klassischen Fotos auf die Dächer des »Tors zur Provence«. Wenn man die 365 Stufen in die Altstadt wieder hinter sich gebracht hat, wenn man durch die engen, teilweise überbauten Gassen gebummelt ist, wenn man den sehenswerten, 1890 nach altem Modell wieder aufgestellten Uhrturm bestaunt hat,

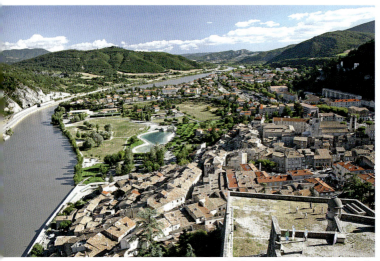

Sisteron - Blick von der Zitadelle

sucht man ein Restaurant. Früher haben wir das *Becs Fins (Rue Saunerie)* empfohlen. Zuletzt hat es uns dort nicht mehr gefallen. Wir erwähnen es nur noch deshalb, weil wir bislang nichts Besseres kennen und hier unbedingt den Schlenker zu den berühmten Sisteron-Lämmern brauchen. Denn jeder, der in Sisteron zu Tische sitzt, denkt an Jungtiere von den würzigen Weiden der Hochprovence und an artgerechte Aufzucht. 400.000 Tiere verlassen jährlich die Schlachthöfe der Umgebung, aber höchstens ein Drittel stammt aus der Gegend, der Rest wird angekarrt. Das Gütesiegel gibt es schon, wenn nur der Schlachtort hier liegt. Ein Schmu, dem der Verbraucher – auch bei anderen Fleischprodukten – hilflos ausgeliefert ist, ganz zu schweigen von den in engen Lastwagen durch halb Europa transportierten Tieren. Vielleicht sollten wir also in Sisteron gar kein neues Lokal suchen.

Ein Tiertransporter wird am nächsten Stellplatz nicht neben Ihnen stehen, ein anderer Laster wäre nicht ganz ausgeschlossen. Der Stellplatz ist nämlich riesig und für Brummis konzipiert. Heute ist das Gelände meist fest in der Hand von Wohnmobilen. Am Freitag stehen hier oft über 30 Fahrzeuge:

---

(156) WOMO-Stellplatz: Laragne-Montéglin

GPS: N 44°18'44" E 05°49'31";   **max. WOMOs**: 50.
Ausstattung/Lage: Ver- und Entsorgung, Strom, Mülleimer, Gaststätten im Ort, Pizzaverkauf direkt am Platz, Bäcker ebenso, weitere Geschäfte im Ort, bedingt klappstuhlgeeignet / Ortsrand.
Zufahrt: Der Platz liegt im südlichen Ortsteil, gleich südlich einer kleinen Brücke unübersehbar unterhalb der D 1075. Sie kommen daran vorbei.

In **Mison**, 6 km weiter südlich ist ein ähnlicher, aber deutlich kleinerer Platz an der Durchgangsstraße, der D 1075, beschildert.

in Orpierre

Bis zu dieser Auflage sind wir gut 20 km nördlich von Sisteron in das westlich gelegene und wegen seiner Felswände vor allem auf Kletterer ausgerichtete **Orpierre** (320 Einwohner) abgebogen, um dort einen offiziellen Stellplatz zu beehren. Aber dann wurden genau dort ein kleiner Supermarkt gebaut und ein Verbotsschild montiert. So darf man in Orpierre nur noch behelfsmäßig, aber gar nicht so schlecht, hinter der Kirche stehen oder auf einem schön gelegenen Campingplatz, wo man auf 700 m Höhe bei toller Sicht auf Dorf und Festung durchaus ein paar Tage länger bleiben könnte:

---

(157) WOMO-Campingplatz-Tipp: Orpierre (Les Princes d'Orange)

GPS: N 44°18'40"
E 05°41'47";
Chemin de Flonsaine.
Ortszentrum: 0,5 km;
Zeiten: 1.4. 31.10.
Ausstattung: Laden, beheiztes Schwimmbad, schöne Sicht.
Zufahrt: Biegen Sie 23 km nördlich von Sisteron auf die D 30 nach Westen ab und folgen Sie in Orpierre der Beschilderung.

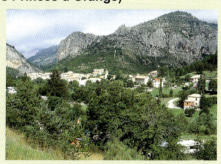

Einen **weiteren**, einfachen **Wiesencampingplatz** finden Sie 4 km westlich des Ortes, unterhalb eines bezaubernden Panoramas am Bach, wenn Sie westlich von Orpierre bei der nächstem Gabelung links fahren (Camping *Les Catoyes*; 15.3. – 15.11.).

Auf unserer Tour historischer Wege sind wir in Orpierre gar nicht so falsch. Es liegt nämlich an der *Route des Princes d'Orange*, weil der Ort im 13. Jahrhundert von den Herrschern der Dauphiné an die Fürsten von Nassau-Orange (siehe in Teil 1) abgetreten und damit 300 Jahre später protestantisches Siedlungsgebiet wurde. Als aber dann im Jahre 1685 das Edikt von Nantes aufgehoben wurde und die Protestanten nicht mehr toleriert waren, begann der Niedergang einer einst bedeutsamen Stadt. Die wechselvolle Geschichte des Ortes, von dem heute nur noch ein paar Befestigungsmauern übrig sind, ist auf einer Schautafel am Marktplatz dargestellt.

In den Baronnies du Buis, so heißen die Berge ein Stück weiter westlich, könnte man locker noch ein paar Tage verweilen. Die Gegend macht beinahe süchtig!

Aber Sie sind ja schon auf dem Heimweg. Sie werden wieder kommen. Manosque, Sisteron und Orpierre haben Sie endgültig davon überzeugt, dass ein Wohnmobilurlaub im östlichen Teil Südfrankreichs nicht unbedingt am Meer stattfinden muss. Auch wenn die Küste nicht alle Ihre Erwartungen erfüllt hat, werden Sie hoffentlich weiter mit unseren Büchern verreisen.

Wir werden Ihnen weiterhin von allem etwas bieten.

Träumen wir davon, dass in naher Zukunft alle WOMO-Fahrer das Verantwortungsbewusstsein unserer Leser entwickelt haben. Und dass ein Donnerhall die Côte d'Azur erschüttert. Weil sich Tausende von Gemeinderäten die flache Hand an die bis dato enge Stirn geschlagen und am Tag danach Hunderte von Schlossereibetrieben Schraubenschlüssel, Metallsägen sowie schweres Werkzeug zum Abbau von Barrieren und Verbotsschildern in Funktion gesetzt haben.

Träumen ist vielleicht die häufigste Tätigkeit des Wohnmobil-Urlaubers.

Auf jeden Fall ist es die wichtigste!

Die Tipps und Infos

Ich habe Ihnen eingangs unter der Überschrift *Gebrauchsanweisung* versprochen, dass ich mich gegenüber Teil 1, *Der Westen*, möglichst wenig wiederholen werde. Das ist nicht ganz leicht, weil ich auch auf die Leser Rücksicht nehmen möchte, die nur Teil 2 gekauft haben. Ich muss also doch ein wenig aus dem 1. Teil abschreiben. Der Schwerpunkt der nachfolgenden Tipps und Informationen liegt aber bei den Besonderheiten der Ost-Provence und der Côte d'Azur.

Campingplätze

In kaum einer Region Europas werden Sie mehr Campingplätze finden als in der Provence. Frankreich hat, aufs Ganze gesehen, vermutlich das weltweit dichteste Netz unterschiedlichster Campingplätze.

Im Juli/August sind die Plätze unmittelbar an der **Küste** fast ausnahmslos belegt. Die glücklichen Urlauber im Inneren haben sich schon ein Jahr vorher für den nächsten Urlaub angemeldet - und mit mobilem Reisen nichts am Hut. Wenn Sie auf einen derartigen Platz wollen, fragen Sie bei der Rezeption, ob Sie überhaupt Chancen haben, und reisen Sie am nächsten Tag gegen Mittag, möglichst donnerstags oder freitags an. Am besten ringen Sie sich zu einer Vorbestellung durch (den Tipp gebe ich in einem Reiseführer, der stets an Ihre Spontaneität appelliert, sehr ungern) weshalb ich bei den Touren bezüglich der stark frequentierten Zeltplätze die Telefonnummer angegeben habe. Mit Abstrichen gilt all das auch für die Plätze an den Verdon-Stauseen, wo Sie sich ebenfalls einen Gefallen tun, wenn Sie am Vormittag einlaufen (besonders in der Woche vor dem 15.8.).

Dummerweise ist auch die Anzahl der dem Meer nahen *Places Camping* geringer als erwartet. Das Gestade bietet wegen seiner zahlreichen felsigen Abschnitte, der vielen Villen und der Städte einfach nicht genügend Raum. Aber schon ein paar hundert Meter landeinwärts stellt sich das Problem im westlichen Teil der Côte d'Azur kaum noch. Nehmen Sie Fahrräder mit!

Die sanitären Ausstattungen sind verschiedenartig, am schlichtesten sind sie in der Regel auf den städtischen Plätzen (*Camping municipal*), die aber auch wiederum die preiswertesten sind und an der Küste kaum vorkommen.

Camping La Tour Fondue bei Giens (Tour 1)

Tipps und Infos 253

Leider ist inzwischen auf Campingplätzen ein Kontingent fest installierter Behausungen, die sich rentabel vermieten lassen, fast die Regel. Man nennt sie *Mobil Homes* (wegen der beiden Alibi-Rädchen), in Wirklichkeit sind es aber Baracken – und sehen auch so aus. Noch stehen sie in den hässlicheren Bereichen des Zeltplatzes. Aber am Meer waren mehrere Betreiber so konsequent und haben ihren Campingplatz komplett damit bestückt. Das ist trotz des langen Leerstandes rentabler als das herkömmliche Campingplatzgeschäft.

Die Nacht auf dem Campingplatz kostet natürlich Geld, Kinder über 6 Jahre zahlen meistens voll, und so legt man für eine 4-köpfige Familie schon mal pro Nacht bis zu 50 Euro auf den Tisch, zu zweit aber meist nicht deutlich mehr als 20 Euro.

Unsere Campingplatzerfahrungen sind beschränkt, da wir Zeltplätze fast nur im Sommer aufsuchen, besonders, wenn wir uns längere Zeit an einem Gewässer aufhalten.

Ich empfehle Ihnen ein gültiges *Camping-Carnet*, ersetzt es nämlich die Hinterlegung des Passes in der Schreibtischschublade des Campingplatzbesitzers. Man erhält das *Carnet* beim ADAC oder dem Deutschen Campingclub für ein paar Euro. Wir freunden uns immer mehr mit Campingplätzen an – und widmen diesen gerade in vorliegendem Buch zunehmend mehr Raum, zumal Sie im Sommer beim Badeurlaub (!) an der Küste, auch diese Resignation tut mir leid, zum Campingplatz nur wenige Alternativen haben.

Je früher am Tag Sie den Campingplatz anstreben, umso größer sind die Chancen auf Einlass. **Die beste Zeit ist vormittags zwischen 11 und 12 Uhr**, wenn andere Leute gerade aufgebrochen sind.

Diebstahl

Niemand ist vor Dieben gefeit – weder in Südfrankreich noch anderswo. Aber leider gehört die Provence seit einigen Jahren zu den Gebieten, in denen man besonders aufpassen muss. Frankreich rangiert in der Kriminalitätsbelastung inzwischen vor den USA, vor allem wegen der Vermögensdelikte. Je sorgloser man ist, umso eher schlagen die Diebe zu.

Es gilt eine **Grundregel**, die Sie eisern befolgen müssen: **Verlasse nie Dein WOMO mit nichts als dem Autoschlüssel in der Hand** !! Denn die Diebe lauern womöglich hinter den Büschen und wissen, dass Sie mehr als diesen Autoschlüssel dabei haben: Geld, eine Fotoausrüstung und die Damen eine Handtasche. Tragen Sie aber nichts unterm Arm, müssen diese Dinge zwangsläufig im WOMO zurückgeblieben sein. Eine Auto- oder Reisemobiltür ist aber für einen Profi ein Klacks. Er öffnet sie in Sekunden.

Das betrifft besonders die Leser, die ein Wohnmobil gemietet haben, weil diese Fahrzeuge gegen Autoknacker schlecht gesichert sind. Die Besatzung solcher Mietmobile muss damit rechnen, das schwächste Glied in der Kette zu sein. Den Fahrzeugen, durchweg neuesten Modellen mit wenig individuellen Innereien, sieht der erfahrene Einbrecher an, dass die Mieter unkundiger und sorgloser sind als alte Hasen. **Das dürfen Sie in keiner Minute vergessen**, schon gar nicht auf dem Autobahnrastplatz oder an anderen Stellen, an denen Sie nur kurz Ihr Fahrzeug verlassen. Die wenige Minuten dauernde Einkehr ist oft die beste Gelegenheit, im Auto herumliegende Wertgegenstände zu stehlen. Wenn es irgendwie geht, sollte auf Rastplätzen immer ein Familienmitglied im Auto bleiben. Ansonsten müssen die Wertsachen zur kurzen Erfrischung (und Entleerung) mitgenommen werden!

Wer meine Bücher kennt, weiß, dass mein Wohnmobil über Sicherungsvorkehrungen verfügt. Diese sind zwar für einen brutalen Einbrecher nur eine Hemmschwelle, wer nämlich ein derart leicht gebautes Fahrzeug aufbrechen will, über erforderliches Werkzeug und einen entsprechenden Zerstörungswillen verfügt, kriegt jedes Reisemobil auf. Aber der Bösewicht zaudert, wenn er sieht, dass ihm sein Handwerk nicht leicht gemacht wird. Immer wieder wird mir in Leserbriefen von aufgebrochenen Wohnmobilen berichtet, aber erst zweimal, dass die **Alarmanlage** scharf geschaltet war. Abgesehen davon, dass eine solche Vorrichtung Lärm macht, den Sie im benachbarten Restaurant oder am nahen Strand möglicherweise selbst hören, dürften schon entsprechende Aufkleber an den Seitenscheiben oder ein blinkendes Lichtchen eine gewisse Warnfunktion haben. Der Einbau ist leider teuer und kostet gut und gerne 500 Euro, aber er belohnt Sie mit einem deutlich sorgenfreieren Urlaubserleben (Sie sollten ab und zu an entlegener Stelle die Funktion testen).

Es gibt auch wirksame **mechanische Hürden**: Der WOMO-Verlag verkauft Ihnen den *WOMO-Knacker-Schreck*, den Sie auch in Mietmobilen einsetzen können und der die Vordertüren wirksam verriegelt (funktioniert nicht bei Ford-Modellen). Außerdem vertreibt in Deutschland die Firma Oelmühle (*Tel 02174/2223* oder *www.quick-safe.de*) leicht zu montierende Ketten, mit denen Sie die Fahrzeugtüren verrammeln können, und zwar so gut, dass jeder Dieb sie von außen erkennt und (wie auch beim Produkt des WOMO-Verlages) ahnen kann, dass die Ketten nicht einmal nach dem Einschlagen der Scheibe problemlos auszuklinken sind. Wer über handwerkliche Grundkenntnisse verfügt, ist sicher in der Lage, die Schlösser zu montieren, die Oelmühle ebenfalls für die Aufbautüren anbietet, und deren Riegel auch nachts einen optimalen Einbruchsschutz bieten. Pfiffig sind die Schlösser von *Heosafe (www.heosolution.de)* und die Produkte der Firma *Fiamma (www.fiamma.it* mit Preisen und Bezugsquellen – ein Blick in den Online-Katalog lohnt sich zudem wegen anderer Produkte). Dabei wundert uns nur, dass derlei Zubehör nachgerüstet werden muss, wo doch der Käufer eines Wohnmobils, der durchschnittlich über 50.000 Euro hinblättert, zu seiner Sicherheit gerne ein paar Euro mehr ausgeben würde (löblich ist das ab Werk lieferbare Zusatzschloss, das beispielsweise *Hymer* für die Aufbautüren anbietet). Aber da Sie, liebe Leser, schon erfahrene Wohnmobil-Reisende sind, oder sich zumindest auf dem Weg dorthin befinden, werden Sie der Industrie ihre an Äußerlichkeiten orientierte Verkaufspolitik lassen, die Ihnen einen gewissen Einbruchschutz bietet, weil neben Ihrem WOMO zumeist ein schlechter gesichertes steht, das von den Dieben bevorzugt wird. Nachfolgend sehen Sie **zwei Beispiele**, wie ich an einem früheren Fahrzeug meine **Seiten- und das Heckfenster gegen einfaches Aufhebeln gesichert** habe.

Seitenfenster von innen

Viele Leser vertrauen der animalischen Hürde. Auffallend häufig allerdings vergeblich, weil der Hund die Diebe nicht abschreckt, geschweige denn attackiert. Einem Leser wurde beim Laptopklau der Vierbeiner gleich mit entwendet, einem anderen der Papagei – samt Käfig, aber ohne Rechner.

Ein ganz wichtiger Tipp: Bewahren Sie wertvolle Dinge und wichtige Utensilien (täglich benötigte Medikamente) nicht in Aktentaschen oder kleinen Koffern auf. Alles, was ein Schloss hat, wird als erstes geklaut. Besonders der Schminkkoffer, der, wie uns die Leserbriefe zeigen, nicht nur zum festen Repertoire eines deutschen Mietmobils,

Seienfenster von innen

in der Halterung des Fahrradträgers

sondern auch zur Lieblingsbeute eines eiligen Womo-Knackers gehört.

Verbreitet ist an der Côte d'Azur der Überfall an der Ampel: Sie halten bei Rot und neben Ihnen ein Motorrad. Der Soziusfahrer reißt Ihre Autotür auf, grabscht die von außen sichtbare Handtasche - und entschwindet mit Karacho. Verriegeln Sie also stets die WOMO-Tür und lassen Sie Wertsachen auch während der Fahrt nie offen rumliegen oder -hängen.

Das alles hat mit der **Übernachtungssicherheit** auf freien Stellplätzen nichts zu tun. Nur drei Provencefahrer haben mir im Verlauf von 18 Jahren von einem nächtlichen Überfall berichtet. Und die standen alle auf einem Autobahnrastplatz, wo ich **niemals** übernachten würde. Es gibt nichts Gefährlicheres, auch wenn Sie wohnmobile Nachbarn haben !!!

Falls Ihr Auto einmal aufgebrochen worden ist, brauchen Sie unbedingt eine polizeiliche Bestätigung der Anzeige, damit Ihre Kaskoversicherung und, in Maßen, auch Ihre Reisegepäckversicherung bezahlen. Ich habe übrigens die Versicherungsbedingungen beider Sparten stets bei mir, um ab und zu nachzulesen, was nicht versichert ist. Ist der Schaden erst einmal eingetreten und hat man die polizeiliche Anzeige aufgegeben oder gar die Meldung an die Versicherung abgeschickt (!), nutzt Ihnen die nachträgliche Lektüre der Versicherungsbedingungen nichts mehr.

Das Schlimmste ist oft die eingeschlagene Scheibe. Deshalb nimmt man den 24 Stunden- / 7-Tage-Dienst der Firma *CARGLAS* gerne in Anspruch. Mit der Telefonnummer können wir dienen (08 00 77 24 24), mit praktischen Erfahrungen zum Glück nicht.

Freie Übernachtung/Stellplätze

Wer an **freie Stellplätze** denkt, also an eine Übernachtung außerhalb der Zeltplätze, hat oft zwiespältige Gefühle. Einerseits will man beim freien

Camping alles das erleben, was man sich vorgestellt hat, als man ein Wohnmobil gemietet oder gekauft hat. Man erwartet das leichte, ungeregelte Leben und möchte an den Stellen bleiben, die einem gerade gefallen oder die vom WOMO-Führer vorgeschlagen werden. Befragungen haben aber ergeben, dass erstaunlich viele Wohnmobilfahrer fast ausschließlich Zeltplätze besuchen, obgleich ihnen freie Plätze zumindest zeitweise lieber wären. Viele Leser haben also Angst. Insbesondere die Deutschen, die in Betracht ziehen, etwas Verbotenes zu tun. Und genauso vielen ist deshalb bange, weil sie einen nächtlichen Überfall befürchten.

Auch in Südfrankreich ist aber abseits der Autobahnen die Wahrscheinlichkeit einer nächtlichen Attacke nahe Null, soviel ist sicher. Die Angst spielt sich also nur in Ihrem Kopf ab, sie ist dort am größten, wo sie am unberechtigtsten ist. Ein einsames WOMO mutterseelenallein im stockdunklen Wald ist gleichbedeutend mit der Garantie für eine unbehelligte Nacht, und doch werden Sie dort von jedem Knacken erschreckt. Der umtriebige Autobahnrastplatz hingegen wiegt Sie weit mehr in Sicherheit, obwohl gerade hier die gelegentlich in der Presse veröffentlichten Überfälle stattfinden (Bösewichte sprühen angeblich Narkosegas ins Auto und knacken dann die schlecht gesicherten Türen; dagegen helfen wirksam die oben schon erwähnten Zusatzschlösser und -Ketten).

Die Angst vor der Nacht auf den von uns erwähnten Stellplätzen ist objektiv also unbegründet. Genauso wie die Sorge vor dem Gesetzesverstoß. Die kontrovers diskutierte Frage, ob in Frankreich ein generelles Verbot gilt (ich habe ausführlich recherchiert, ein solches Verbot gibt es nicht), ist eigentlich egal. Die generelle Legalität spielt in der Praxis an der Côte d'Azur schon deshalb keine Rolle, weil verbotene Stellplätze flächendeckend mit Barrieren ausgerüstet sind. Nach meinen Erfahrungen kann man mit etwas Sensibilität und bei Meidung Waldbrand gefährdeter Gebiete überall stehen, wo es nicht ausdrücklich verboten ist, oder wo man wegen des berüchtigten Balkens erst gar nicht hinkommt.

Ob man mit *Camping interdit,* mit *Camping et caravaning interdit* oder mit *Camping sauvage interdit (wildes Zelten verboten)* auch ein Wohnmobil meint, wird heiß diskutiert. Französische Wohnmobilisten ignorieren diese Verbote notorisch. Sie behaupten, damit sei nur das Zelten (oder das Aufstellen von Wohnwagen) gemeint – und machen sich meist über unseren deutschen Obrigkeitsgehorsam lustig. Ich halte diese Schilder beim reinen Übernachten (ohne Markise und Klappstühle) aufgrund langjähriger Erfahrungen in der Praxis nicht für einschlägig. Gehen Sie davon aus, dass Schilderaufsteller fähig sind, ein eindeutiges WOMO-Verbotsschild, beispielsweise *Camping-Car interdit (Wohnmobil verboten)*, zu montieren, wenn sie das so wollen (leider sieht man viel zu viele eindeutige Schilder). Mit *Caravaning* meint man eigentlich Wohnwagen – ich betrachte diese Schilder dennoch als WOMO-Verbotsschilder.

Waldbrandgebiet bei Camaret (Tour 2)

In diesem Zusammenhang liegt mir für Südfrankreich nochmals eine besondere Warnung am Herzen: Jedes Jahr lesen Sie in der Zeitung von **Waldbränden**. Auch wenn Sie nicht vertrieben werden, stellen Sie sich niemals so, dass Sie im Schlaf von einem Feuer überrascht werden könnten. Meiden Sie Wälder und die *Garique*. Und schlafen Sie bei schlechtem Wetter in Gebirgsnähe nicht an (auch ausgetrockneten) Flussläufen, wo mit **Überschwemmungen** zu rechnen ist (dazu Näheres in meinem Languedoc-Buch). Die Überschwemmungen haben in den letzten Jahren zugenommen.

Da in meinen Büchern ein Stichwort über das notwendige *Zubehör* nicht vorkommt, muss ich Sie, das heißt die meisten von den Menschen, die mir im Urlaub mit einem Wohnmobil begegnen und von denen ich mir vorstelle, sie könnten auch meine Leser sein, unter der Überschrift *Freies Camping* einmal tadeln: Vielen von Ihnen fehlt die richtige Ausrüstung. Dazu könnte ich umfangreich schreiben, angefangen von der Einparkhilfe in der Heckstoßstange (oder der Kamera auf der Rückwand), über die Plastikgießkanne bis hin zum tauglichen Gasgrill. Nichts fehlt allerdings so nachhaltig wie **wirklich taugliche Auffahrkeile**. Unter den meisten Rädern sieht man nur ein Paar mickrige, gelbe Plastikkeile, mit denen man das Rad mit Mühe drei bis vier Zentimeter in die Höhe bringt. Beschaffen Sie sich die Keile, welche die größtmögliche Auffahrhöhe ermöglichen und nehmen Sie noch einen Satz – angeschrägte – Bretter mit, die Sie zur Not noch unter die Keile legen können. Ich setze in meinen Büchern zwei wirklich leistungsfähige Keile voraus. Es ist übrigens nicht wichtig, dass die Keile so breit sind wie die Räder. Wenn Sie schmalere, platzsparendere Auffahrhilfen beschaffen, reichen diese nach meinen Erfahrungen vollkommen aus.

Fremdenverkehrsbüros

Jede Stadt oder Gemeinde, die touristisch auf sich hält - das tun die meisten -, hat ein Fremdenverkehrsbüro *(Office de Tourisme oder Syndicat d'Initiative)* eingerichtet, wo man die verschiedensten Informationen bekommt, manchmal sogar über Stellplätze. In den örtlichen Büros spricht selten jemand deutsch, außerdem hat man hier nur im Sommer geöffnet. Regional übergreifende Informationen in Deutsch erhält man in den ausländischen Vertretungen des französischen Fremdenverkehrsamtes, *Maison de la France*, wenngleich dort spezielle, regionale Fragen gelegentlich unbeantwortet bleiben:

D-60325 Frankfurt/M., Westendstr. 47, Tel. 069/97581034
www.franceguide.com
A-1033 Wien, Landstrasser Hauptstr. 2A , Tel. 01/7157062
CH-8023 Zürich, Löwenstr. 59, Tel. 01/2213561

Gas

Das Stichwort hat an Aktualität verloren, nachdem fast alle Wohnmobile über zwei 11 kg **Flaschen** verfügen, mit denen ein durchschnittlicher Leser ohne zu heizen beinahe einen ganzen Sommer lang verreisen kann. Aber es wird wieder aktueller, seit Fahrzeuge mit Dieselheizungen nur noch 5 Kilo Gas bunkern können.

Wer zur Vorratswirtschaft nicht fähig ist, kann sich in Frankreich eine teure, blaue *Camping-Gaz* Flasche kaufen (auf vielen Campingplätzen, in Supermärkten und in Eisenwarengeschäften). Für den Einsatz im WOMO braucht man aber auch ein spezielles Anschlussstück (möglichst schon zu Hause kaufen und ausprobieren, ob es an Ihren Regler passt). Langzeiturlauber benötigen ein Euro-Füll- und Anschluss-Set, mit dem sie in Frankreich an wenigen Stationen die eigene Flasche füllen lassen können (nach einer Füllstation fragt man bei den zahlreichen Gastankstellen, die nur eingebaute Tanks befüllen). Mit den genannten Überbrückungsteilen lässt sich der eigene Regler auch an eine französische Gasflasche schrauben. Hat man das Set nicht zur Hand, ist Vorsicht geboten, denn ein französischer Regler eignet sich nicht immer für Ihre Gasanlage. Die Wohnmobile haben nämlich heutzutage einen Gasdruck von 30 mbar, der auf dem in Ihrem WOMO eingebauten Regler, dem runden Ding an der Gasflasche, aufgedruckt ist, und der unbedingt beibehalten werden muss (ältere Fahrzeuge haben 50 mbar).

Wohnmobilbesitzer mit fest eingebautem **Gastank** oder Gastankflasche sind in Frankreich vergleichsweise gut dran, dort ist das Gas-Tankstellennetz relativ dicht, außerdem ist das Gas preiswert. Gas-Tankstellen erkennt man an dem Schild *G.L.P*.

In Frankreich durfte man bislang – theoretisch, von Kontrollen habe ich nie gehört – nur mit zugedrehtem Gasflaschenventil fahren. Nach dem 1.1.2007 erstmals (!!) zugelassene Fahrzeuge müssen in der EU mit einer Schlauchbruchsicherung oder dem Strömungswächter ***Monocontrol CS*** (oder *Duocontrol CS*, beides von Truma und Nachfolger von *SecuMotion*) ausgerüstet sein, der serienmäßig eine Schlauchbruchsicherung, bzw. einen Crashsensor enthält. Dieser Regler ist am Fahrzeug montiert, und Sie brauchen für ausländische Gasflaschen passende Anschlussschläuche (Tabelle und Einzelheiten über *www.truma.com*). Für ältere Fahrzeuge empfehle ich eine **Schlauchbruchsicherung**, der Einbau dauert 15 Minuten.

Sie ist unerlässlich, wenn Sie, was fast alle tun, was aber ohne *SecuMotion* in Frankreich verboten ist, unterwegs mit Gas kühlen. Die Sicherung verhindert, dass Gas bei einem Unfall oder nach einem Schlauchbruch in großer Menge ausströmt.

Geld

Mit der in Frankreich verbreiteten *Carte bleue* kann man fast überall bezahlen. Zu dieser Kreditkarte zählen angeblich die *Visa-Karte* und die *Eurocard*, wobei die *Visa-Karte* unerklärlicherweise eine noch größere Akzeptanz besitzt (bei beiden fällt eine happige Tauschgebühr an, und an Tankstellenautomaten hat meine *Visa-Karte* bisweilen nicht funktioniert). Ich empfehle jedem Leser für Frankreich eine *Visa-Karte*. Der bargeldlose Zahlungsverkehr ist dort weit verbreitet, auch im Supermarkt wechseln kaum noch Geldscheine den Besitzer. Ich brauche nur noch für kleine Einkäufe richtiges Geld – und ganz selten in Restaurants nicht nur für das Trinkgeld. Geld ziehen Sie flächendeckend mit der **ec-Karte** (die inzwischen *Girocard* heißt).

Zu den Reisedokumenten höchster Wichtigkeit, deren diebstahlgeschützter Ablageplatz niemals in Vergessenheit geraten darf, gehört der Zettel mit der Kreditkarten- und Scheckkartennummer sowie der Telefonnummer der Zentrale. Beides brauchen Sie für die Kartensperre: In Deutschland erreichen Sie unter 0049-116 116 die Hotline für etwa 90 Prozent aller Bank- und Zahlungskarten wie Maestro, EC, Euro/MasterCard, VISA und American Express (Näheres unter *www.kartensicherheit.de*). Rufen Sie dort **umgehend** an, wenn die Karte abhanden gekommen ist, und sei es auch mitten in der Nacht. Nur wenn Sie davon berichten können, dass Ihnen das Stück Plastik gerade erst, vor wenigen Minuten, verlustig gegangen ist (und dass Sie die Geheimzahl nirgends aufgeschrieben haben), zahlt die im Kredit- oder Scheck-Kartenvertrag enthaltene Versicherung, falls ein Bösewicht Missbrauch treibt!

GPS

In diesem Reiseführer sind für alle Stell- und Campingplätze die Koordinaten (Kartendatum: WGS 84 = World Geodetic Sorvey 1984) angegeben. Das nutzt Ihnen nur, wenn Sie selbst ein Navigationsgerät besitzen, in das man Koordinaten eingeben oder, noch besser, zugleich eine Datei mit allen Koordinaten aufspielen kann. Sie können beim WOMO-Verlag die CD zum Buch erwerben und auf diese Weise alle Stell- und Campingplätze als sogenannte **POIs** (das ist die Abkürzung von **P**oint **o**f **I**nterest) auf Ihr Navi überspielen. Die CD enthält die gebräuchlichen Formate. Näheres erfahren Sie beim Kauf der CD oder im Buch *Multimedia im Wohnmobil* des WOMO-Verlages.

Benutzen Sie bitte ein GPS-Gerät, in dem Sie die Darstellung der so genannten **Winkelschreibweise** einstellen können. Der WOMO-Verlag hat sich zwar inzwischen für die Darstellung von Grad, Minuten und Sekunden entschieden, aber es sind noch ältere Auflagen in Umlauf, und es gibt jede Menge Konkurrenz mit anderer Schreibweise. Wer sein Gerät nicht umstellen kann, benötigt einen Taschenrechner im Handschuhfach und muss umrechnen: Um die Sekunden und Minuten zu dezimalisieren, muss man jeweils mit 0,01667 multiplizieren (zuerst also den Sekundenwert multiplizieren, danach dasselbe mit dem Minutenwert). Umgekehrt geht es auch: Man nehme den Nachkomma-Anteil der Gradzahl, multipliziere mit 60 und setze das Komma nach der zweiten Stelle (Beispiel: aus 43,84537 Grad rechnet man 0,84537 x 60 = 50.7222 Minuten = 43°50.722'). Um die Sekunden zu erhalten, muss man den Nachkomma-Wert erneut mit 60 multiplizieren und bekommt so 43 Sekunden; die Winkelschreibweise führt nun also zu 43 Grad, 50 Minuten und 43 Sekunden (= 43°50'43''). Sie müssen das ausprobieren. Vielfaches Hin- und Herrechnen bringt allerdings Rundungsdifferenzen.

In diesem Buch werden Ihnen Sekunden ohne Nachkommastelle genannt. Sie werden nämlich die Nachkommastelle, die viele Geräte (z.B. *tomtom*) gar nicht anzeigen, nicht brauchen.

Wir empfehlen Ihnen ein Navigationsgerät von **Tomtom**. Es ist sehr übersichtlich, funktioniert tadellos und kann die POIs des WOMO-Verlages gut integrieren. Das kleinere Gerät reicht völlig. Geben Sie lieber zusätzliches Geld für eine aktive (also mit Stromversorgung) Armaturenbretthalterung aus. Sie können damit nämlich das Navi ohne größere Fummeleien einfach abziehen und zum Stadtbummel mitnehmen (auch deshalb empfehlen wir kleine Geräte). Vermutlich die besten Autohalterungen bietet der Hersteller *Brodit* an. Lieferadressen können Sie mit dem Stichwort *Brodit* leicht ausgoogeln. Sie müssen in Ihrem Auto nichts bohren oder beschädigen.

Falls Sie mit einem sogenannten *Smartphone* den rechten Weg suchen, einem Telefon, mit dem man auch navigieren kann oder umgekehrt, kommt nach unseren Erfahrungen ausschließlich das Programm von *Tomtom* in Frage, das leider nur auf wenigen Handys installiert werden, dann aber – mit einer *Brodit*-Halterung – dem »richtigen« Navi fast das Wasser reichen kann. Wenn Sie allerdings das Handy wechseln, ein Hard-Reset ausführen oder aus anderen Gründen das *Tomtom*-Navigationsprogramm neu aufspielen müssen, werden Sie irgendwann in das Display beißen, auf jeden Fall an der Hotline von *Tomtom* verzweifeln, der Sie Kaufbelege und sonstige Urkunden zumailen müssen und danach doch nicht problemlos frei geschaltet werden. Ein taugliches anderes Smartphone-Navigationsprogramm kennen wir nicht. Was wir getestet haben, hatte den Charakter eines Mäusekinos oder hat nicht die Navigation aufgrund Koordinaten zugelassen. **Achtung**: Nur bedingt geeignet ist bei Drucklegung das Programm von *Tomtom* für das *I-Phone* von *Apple*, weil Sie die vom WOMO-Verlag bezogenen Dateien nicht aufspielen können.

Ich warne Sie erneut vor allzu großer Navigationshörigkeit. Sie müssen die vorgeschlagene Strecke und vor allem das Ziel überprüfen, bevor Sie der Technik vertrauen.

Landkarten

Zur perfekten Ausrüstung gehören leider neue Karten, weil sich die Straßennummerierung Frankreichs im Umbruch befindet. Aus **N**ationalstraßen wurden **D**epartementstraßen, aus **N** wurde **D**, und die Ziffernfolge wurde eine andere. Der Firma Michelin war das nur recht.

Nachdem nun der Staat neue Käufer beschert, ist hoffentlich die Zeit des Experimentierens bei Michelin vorbei, in der man ständig Maßstäbe und Bezeichnungen geändert hat. Die aktuelle Michelin-Karte im Maßstab 1 cm = 2 km (das ist 1 : 200.000, weil das heute niemand mehr versteht, hat man sogar die Maßstabangabe dem Zeitgeist angepasst) heißt *Région*, ist orange, aus Plastik und damit angeblich unzerreißbar. Das muss sie auch sein, weil man sie für unser Gebiet immer wieder falten muss, um die Rückseite zu gebrauchen. Sie heißt Provence – Alpes – Côte d'Azur und hat die Nr. 527. Das Umfalten nervt mich so sehr, dass ich schon mit der Anschaffung einer zweiten Karte geliebäugelt habe.

Deutlich übersichtlicher, wenn auch nicht wirklich detailreicher sind

die gelben Karten 1 cm = 1,5 km, *Départements*. Sie benötigen für unser Gebiet zwei Karten, die Nr. 340 (Bouches-du-Rhône, Var) sowie die Nr. 341 (Alpes – Maritimes). Michelin-Karten gibt es in Frankreich wirklich überall und in Deutschland auch beim WOMO-Verlag.

Glauben Sie bitte nicht, Ihr Navigationssystem mache diese Karten überflüssig!

Falls Sie ab und zu wandern möchten, suchen Sie natürlich nach **Wanderkarten**, die es in Frankreich flächendeckend gibt; näheres können Sie unter der Überschrift *Wandern* nachlesen. Sie fragen vielleicht noch nach **Stadtplänen**? Ich kann auch in diesem Buch nicht damit dienen. Was daran liegt, dass Zeichnungen von Konkurrenzverlagen urheberrechtlich geschützt und gar nicht oder nur für teures Geld zu bekommen sind, und ich nach Zeit raubenden und aufwändigen Versuchen dem Beispiel anderer Reiseführer, dem Leser mit unzulänglichen Plänen Orientierungshilfen nur vorzugaukeln, nicht folgen will. Die Serie *Départements* der Michelinkarten entschädigt Sie mit einigen Stadtplänen, so dass noch weniger die Notwendigkeit zum eigenen Zeichnen besteht. Die restliche Lücke schließen Sie problemlos, wenn Sie sich den Michelin Restaurantführer leisten (Stichwort: *Restaurants*), wo Sie einen Stadtplan von jedem halbwegs großen Ort finden. Die Pläne sind so genau, dass sie im 2. Weltkrieg von den Alliierten für die Befreiung Frankreichs benutzt wurden.

Lebensmittel/Getränke

Schauen Sie mal, was Ihre deutschen Campingplatznachbarn zum »Kochen« aus den Stauräumen des WOMOs herauskramen: Konserven, Tütensuppen, Konserven... Das ist in Südfrankreich wirklich eine Sünde! Nichts gegen ein paar Vorräte. Für Notfälle bei geschlossenen Geschäften oder für die Tage übergroßer Urlaubsfaulheit. Wer möchte aber in einem Land mit allerbesten frischen Lebensmitteln unter konservierter Geschmacklosigkeit leiden? In Frankreich reiben sich die Hobbyköche die Augen: Schon in kleineren Orten überzeugen Fisch- und Gemüsegeschäfte mit einer Auswahl, die es bei uns nicht mal in der Großstadt gibt. Vom Käse gar nicht zu reden. Nur beim Brot wird es etwas schwieriger, denn so lecker das frische Baguette auch ist, am Nachmittag wird es knatschig, und übermäßig gesund ist es leider auch nicht. In einigen Bäckereien und in den meisten Supermärkten gibt es inzwischen jedoch auch dunkles Brot.

Das **Preisniveau** entspricht im Wesentlichen dem hiesigen, so dass Sie auch nichts sparen, wenn Sie sich im Urlaub mit heimischen Konserven ernähren (genau genommen *ernährt*

man sich mit Konserven auch kaum, man wird nur satt). Die französischen **Supermärkte** sind die größten in Europa. Das Angebot ist teilweise so gigantisch und erschlagend, dass ich schnell übel gelaunt bin. Stets habe ich das Gefühl, mehr kaufen zu müssen als ich brauche. Die meisten Supermärkte sind an allen Wochentagen geöffnet, teilweise sogar sonntags morgens. Kleinere Lebensmittelgeschäfte sind in der Regel montags vormittags geschlossen. Andere Geschäfte sind häufig montags den ganzen Tag über zu, es gibt aber keinen

einheitlichen Brauch, insbesondere kein Ladenschlussgesetz. Gehen Sie sicherheitshalber davon aus, dass Sie montags allenfalls Brot einkaufen können. Die üblichen **Ladenöffnungszeiten**: Dienstag bis Samstag von 9 bis 12 Uhr und von 15:30 bis 19 Uhr.

Das **Getränkeangebot** ist ebenfalls groß. Als Deutscher nimmt man zufrieden zur Kenntnis, dass es in Frankreich Gerstensaft - und weiterhin Dosenbier - gibt, denn die Franzosen legen im Bierkonsum von Jahr zu Jahr zu (was den Produzenten von einfachem Landwein zu schaffen macht). Die Auswahl an Fruchtsäften ist erstaunlicherweise schlecht, die Säfte sind auch verhältnismäßig teuer. Dem *Wein* widmen wir ausnahmsweise kein eigenes Stichwort. Es war mir Mühe genug, ein paar ordentliche Stellplätze zu finden. Da konnte ich nicht auch noch erlesene Flaschen suchen. Wenn ich mir unkritisch was Akzeptables gönnen wollte, trank ich einen *Château Minuty* aus Gassin. Den gibt's weiß, rosé und rot, er ist bezahlbar, und man macht damit nichts falsch.

Literatur

Sie werden sich vermutlich noch einen Reiseführer kaufen, der sich mit dem beschäftigt, was bei uns zu kurz kommt.

Nehmen Sie die Reiseführer aus dem **Michael Müller Verlag**, die nun sogar für das in unserem Buch beschriebene Gebiet mehrbändig erscheinen: *Haute-Provence* und *Côte d'Azur*, sowie obendrein, für den Westen, *Provence - Côte d'Azur*. In allen Büchern hat Ralf Nestmeyer mit unglaublicher Fleißarbeit eine Informationsfülle vorgelegt, vor der man nur den Hut ziehen kann. Wenn Sie sich aber bei mir schon wegen der bescheidenen Anzahl meiner Restauranttipps beschweren, wird Herr Nestmeyer einiges zu hören bekommen.

Und es bleibt Ihnen nur die weitere gute Ergänzung zu den WOMO-Führern, der beim WOMO-Verlag erhältliche grüne **Michelin**. Nicht mehr ganz so trocken wie früher, aber wegen der alphabetischen Aneinanderreihung weiterhin unübersichtlich. Jedoch mit präzisen, in sich hervorragend gegliederten Infos und Stadtplänen sowie Karten, die alles andere mühelos in den Schatten stellen. Sie benötigen aber auch hier die beiden Bände *Côte d'Azur* und *Französische Alpen*.

Von einer Reise vor fast 80 Jahren berichten **Erika und Klaus Mann** unterhaltsam in *Riviera* bei Silver & Goldstein.

Patrick Süskinds *Das Parfüm* gehört zu Grasse (Tour 7), und **Michel Houellebecq** lässt ein Kapitel seines Romans *Elementarteilchen* in Saorge (Tour 5) spielen.

Einen **Wanderführer** erwähne ich unter dem dazugehörigen Stichwort.

Notfälle

Wir empfehlen dringend eine sehr preisgünstige **Auslandskrankenversicherung** (bis zu 45 Tagen). Sie sollte für jeden Wohnmobilreisenden eine Selbstverständlichkeit sein. Wer sich dazu nicht entschließen kann, benötigt für Frankreich und die Transitländer eine **europäische Krankenversichertenkarte** (EHIC). Das Dokument im Scheckkartenformat kann direkt bei Ärzten und Kliniken vorgelegt werden. Die Ausstellung der Karte ist kostenfrei und muss bei der heimatlichen Krankenkasse beantragt werden. Gewährt werden bei der Vorlage alle notwendigen Leistungen – allerdings zu den Bedingungen, die vor Ort gültig sind. Wer die EHIC nicht vorweisen kann, wird zu entsprechen Tarifen als Privatpatient behandelt und muss in Vorleistung treten. Gegen Rechnungsvorlage wird in der Heimat möglicherweise ein Teil wieder erstattet.

Adressen deutschsprachiger **Ärzte**: erhält man bei den Konsulaten oder vom ADAC, München (Tel. 0049 89 22 22 22), aber auch bei den örtlichen Touristenbüros oder beim Campingplatzverwalter.

Im schlimmsten aller schlimmen Fälle: Wenn Sie einen Auslandsschutzbrief haben, werden Sie, Ihre Familie und das WOMO kostenlos nach Hause transportiert; ADAC siehe eben.

Apotheken

Französische Apotheken *(Pharmacies)* haben nicht einheitlich geöffnet. Vor allem montags sind die meisten Apotheken dicht. Normalerweise müsste ein Schild an der Eingangstür auf die Dienst habende Apotheke hinweisen *(Pharmacie de Garde)*. Die Bereitschaftsapotheke steht auch in der Zeitung; wenn Sie nicht weiterkommen, wenden Sie sich an die Polizei, die Sie angeblich nachts ohnehin brauchen, denn dann öffnet Ihnen wahrscheinlich kein Apotheker die Tür, weil er Angst vor Überfällen hat.

Konsulate/Botschaften

Honorar-Konsulat der **Bundesrepublik Deutschland**: Le Minotaure, 5e étage, 34, Avenue Henri Matisse, 06200 Nice; Tel. 0 4 93 83 55 25; www.konsulate.de;
Botschaft: 13/15 Avenue Franklin D. Roosevelt, 75008 Paris, Tel. 01 53 83 45 00;
Konsulat der **Republik Österreich**: 6, Avenue de Verdun, 06000 Nice; Tel. 04 93 87 01 31
Botschaft: 6 Rue Fabert, 75007 Paris. Tel. 01 40 63 30 63;
Schweiz: Consulat de Suisse c/o *Palais de l'Harmonie*, 21, Rue Berlioz, 06000 Nice Tel. 04 93 87 15 93;
Botschaft: 142 Rue de Grenelle, 75007 Paris, Tel. 01 49 55 67 00

Notrufe (die auch per Handy funktionieren)

Polizei *(police secours)*: 17
Feuerwehr, Unfallrettung *(sapeurs-pompiers)*: 18
ADAC-Auslandsnotruf, München: 0049-89-222222
ADAC-Auslandsnotruf, Paris: Tel. 01 45 00 42 95; von Mo. bis Fr. 9 bis 15 Uhr, von Mai bis Oktober bis 17 Uhr

Pannendienst

über den Polizeinotruf (siehe oben), und zwar entweder über die Notrufsäulen an der Autobahn und einigen Nationalstraßen, sonst überall über

die Ruf-Nr. 17. Außerdem kann man mittels der Telefonnummer 05 10 61 06 über *AIT-FIPA Assistance* einen Pannenhilfsdienst rufen. Weitere Infos erhalten Sie unter dem Stichwort *Unfall*.

Preise

Das Preisniveau an der Côte d'Azur ist hoch. Restaurants sind deutlich teurer als in Deutschland, an der Küste teilweise überzogen. Eintrittspreise reißen ebenfalls große Löcher in die Urlaubskasse. Dafür sind Campingplätze relativ preiswert. Lebensmittel kosten etwa so viel wie bei uns.

Reifen

Alle Touren und Tipps dieses Buches sind Makulatur, wenn Sie den Reifen Ihres Wohnmobils – auch oder erst recht, wenn es gemietet ist – nicht täglich die gebührende Aufmerksamkeit widmen. Die dauert einige Minuten, an denen Ihr unbeschwerter Urlaub, Ihre Gesundheit und möglicherweise auch Ihr Leben hängen!

Kein anderes Teil Ihres Fahrzeuges wird gleichermaßen still und leise zur Gefahrenquelle. Wenn Bremsen, Beleuchtung oder Federung schadhaft werden, diagnostizieren Sie das auch mit geringer Sensibilität. Die Reifen aber, die bei einem WOMO Höchstleistungen vollbringen müssen, erleiden unbemerkt Schäden, die einen plötzlichen radikalen Luftverlust zur Folge haben. Die, wie man im Volksmund sagt, »platzen«. Ein solches Unglück hat oft schwere Folgen, die deshalb so gravierend sind, weil sie sich meist einstellen, wenn die Reifentemperatur am höchsten ist, bei rasanten Geschwindigkeiten auf der Autobahn.

Günstigenfalls gerät das Fahrzeug kaum ins Schlingern und Sie sind nur zu Tode erschrocken, unter ungünstigen Umständen aber auch mal richtig tot. Dazwischen liegen einige Schadensabstufungen: Da sich bei einem solchen Reifenschaden zumeist größere Reifenteile, also Bestandteile aus Gummi und einem Stahl-Draht-Geflecht, lösen, schlagen diese bei höheren Radumdrehungen vernichtend an die Radkästen Ihres Autos. Das schadet den vorderen Radumrandungen weniger, sind diese nämlich aus Blech und entsprechend stabil. Die hinteren Radkästen der meisten Wohnmobile sind aus Sparsamkeits- Gewichts- und Konstruktionsgründen aus Holz oder Kunststoff, aus Materialien also, die derartigen Angriffen nicht standhalten. Unglücklicherweise verlaufen in der Nähe der Räder vielfach Brems-, Elektro-, Wasser- oder Gasleitungen, die in Sekundenbruchteilen durchschlagen werden. Wessen WOMO nicht über eine **Schlauchbruchsicherung** an der Gasflasche verfügt, wird nun zum potentiellen Flammenwerfer, wenn das Ventil an der Gasflasche während der Fahrt geöffnet ist, beispielsweise um den Kühlschrank mit Gas zu versorgen (Besitzer neuerer Fahrzeuge sind davon nicht betroffen; siehe unter *Gas*). Was sagt uns das? Erstens: Ohne Schlauchbruchsicherung wird bei jeder Fahrt das Gasflaschenventil zugedreht. Und zweitens: Nach einem solchen Unglück, wie übrigens auch nach einem Unfall, wird sofort die Gasflasche geschlossen.

Der durchschlagene Radkasten zwingt Sie möglicherweise zum Urlaubsabbruch (alte Hasen versehen ihre Radkästen mit Alu-Blechen). Was aber ist ein beschädigter Radlauf gegen einen Unfall als Folge eines schleudernden Wohnmobils? Jahr für Jahr kommen WOMO-Reisende wegen Reifenschäden ums Leben!

Vorsorge ist also geboten. Saison für Saison und Tag für Tag:
Erneuern Sie spätestens nach 5 Jahren die Reifen, auch wenn das Profil noch ausreichend ist. Besonders gefährlich sind Ersatzräder älteren Datums, die ungepflegt unter dem Fahrzeugboden gequetscht waren. Prüfen Sie in kurzen Zeitabständen den Reifendruck (am kalten Rad) und gönnen Sie Ihren Pneus auf der Hinterachse den für den Reifen **höchstzulässigen Druck** (der steht an der Reifenflanke, es ist die Ziffer vor den Buchstaben *psi*). Liebe Wohnmobil-Mieter, auch für Sie gilt diese Aufforderung. Und erst Recht sollten Sie den Druck kontrollieren, wenn das Auto zuvor in der Inspektion war, weil die Werkstätten dazu neigen, bis an die zulässige Grenze reichenden hohen Druck zu minimieren (weil die Monteure die Problematik der Wohnmobilreifen unterschätzen). Warum das Ganze? Weil Wohnmobilreifen, besonders auf den Hinterrädern, das ganze Jahr über Höchstlasten tragen müssen, oftmals mehr als zulässig. Ich will gar nicht behaupten, dass normale Reifen für solche Dauerbelastungen nicht taugen, auf jeden Fall aber rollen sie stets im Grenzbereich. Wenn Sie Ihre Reifen erneuern, kaufen Sie, sofern für Ihre Reifengröße zu haben, spezielle Reifen für Wohnmobile *(Camping)*, die es von mehreren Anbietern gibt, die nicht nur mehr kosten, sondern vor allem über eine höhere Festigkeit verfügen. Durch die hohe Belastung wird der Reifen bei jeder Umdrehung – je geringer sein Druck ist, umso mehr – zusammengedrückt, er *walkt* im Fachjargon. Die ständige, Umdrehung für Umdrehung erzeugte Kompression verursacht hohe Temperaturen, die umso höher sind, je schneller Sie fahren. Das *Walken* und die Temperatur weichen die Reifen allmählich auf. Die sind nämlich so konstruiert, dass die äußerste Gummischicht auf einen Unterbau, den Gürtel aus Stahldraht, vulkanisiert ist. Durch den eben beschriebenen Vorgang, vor allem durch die Hitze, kann es nun vorkommen, dass sich der Oberbau vom Unterbau löst. Geschieht dies schlagartig, platzt der Reifen und der Unterbau, das Stahlgewebe, zerfetzt.

Lassen Sie noch vorhandene Gummiventile durch Metallventile ersetzen.

Als Zwischenergebnis darf ich also festhalten: Ein junges Alter des Reifens, ein ausreichend hoher Druck und Metallventile sind die erste Garantie für Ihr Leben.

Punkt zwei: Ich achte peinlich auf Alter und Atü (psi) und dennoch bin ich zweimal nur mit Hilfe aufmerksamer anderer Autofahrer dem Totengräber von der Schippe gesprungen. Weil mich nämlich hinterherfahrende Verkehrsteilnehmer gewarnt haben, denen aufgefallen ist, dass sich an der Innenseite eines Hinterreifens **Beulen** gebildet haben. Diesen **Blasen** müssen Sie tagtäglich Ihre Aufmerksamkeit schenken. Sie entstehen dadurch, dass der eben geschilderte Effekt an einem Teil der Reifenflanke eingetreten ist, dass sich also auf einem partiell begrenzten Raum der Reifenoberbau vom Unterbau gelöst hat. In diesen Freiraum ist dann der hohe Reifeninnendruck gewichen, was sich mit einer Beule an der Reifenflanke bemerkbar macht. Entsteht eine solche Blase auf der Lauffläche (was ich noch nie beobachtet habe), merken Sie es daran, dass das Rad bei jeder Umdrehung holpert. An der Reifenseite hingegen tritt der Schaden unbemerkt auf. An den Außenseiten der Reifen kann man solche Vorboten des Todes noch vergleichsweise leicht erkennen, wenn man um das Auto geht und die Räder aufmerksam betrachtet. Bezüglich der **Innenflanken** ist die Kontrolle viel schwieriger, weil sich die Hälfte der Räder in den Radkästen versteckt.

Wie kontrolliert also der verantwortungsbewusste Chauffeur? Er kniet sich am Morgen vor **jedem** Fahrtantritt erst vor das Wohnmobil und lässt seinen Adlerblick auf die Reifeninnenseite schweifen. Anschließend sich derselbe Chauffeur hinter das Wohnmobil und verfährt gleichermaßen mit den Hinterrädern. Danach ist die Prozedur aber noch nicht zu Ende. Wer nicht lebensmüde ist, bittet nun einen Beifahrer, den Blick auf ein Rad zu werfen. Genauer, auf ein Reifenventil (Sie können auch mit Kreide einen Strich auf den Reifen malen). Der hilfreiche Beifahrer schreit »Stop« wenn Sie genau eine halbe Radumdrehung vorwärts oder rückwärts gefahren sind. Nun ist der Teil der Reifen unten, der bislang durch die Radkästen vor Ihren Argusaugen verborgen war. Sie knien sich jetzt erneut vor und hinter das Fahrzeug, und wenn Ihnen Ihr Leben besonders lieb ist, ziehen Sie Handschuhe an und tasten die Reifeninnenseiten nochmals ab.

Sie sind aber noch nicht zur Weiterfahrt entlassen. Sie knien sich nämlich jetzt noch vor jedes Rad (was Sie beim Luftdruckprüfen ohnehin tun müssen) und begutachten die Reifenaußenseiten nach Rissen oder Schnitten. Ich wiederhole mich: Alles gilt **auch für Mietmobile** und jeden Tag.

Bitte bedenken Sie, dass die Reifen eines Wohnmobils nicht nur gewichtsmäßig **extrem belastet** werden, sondern dass sie auch in größerem Umfange als Pkw **mechanisch beschädigt** werden. Sie fahren häufiger über unbefestigte Wege, Sie nehmen bei zu engen Kurvenradien den einen oder anderen Bordstein mit, Sie schrammen an größeren Steinbrocken vorbei etc. Die Festigkeit der Reifenflanke leidet nicht nur unter dem *Walken*, sondern genauso unter solchen dumpfen und spitzen Einwirkungen. Sie können sich ausmalen, wie es um das Schicksal Ihres Reifens bestellt ist, wenn zur hohen Belastung ein solch mechanischer Schaden hinzu tritt. Soll ich mich nochmals wiederholen?

Und noch ein Tipp: Im Leben eines Wohnmobilisten – wie gesagt in meinem Leben schon zweimal – bleibt es nicht aus, dass Sie ein Rad wechseln müssen (sofern Sie ein Reserverad dabei haben, was auch bei Wohnmobilen nicht mehr selbstverständlich ist). Sie lesen immer wieder in der Zeitung von Todesopfern, weil die Leute auf dem Standstreifen der Autobahn Räder montiert haben. Ein Reifenwechsel bei Nacht kommt für Sie dort niemals in Frage. Retten Sie sich und die gesamte Besatzung hinter die Leitplanke und warten Sie bis Hilfe kommt (die über Handy funktionierenden Notruf-Nummern stehen oben unter *Notfälle*). Auch am Tage würde ich mir gut überlegen, ob ich auf der Autobahn ein Rad wechsle und es vermutlich lieber sein lassen. Falls Sie eine Blase entdeckt haben, können Sie mit maßvoller Geschwindigkeit noch locker bis zur nächsten Werkstatt schleichen.

Endlich sollten Sie meinen Exkurs zum Anlass nehmen, Ihr Reserverad, soweit vorhanden, mindestens einmal im Jahr zu kontrollieren (und von Zeit zu Zeit auszutauschen), außerdem den Wagenheber und das Werkzeug. Ich möchte nicht allzu sehr abschweifen, aber zu guter Letzt dennoch darauf hinweisen, dass Sie mit dem werkseitig mitgelieferten Radmutterschlüssel eine festsitzende Schraube nicht immer lösen können.

Reisezeit/Klima

Bei der Wahl der richtigen Reisezeit spielen das Klima und der Touristenansturm die entscheidende Rolle. Die Angst vor **Überfüllung** der Campingplätze ist in der Zeit zwischen dem 15.7. und dem Samstag nach dem 15.8 (in Frankreich ein Feiertag) nur – dann aber überaus – berechtigt, wenn die Plätze an einem Badegewässer, besonders am Meer, liegen. Schon Ende August sind die Zeltplätze im Landesinnern (außer an Badestellen) nur noch halb voll. Ausschließlich während des eben genannten Monats steht man, liegt der Platz an Badestellen oder nahe den Hauptsehenswürdigkeiten, gelegentlich vor dem Schild ‚complet', was bedeutet, dass der Platz belegt ist. An der Küste dauert die Saison aber länger und bis Ende August, möglicherweise sogar bis zum Ende der französischen Schulferien, nach der ersten Septemberwoche. **Die höchste Hochsaison liegt zwischen dem Samstag vor und dem Samstag nach dem 15. August.**

Differenzierter ist das **Wetter**. Unser Reisegebiet liegt zum größten Teil im Bereich des Mittelmeerklimas. Was schreibt ein ordentlicher Reiseführer über die beste Reisezeit in dieser Klimazone? Sie ahnen es, aber wir enttäuschen Sie: Wir teilen Ihnen nämlich nicht mit, dass die günstigsten Reisemonate Mai und September sind, dass Sie Provence und Côte d'Azur im Juli und August meiden sollen. Vermutlich gehören nämlich auch Sie zu den Leuten, die just zu jener Zeit in ein südliches Land reisen. Weil Sie nur dann Urlaub bekommen oder die Kinder Ferien haben. Außerdem wäre eine solche Aussage für unser Reisegebiet teilweise auch gar nicht zutreffend, denn es gibt Landstriche, die ich Ihnen im Juli oder August besonders empfehle. Wir müssen also bezüglich der Reisezeit zwischen den einzelnen Landschaften unseres Buches unterscheiden:

Januar und **Februar** sind keine Wohnmobilmonate, praktische Südfrankreicherfahrungen für diese Zeit besitzen wir nicht. Obwohl unsere Ahnen im 19. und am Anfang des 20. Jahrhunderts gerade im Winter die Côte d'Azur als Urlaubsziel entdeckt haben. Auch heute noch liest man von den klaren Wintertagen in der Provence und an der Küste, die erstaunlich sonnig und regenarm sind.

Zum **Frühjahr** hin nehmen leider die Niederschläge kräftig zu. Wenn es dann in der zweiten Märzhälfte auf Ostern zugeht, erlebt man garantiert ein klimatisches Wechselbad. Man hat traumhaft schöne Tage, mit blühenden Bäumen unter tief blauem Himmel, man legt sich in das schon sichtbar gewachsene Gras und döst in der Sonne. Oder, allerdings viel seltener, man schlägt sich an grauen Tagen die Zeit um die Ohren, die Wohnmobilheizung ist unverzichtbar und der Regen trommelt stundenlang aufs Dach. Sie werden während 10 Tagen **Ende März/Anfang April** normalerweise beides erleben. Fahren Sie zu dieser Zeit möglichst an die Côte d'Azur, die durch das Gebirge vor den kalten Nordwinden (aber unzureichend vor dem Mistral) geschützt wird. Die Osterzeit ist auch optimal für das Hinterland von Nizza geeignet, weil Luft und Sicht dann überaus klar sind und, gerade bei Wanderungen, das blaue Meer einen wunderbaren Kontrast zu den noch mit Schnee bedeckten Gipfeln der Seealpen bildet.

Die Natur ist hier den weiter nördliche Regionen bis zu zwei Wochen voraus., das Regenrisiko ist an der Küste und in einem wenige Kilometer schmalen Streifen dahinter deutlich geringer.

Trotz der unsicheren Wetterlage sind mir die Wochen um Anfang April fast die liebste Zeit in Südfrankreich, denn man reist schon merklich in den Sommer. Schrauben Sie Ihre Erwartungen aber nicht zu hoch, eine Wettergarantie gibt es nicht.

Stellplatz 50 bei Peille (Tour 4)

Ende April kann man bei gutem Wetter schon mal im Meer baden, die Küste liegt dann aber noch im Winterschlaf. Campingplätze und Kneipen sind vielfach noch zu, aber dafür findet man, wenn auch Jahr für Jahr seltener, das eine oder andere Stellplätzchen, das einen Monat später zugeparkt, abgesperrt oder gar nicht mehr da ist. Zumindest kann man in Küstennähe ungestraft auf eigentlich verbotenen, zu dieser Zeit leeren Parkplätzen stehen, wenn es keine Barriere gibt, was selten ist. Das gilt natürlich auch für die Monate davor.

Im **Mai**, wenn Klatschmohn und Ginster blühen, wenn die Regentage seltener werden, wenn noch keine drückende Schwüle über dem Land liegt, kommt – ich kann es mir doch nicht verkneifen – die beste Zeit für den größten Teil unseres Gebietes, besonders für das Hinterland, soweit es nicht zu den Seealpen und zum Verdon zählt. Aber auch für die Küste, wo man um Pfingsten erleben darf, wie angenehm ein Campingplatz sein kann. Auf den schönsten Plätzen direkt am Strand ist noch Raum, Sie liegen in der Sonne und kommen sich vor wie im Sommerurlaub. Und als Tourist sind Sie manchmal sogar noch ein Individuum. Das Wetter ist um **Pfingsten** leider weniger stabil, als Sie es sich wünschen. Wir haben schon fast zwei Wochen am Stück unter wechselhaftem, gewittrigem Tiefdruck gelitten.

Ab Mitte **Juni** rollen dann die ersten Sommerurlauber heran. Jetzt beginnt auch das relativ beständige Klima, in Meeresnähe sind Regentage nun selten (in manchen Jahren gibt es Ausnahmen). Ab Anfang **Juli** kann man in den Flüssen des Hinterlandes baden. Der Verdon und seine

Tipps und Infos 269

bei L'Escalet (Tour 2)

Stauseen bekommen allmählich zivile Temperaturen (an einigen Stellen bleibt das Wasser aber den ganzen Sommer über ziemlich kalt), und man muss nicht mehr befürchten, dass die Wolken tagelang an den Bergen hängen bleiben. Obwohl wir schon an Ostern wunderbar am Verdon entlang gewandert sind, sind die Stauseen und (eher kühlen) Flüsse nur interessant, wenn Badewetter herrscht, also bis Mitte September.

Auch die Seealpen und das Roya-Tal sind ideale Ziele für den Hochsommer. Teile davon, der Mont Bégo und die Passstraßen, können nur zu dieser Zeit – bis Anfang Oktober – bereist oder bewandert werden. Im Sommer wird es hier öfters mal regnen oder gewittern, aber insgesamt werden Sie in unserem gesamten Beschreibungsgebiet von Ende Juni bis Mitte September keinen dauerhaften Wetterschiffbruch erleiden.

Sowohl an der Küste wie auch in den südlichen Alpentälern misst man im Juli/August tagsüber locker mal 35 Grad, wobei es in den Gebirgstälern nachts wunderbar abkühlt. Die sommerliche Hitze hat leider den Nachteil, dass schon häufig am Vormittag ein Dunstschleier die Riviera einhüllt, weshalb Sie dann nicht die von mir bei den Touren hochgelobte Fernsicht haben. Es sei denn, der Mistral hat gerade ganze Arbeit geleistet.

Wettermäßig beständig sind auch **September** und **Oktober**, allerdings begleitet von meist kurzen Perioden mit sehr starken Regenfällen, die mitunter zu Überschwemmungen führen. Dann gilt Vorsicht in der Nähe von Flüssen, die sehr schnell anschwellen können. Wir haben aber meistens Anfang September wunderbare Sommertage erlebt, die nur durch ihren kühleren Abend die Nähe zum Herbst verraten haben. In vielen Jahren kann man bis Anfang November noch baden. Ein schöner Monat soll der **Dezember** sein, aber jetzt sind wir schon fast wieder bei der Theorie.

Zu allen Jahreszeiten gilt, dass nicht selten über einem relativ schmalen **Küstenstreifen** das Wetter deutlich besser ist als im gebirgigeren Landesinneren.

Während des ganzen Jahres, also leider auch im Hochsommer, kann Sie der **Mistral** ganz schön nerven. Der »Herr der Winde« ist ein überaus rauer

270 Tipps und Infos

Geselle, der aus nordwestlicher Richtung kräftig das Rhône-Tal hinunterbläst, und ebenfalls auf den Landstrichen seitlich davon – mit nachlassender Kraft bis hin zur italienischen Grenze. Er wirbelt dabei den Sand am Strand so gnadenlos auf, dass Sie Nadelstiche zu verspüren glauben und schnell wissen, weshalb Sie der einzige Badegast waren und mit Freude verbuchen, dass es geschützte Felsbuchten gibt. Der Mistral weht, wenn sich über dem Golf du Lyon (das ist das Meer südlich der Rhône-Mündung) ein Tiefdruckgebiet aufgebaut hat. Dessen Sogwirkung zieht die kalte Luft im Norden an, wobei das Rhône-Tal den Luftstrom richtig in Fahrt bringt. Dort, wie auch an der Küste bis nach Italien sowie im Hinterland, fegt der kräftige Wind dann die Wolken weg, weshalb nicht selten das Phänomen entsteht, dass in Südfrankreich ein tiefblauer Himmel strahlt, während anderswo das Wetter schlecht ist. Wenn man den Wind am nötigsten braucht, an glutheißen Sommertagen, weht er am wenigsten, da dann die für die Sogwirkung verantwortlichen Tiefdruckgebiete fehlen.

Der Sturm rüttelt mitunter brutal an Ihrem WOMO, und wenn Sie nicht aufpassen, weht Sie ein Seitenwind auch mal in den Graben. Sein großer Vorteil aber besteht darin, dass er klare Lichtverhältnisse beschert. Jetzt ist die Zeit der Fotografen. Und die der Gipfelstürmer, welche dann die Aussichtspunkte hinter der Küste stürmen, um bis nach Korsika zu blicken. Vorbei sind dafür die lauen Abende, an denen Sie vor Ihrem WOMO den Grillen lauschen. Und so sind Sie froh, wenn das nervige Winden wieder aufhört. Wie lange es dauert, weiß man nicht. Nach unseren Erfahrungen bläst der Mistral im Sommerhalbjahr selten länger als zwei Tage, meistens kürzer.

Alle französischen Radio-Sender verbreiten einen ausführlichen **Wetterbericht** nach den 13-Uhr-Nachrichten, außerdem gibt es eine telefonische Wettervorhersage. Sie finden die Nummer unter dem Stichwort *Météo* im Telefonbuch. Nach einigen Urlaubstagen werden Sie auch gelernt haben, dass die regionalen Zeitungen über einen umfangreichen Wetterbericht mit mittelfristigen Vorhersagen verfügen, die erstaunlich oft falsch sind. Wahrscheinlich interessiert Sie nur eine Internetadresse: *www.meteofrance.com*.

Restaurants

Nie war die Ausbeute schlechter als bei der Nachrecherche zu diesem Buch und noch schlechter als für die Vorauflage. Kaum ein Restaurant war empfehlenswert, trotz hohen Preisniveaus und kritischer Auswahl. Wir hätten für eine verlässliche Leistung annähernd doppelt soviel ausgeben müssen wie in Deutschland. Sogar eine schlichte Pizza kostet stets

über 10 Euro. Unser Fazit nach anstrengenden und oft frustrierenden Abenden: Essen Sie nie in Campingplatz- oder Verlegenheitskneipen, die nur vordergründig billiger scheinen, Sie aber so gut wie immer enttäuschen und die als Totalverlust zu verbuchen sind. Es sei denn, wir hätten sie Ihnen empfohlen. Gehen Sie lieber seltener, dafür besser und teurer essen. Das ist immer billiger als mehrfach normal teuer – und normal schlecht. Es muss Ihnen unwichtig sein, ob Sie am Ende 15 Euro mehr oder weniger bezahlen, sonst sind Sie zu oft enttäuscht. Auch wenn ich es in allen meinen Frankreichführern gebetsmühlenartig wiederhole, ist gerade unter solchen Umständen der **rote *Guide Michelin*** eine echte Hilfe, auch

wenn ich mit ihm einige Lokale getestet habe, die ich Ihnen nicht zumuten möchte. Der rote *Michelin* lohnt sich übrigens auch wegen seiner einmalig präzisen Stadtpläne!

Sehenswürdigkeiten/Öffnungszeiten

Gäbe es sie nicht, würden Sie den Urlaub im heimischen Schwimmbad verbringen, folglich wollen Sie Sehenswertes auch würdigen. Dabei gibt es aber vielfältige Hindernisse:

Nicht selten werden Ihre Pläne durch ungünstige **Öffnungszeiten** durchkreuzt. Am besten gehen Sie davon aus, dass über Mittag, also zwischen 12 oder 12:30 und 14:30 Uhr, alles dicht ist, mitunter sogar die Kirchen. Museen und andere Sehenswürdigkeiten haben manchmal auch einen ganzen oder halben Ruhetag, häufig dienstags. Im Juli/August entfallen vielerorts die Mittagspause und der Ruhetag. Die Öffnungszeiten ändern sich leider von Jahr zu Jahr. weshalb auch die von uns angegebenen Zeiten sicherlich nicht mehr überall zutreffen.

Monaco - Palais du Prince

Ich bin bei jeder Reise erneut erstaunt, wie hoch die **Eintrittsgebühren** sind, Kinder zahlen immer weniger, nach dem Alter fragt niemand so genau. Die Franzosen neigen dazu, sehr viele Sehenswürdigkeiten nur im Rahmen von offiziellen Führungen zu zeigen. Wer nicht über gute Französischkenntnisse verfügt, versteht wenig, weshalb derartige Visiten oft zu langweiligen Urlaubsepisoden entarten. Der durchschnittliche *Guide* lässt sich nämlich selten einen Parforceritt quer durch die bewegte französische Geschichte nehmen.

Sprache

Franzosen sind dafür bekannt, dass sie Fremdsprachen gegenüber wenig aufgeschlossen sind. Erwarten Sie also nicht, dass man Ihnen auf Deutsch sprachlich entgegenkommt; zunehmend radebrecht jemand Englisch. Schaffen Sie sich einen Sprachführer an und machen Sie sich etwas mit der Aussprache vertraut, was allerdings nicht einfach ist, wenn Sie kein Französisch gelernt haben. Allein mit einem Wörterbuch kommen Sie dann nicht weit. Insgesamt kann man aber sagen, dass der Südfrankreich-Urlaub nicht an der Sprache scheitern wird.

Strände/Bademöglichkeiten

Die Küste zwischen Italien und Marseille ist überwiegend eine Felsküste. Das macht sie an den unbebauten Abschnitten so malerisch. Gewiss, es gibt auch Strände, das sind aber meist unterschiedlich breite Buchten. Lange Strandabschnitte, wie Sie diese von anderen Gestaden kennen, kommen nur in drei oder vier Bereichen vor, beispielsweise bei St. Tropez. So schnuckelig eine Bucht mit Sand oder feinem Kies auch ist, so schnell ist sie auch überfüllt. Gerade das macht den Badeurlaub in der Hochsaison schwierig.

Ich habe Sie schon mehrfach gewarnt, denn Südfrankreich am Meer ist in der Zeit zwischen Mitte Juli und dem 20. August eine echte Problemzone, die Côte d'Azur erst recht. Gehen Sie im Zweifel davon aus, dass Sie in dieser Zeit auf schönen, küstennahen Campingplätzen keinen Einlass finden, dass Sie am Strand nur mit Geduld eine Parkmöglichkeit antreffen werden, dass das Übernachten für WOMOs fast überall verboten ist und oft sogar das Parken.

Aber Sie finden auch im größten Trubel am Straßenrand Raum für Strandtage, falls Sie morgens vor 11 Uhr (oder am späteren Nachmittag) eingeparkt haben. Nehmen Sie dort unbedingt Ihre Wertsachen mit zum Strand und lassen Sie diese nicht aus dem Auge. Auf Parkplätzen an der Küste wird besonders viel geklaut.

In der Vorsaison ist alles besser, wenn man einmal von den baulichen Behinderungen absieht. Für den Hochsommer können Sie sich natürlich schon Monate vorher auf einem Campingplatz anmelden, um dann dort an der täglichen Animation teilzunehmen, um in der Disco zu schwofen und um deutsches Bier zu trinken. Mit mobilem Reisen hat das aber nur noch wenig zu tun.

Sie werden an der Côte d'Azur nicht auf Badetage verzichten und diese sogar genießen! Sie werden in landschaftlich schönen Buchten bräunen. In allen Sommermonaten! Nur ist die Suche dahin etwas schwierig, und Sie können nur in seltenen Fällen dort länger verweilen.

Seit ein paar Jahren sind die Strände mit Haufen von **Seegras** *(Posidonia)* verschmutzt. Die Organisatoren tun so, als sei das normal und Beweis eines ökologischen Gleichgewichts. Ich halte das für gelogen, weil die Plage sichtbar zunimmt. Die Verantwortlichen säubern meist erst im Juni die wichtigsten Strände, was nichts daran ändert, dass man beim Baden oft erst mal durch die unangenehmen Pflanzenreste waten muss, Das ist lästig, sogar ein wenig eklig, aber nicht gefährlich.

Strand von L'Escalet (Tour 2)

Auch in der Restprovence muss man nicht auf das Schwimmen verzichten oder sich mit Freibädern begnügen (da die französischen Jugendlichen ganztags in die Schule müssen, sind die meisten Freibäder nur während der Ferien, im Juli und August, geöffnet). Die Verdon-Stauseen, mit Abstrichen auch der diese speisende Verdon, sind wegen ihres weichen Wassers zum Baden ideal, wenn auch nur von Juni bis September. Die Ufer dieser Seen sind jedoch größtenteils steil, so dass sich der Badebetrieb auf wenige Strände konzentriert. Die Binnengewässer sind weit weniger überlaufen als die Küste.

Strand des *Club 55* (Tour 2)

Für alle Strände und Badeplätze gilt: Am Wochenende gibt es einen besonderen Run; das ist die beste Zeit für den Campingplatz, denn der bleibt vom einheimischen Ausflugstourismus verschont. Wer samstags oder sonntags freie Badeplätze sucht, sollte sicherheitshalber früh aufstehen.

Straßenverhältnisse/Verkehrsregeln

Frankreich ist berühmt für sein **Straßennetz**. Leider – muss man fast schon sagen, denn auch durch die landschaftlich schönsten Gebiete führen befahrbare Wege. Wohnmobilisten kommt das natürlich entgegen. Die Straßen sind häufig schmal und kurvig, aber fast ausnahmslos auch für breite Wohnmobile passierbar. Wenn einmal ein Verkehrsschild das Befahren einer Straße für ein Fahrzeug Ihrer Größe verbietet, können Sie sicher sein, dass Sie hier niemand schikaniert. Denn mit dem Aufstellen von Verbotsschildern ist man in Frankreich insoweit zurückhaltender als bei uns. In den letzten Jahren wurden Strecken – vornehmlich in Ortschaften – für Fahrzeuge mit einem Gesamtgewicht von mehr als 3,5 t gesperrt. Das hat meist nichts mit der Straßenbreite zu tun, sondern soll LKW fern halten. Schwere WOMOs ziviler Größen sind davon betroffen, obwohl die Durchfahrt phy-

274 Tipps und Infos

sikalisch möglich ist, häufig praktiziert und so gut wie nie kontrolliert wird.

Fahren Sie ruhig kleinere Sträßchen. Wenn diese auf Ihrer Michelin-Karte ohne erkennbare Beschränkungen eingezeichnet sind, kommen Sie auch durch. Sie werden dabei viel mehr erleben, als wenn Sie auf einer breiten Nationalstraße durch die Landschaft brettern. Vor unübersichtlichen Kurven sollten Sie kurz hupen.

Die **Autobahnmaut** schmälert ganz schön Ihre Urlaubskasse. Sie können mit der Kreditkarte zahlen, die vom Personal blitzartig durch den Schlitz gezogen wird. Sie fahren weiter, während andere in derselben Zeit noch das Geld zählen. Etwas schwieriger ist der Bezahlvorgang an den zunehmend installierten **automatischen Kassen**, die Sie daran erkennen, dass über der entsprechenden Mautdurchfahrt ein gelbes ‚T' aufleuchtet. Ich hatte dort einmal Schwierigkeiten mit erstaunlich geduldigen Hintermännern, vermutlich weil ich zu schnell die Karte in den Schlitz gesteckt habe. Man muss nämlich warten, bis an einem mehrerer in Frage kommender Schlitze ein gelber Pfeil aufleuchtet. Dann funktioniert die Visa-Karte – ohne Geheimzahl – ebenfalls problemlos.

In Frankreich gilt seit Juli 2008 **Warnwestenpflicht**. Man muss sie tragen, wenn man sich nach einer Panne am Auto zu schaffen macht oder nach einem Unfall verwirrt durch die Gegend rennt. Vor allem muss man sie dabei haben, wenn die Polizei danach fragt. Meines Wissens genügt eine, auch wenn das eigentlich nicht logisch ist, sofern mehrere Personen im Auto sitzen.

Die **Höchstgeschwindigkeiten**: Innerorts 50 km/h; auf Landstraßen 90 km/h (bei Nässe 80 km/h); bei zwei Fahrstreifen in jeder Richtung 110 km/h (bei Nässe 100 km/h); auf Autobahnen: 130 km/h (bei Nässe 110 km/h). Ist Ihr Führerschein jünger als ein Jahr, dürfen Sie höchstens 90 km/h fahren.

Da die Fahrt an die Côte d'Azur durch verschiedene Transitländer geht, nachfolgend zur Schonung Ihrer Urlaubskasse eine Tabelle über die erlaubten Höchstgeschwindigkeiten (km/h - in Frankreich für trockenes Wetter und mit Führerschein älter als ein Jahr):

	Autobahn	Landstraße	Ortschaft
Frankreich	130	90	50
Schweiz	120	80	50
Österreich	130	100	50
Italien	130	90	50

In allen Ländern sind die Geldbußen bei Geschwindigkeitsüberschreitungen saftig. Meist höher als in Deutschland.

Denken Sie in **Italien** an die Warntafel an Ihrem Heckgepäckträger sowie an das auch tagsüber außerorts vorgeschriebene Abblendlicht. In Italien ist an den Mautstellen größte Vorsicht geboten. Wer sich auf der falschen Spur eingeordnet hat und dann rückwärts fährt, muss sich einen Ersatzfahrer suchen, falls die Polizei zuschaut. Die zieht nämlich dann sofort den Führerschein ein, weil man auf der Autobahn bekanntlich nicht rückwärts fahren darf.

Eine **grüne Versicherungskarte** ist für Frankreich wie auch für die Transitländer nicht erforderlich, sie wird aber allgemein empfohlen.

Das **Tankstellennetz** ist dichter als in Deutschland. Dieselkraftstoff kostet ähnlich viel wie bei uns. Meiden Sie möglichst die Autobahn-

Tipps und Infos   275

tankstellen, denn dort ist der Sprit am teuersten. Am preiswertesten tankt man bei großen Supermärkten. An Tankstellenautomaten hat meine *Visa-Karte* nur selten den Zapfhahn sprudeln lassen, dafür war ich mehrfach mit der EC-Karte erfolgreich.

Telefonieren/Internet

In Frankreich gilt ein 10-stelliges Nummernsystem, dessen erste Ziffer eine Null ist. **Innerhalb Frankreichs ist immer diese Null** zu wählen (auch für Paris). **Vom Ausland wird diese Null weggelassen**, es folgen dann also nur noch 9 Ziffern.

Die Vorwahl **nach** Frankreich, der die 9-stellige Nummer folgt (also ohne Null!), ist aus Deutschland, Österreich und der Schweiz dieselbe, es ist die

0033.

Alle Angaben gelten auch für das Mobiltelefon, bei dem Sie im französischen Netz keine Ländervorwahl, dafür aber die Null wählen müssen. Die Auslandvorwahlen **von** Frankreich aus (wie auch aus den Transitländern) sind:

nach Deutschland	0049
nach Österreich	0043
in die Schweiz	0041

Auf den meisten Campingplätzen wird Ihnen inzwischen ein kostenpflichtiger **WLAN-Internetzugang** geboten. Eine wirklich empfehlenswerte Lösung mit einer Telefon-, bzw. UMTS-Karte kenne ich nicht. Bei Drucklegung ist mir kein französischer Anbieter bekannt, der einen preisgünstigen Vertragstarif anbietet. Die wenigen Prepaid-Angebote waren mir zu unpraktisch.

Toiletten

Viele Leser werden dabei nur an die legalen Entleerungsmöglichkeiten für das Chemieklo denken. Eine saubere **öffentliche Toilette** entlastet aber auch das eigene Klo und spart Chemie. Viele *WC public* sind so sauber, dass man große und kleine Geschäfte direkt dort erledigen kann.

Fast alle chemischen Toilettenmittel arbeiten nach dem Prinzip, Bakterien zu zerstören. Leider tun sie dieses auch in der Kläranlage, wo aber gerade Bakterien die Abwässer reinigen. Wer auf Chemie nicht verzichten kann, muss unbedingt richtig dosieren, damit die Chemie von den eigenen Fäkalien weitgehend aufgebraucht wird. Bei aller Chemie gilt der Grundsatz: So wenig wie möglich!

Noch besser ist es, zunächst gar keine keimtötende Flüssigkeit einzufüllen, denn einen Tag lang geht es – außer im Hochsommer – auch ohne. Wer sich umsieht, findet fast täglich eine Möglichkeit zur Entsorgung. Wir haben Sie daher bei den Reisebeschreibungen und auf den Karten immer wieder auf ausgewählte **öffentliche WC** (*WC public*) hingewiesen. Vor allem auch für die Leser im Kleinbus und die anderen, die das eigene WC ungern benutzen. Südfrankreich ist fast flächendeckend mit solchen Örtchen ausgestattet, man muss sich nur die Mühe machen, sie auch zu finden. Und leeren Sie bei sich bietender Gelegenheit das Klo aus, bevor es zu spät ist und Sie mit dem Gesträuch seitlich der Straße liebäugeln müssen.

Leider gibt es in Südfrankreich – außerhalb der Campingplätze – noch zu wenige **Entsorgungsstationen**. Kaum mehr als auf unseren Karten eingezeichnet.

Wir haben in unseren Toilettentank eine **Toilettenentlüftung** eingebaut. Eine der tollsten Erfindungen seit es Wohnmobile gibt, ist die ‚*SOG-Toilettenentlüftung*', bei der ein etwas dickerer Schlauch ins Freie geführt wird. In diesem sitzt ein kleines, kräftiges Elektromotörchen, das Ihnen beim Öffnen des Toilettenschiebers die schlechte Luft unter dem Hintern wegsaugt. Vorbei sind die Zeiten, in denen sich die restliche Urlaubsbesatzung außerhalb des Wohnmobils die Beine vertreten musste, wenn ein Mitreisender sein Geschäft erledigte. Mit dieser elektrisch gesteuerten Toilettenentlüftung gehören schlechte Gerüche der Vergangenheit an, selbst wenn Sie gar keine oder nur wenig Toilettenflüssigkeit verwenden. Sie finden im Werbeteil der Wohnmobilzeitschriften Bezugsquellen, auch die Campinghändler sind inzwischen bestückt, z.B. die Firma ALBA (Tel. 06374/3831). Einziger Wehrmutstropfen: Die Entlüftungsanlage kostet etwa 120 Euro, und man muss sie sich beim Händler einbauen lassen, wenn man handwerklich weniger geschickt ist (mir gelang der Einbau einst auf Anhieb).

Etwas wundert mich besonders: Ich bin wahrlich mit dem Wohnmobil viel unterwegs, und mir begegnen unzählige andere WOMOs. Aber die Leute, die ich mit einem Fäkalbehälter in einer öffentlichen Toilette gesehen habe, kann ich über die Jahre an einer Hand abzählen. Liebe Leser, geht in Euch! Muss es denn immer der Straßengraben sein?

Unfall

Wenn das Schicksal Sie ereilt, sollten Sie als erstes daran denken, dass Sie auf sich selbst gestellt sind. So Sie einen Unfallgegner haben, notieren Sie sich die Versicherungsgesellschaft und die Versicherungsnummer. Sie finden bei jedem französischen Auto an der Windschutzscheibe einen Aufkleber, der die Versicherung ausweist (bei Motorrädern am vorderen Schutzblech). Es ist nämlich weiterhin schwierig, nur anhand des Kennzeichens den Haftpflichtversicherer zu ermitteln. Machen Sie möglichst eine Vielzahl von Fotos von Kennzeichen und Versicherungsplakette, den Unfallendständen, den Verkehrszeichen, Spuren und der Gesamtsituation. Achten Sie darauf, dass in den Unfallbogen, den fast alle Franzosen haben, den sogenannten *Constat amiable*, nur solche Daten aufgenommen werden, die unstreitig sind, unterschreiben Sie keinen Text, den Sie nicht verstehen. Und lassen Sie sich bei größeren Unfällen von Ihrer Rechtsschutzversicherungsgesellschaft sofort einen Deutsch sprechenden Anwalt nennen.

Die Polizei kommt nur bei schweren Sachschäden, oder wenn Personen verletzt wurden. Falls der Unfallgegner keine Polizei möchte und Sie eindeutig schuld sind (die Verkehrsregeln sind im Wesentlichen die gleichen wie bei uns), falls niemand schwer verletzt worden ist, können Sie auch mit Ihrem Kontrahenten Formalitäten austauschen, ohne die Polizei zu rufen. Dann ersparen Sie sich nämlich mit hoher Wahrscheinlichkeit ein nicht geringes Bußgeld oder gar eine Kautionszahlung. Ihr **Haftpflichtversicherer** wird den Schaden nämlich auch regulieren, wenn Sie ohne Zuhilfenahme der Polizei über den Unfall wahrheitsgemäß berichten. Nur unverzüglich, das heißt so schnell Sie können, also spätestens am nächsten Tag, sollten Sie die Haftpflichtversicherung telefonisch informieren und Weisungen zu weiteren Verhaltensmaßnahmen entgegen nehmen. Einzelheiten können Sie meistens in der Heimat nach Rückkehr aus dem Urlaub nachreichen.

Vor ein paar Jahren hat der EU-Gesetzgeber Ihnen die **Regulierung von Unfallschäden** deutlich leichter gemacht: Wenn sich der Schaden in einem EU-Staat ereignet hat oder wenn der Unfallgegner aus der EU stammt, kann der Schaden von zu Hause aus in deutscher Sprache reguliert werden. Beim Zentralruf der Autoversicherer nennt man Ihnen in Deutschland (unsere Leser aus Österreich und der Schweiz bitte ich um Nachsicht, dass ich die Einzelheiten nicht recherchieren konnte) unter 0180-25026, falls Sie das Kfz-Kennzeichen und möglichst auch die Versicherung des Unfallverursachers angegeben haben, einen Regulierungsbeauftragten, meist ein anderes Versicherungsunternehmen. Dort melden Sie Ihre Ansprüche an. Es gilt aber das Schadensrecht des Unfallortes (also die dortigen Verkehrsregeln und auch die dortige Gesetzgebung über Schmerzensgeld, Rentenansprüche etc.). Informationen finden Sie unter *www.adac.de/auslandsunfall*. Inzwischen können deutsche Bürger Schadensersatzansprüche aus einem in Frankreich von einem Franzosen verursachten Verkehrsunfall auch in Deutschland vor deutschen Gerichten, aber nach französischem Recht, einklagen. Das ist wesentlich besser als früher, aber immer noch so kompliziert, dass ich Ihnen weiterhin eine **Rechtsschutzversicherung** dringend empfehle. Dass Sie für Ihr Wohnmobil eine Vollkaskoversicherung abschließen sollten, muss ich nicht gesondert erwähnen.

Sie haben ein Wohnmobil **gemietet**? Fragen Sie Ihren Vermieter *vor* Abschluss des Mietvertrages, ob das Fahrzeug auch vollkaskoversichert ist. Fragen Sie Ihren Vermieter nach der Rechtsschutzversicherung. Falls er keine unterhält, Sie sich aber selbst rechtsschutzversichert haben, beispielsweise für Ihr normales Auto, genießen Sie Rechtsschutzversicherungsschutz auch als Fahrer eines fremden Autos, sofern Ihre eigenen Rechte betroffen sind. Dieses gilt für den gesamten strafrechtlichen Bereich, also für Geldstrafen, Freiheitsstrafen (manch einem kann der Urlaub nicht alternativ genug sein) und auch für die Durchsetzung Ihrer eigenen Schadensersatzansprüche, wenn Sie einen Körperschaden erlitten haben. Achten Sie darauf, dass Ihre Familienmitglieder in dieser Rechtsschutzversicherung mitversichert sind. Wir können Sie, um dieses unheilvolle Kapitel zu beschließen, nicht eindringlich genug bitten, alle diese Dinge nicht auf die leichte Schulter zu nehmen.

Zuletzt verweisen wir auf das Stichwort *Notfälle*. Sowie darauf, dass unsere versicherungsrechtlichen Ratschläge nur für Deutschland überprüft sind. Für Österreich dürften sie aber in ähnlicher Weise gelten.

Wanderungen

Unser Buch bewegt sich in **idealen Wanderrevieren**. Neben vielen Nachteilen hat die Côte d'Azur den großen Vorteil, dass sie felsig ist und man über den Klippen wunderbar wandern kann. Die bestens gelb markierten *sentiers littoral* über dem Meer gehören zum Schönsten, was der Wandersmann unter die Schuhe bekommt. Und im Sommer darf man den Fußweg mit Badepausen garnieren.

Außerdem streifen unsere Touren die bis ans Meer heranreichenden Seealpen, deren Aussichtspunkte in die oberste Schublade gehören.

Hinzu kommen die faszinierenden Berglandschaften am Mont Ste. Victoire und im Ste. Baume-Massiv, wo Sie jeweils Tage verwandern können. Lassen Sie sich diese traumhaften Wege nicht entgehen! Gemessen an diesen phantastischen Bedingungen sind unsere Wandervorschläge eigentlich zu wenige.

Auch für die erforderlichen Hilfsmittel ist gesorgt: Es gibt erstaunlich

im Estrel-Gebirge (Tour 3)

viele markierte Wege und ein flächendeckendes Netz von **Wanderkarten**.

Die blauen Karten *des IGN* haben einen Maßstab von 1: 25.000 (Wanderer verstehen das noch; trotzdem: 1 cm=250 m). Die Karten sind so genau, dass jeder Trampelpfad und fast alle mehr oder weniger gut markierter Wanderwege eingezeichnet sind. Die Blätter kosten etwa 10 Euro und haben den Nachteil, dass man bei manchen Wanderungen gleich zwei von ihnen braucht. Kaufen Sie die Karten in Frankreich überall im Buchhandel oder von Deutschland per Internet und Kreditkarte. Letzteres funktioniert, wie ich getestet habe, bestens, bei einer Woche Lieferzeit, aber knapp 5 Euro Porto *(www.ign.fr)*.

Ich habe Ihnen bei den einzelnen von mir beschriebenen Wanderungen immer die Karte genannt, die ich dazu benutzt habe. Die Orientierung ist mit Hilfe der Karten auch auf nicht markierten Wegen meist einfach. Sie wird zum Kinderspiel, wenn man auf einer ‚GR' (*Grande Randonnée*) marschiert, die immer gründlich rot-weiß bepinselt ist (und an Gabelungen meist mit gekreuzten roten und weißen Strichen vor dem Weg in die falsche Richtung warnt).

Ohne Wanderschuhe sollten Sie sich nicht auf den Weg machen, denn der Untergrund ist sehr oft steinig und geröllartig. Auch noch im April empfehle ich Ihnen wegen des starken Windes eine Wollmütze.

Obwohl der Reiseführermarkt ausufert, hat er sich bei den Wanderführern reduziert. Optimal sind die **Rother Wanderführer** *Côte d'Azur* und *Seealpen* (gibt's beim WOMO-Verlag) mit guten Karten, schönen Fotos und informativem Text. Mit Wanderkarte und unserem Buch kommen Sie aber auch so zurecht und haben Stoff für mehr als einen Urlaub, da wir ein paar schöne Strecken für Sie abgestiefelt sind.

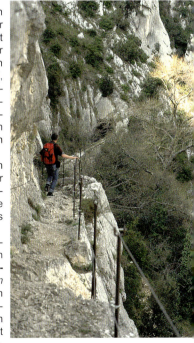

Basses Gorges du Verdon (Tour 11)

Tipps und Infos   279

Wasserversorgung

Es gibt in Südfrankreich viele öffentliche Wasserzapfstellen, allein schon wegen der zahlreichen *WC publics*. Es stellt sich daher kaum die Frage, wo finde ich Wasser, als vielmehr wie kommt das Wasser in den Tank? Denn die Wasserhähne kann man oft sehr schlecht anfahren. Wir hantieren meistens mit einer 10 l Gießkanne. Es gibt nichts Praktischeres, wenn man das Gartengerät sauber hält und unterwegs Platz dafür hat. Alternativ empfehle ich einen faltbaren Wasserkanister, bei dem das Umfüllen in den eigenen Tankstutzen allerdings schwieriger ist (beliebt ist auch die Spülschüssel-Methode, wenn man einen großen Trichter besitzt). Für die Schlauch-Technik brauchen Sie einen Plastikschlauch, der wenigstens 8 m lang sein muss. Sie sollten einen Schraubanschluss für 1/2 Zoll und 3/4 Zoll dabeihaben. Außerdem bietet der WOMO-Handel (zumeist mit einem Duschkopf) einen kurzen Schlauch mit einem dehnbaren Gummianschluss an, den man über die meisten Wasserhähne schieben kann. Befestigen Sie dieses Gum-

miteil an Ihrem Füllschlauch!

Damit Sie sorglos durch die Lande fahren können, haben wir auf den Karten zu den einzelnen Touren einige Wasserentnahmemöglichkeiten eingezeichnet und bei vielen Stellplätzen darauf hingewiesen. Gehen Sie aber bitte nicht davon aus, dass Sie dort immer mit Hilfe eines Schlauches Wasser tanken können.

Wir analysieren natürlich nicht die Trinkwasserqualität, dafür entkeimen wir ziemlich regelmäßig mit *Micropur*, einem geruchs- und geschmacklosen Mittelchen, frei von Chlor und Jod, das auch der Veralgung Ihrer WOMO-Wasserleitungen vorbeugen soll.

Das sollte Sie nicht unbedingt auf die Idee bringen, derart aufbereitetes Wasser zu trinken. Auch wenn am Ende dieses Buches das Weinkapitel fehlt (siehe *Lebensmittel/Getränke*), dürfen Sie doch im Geiste mit uns anstoßen. Lieber mit einem Gläschen *Château Minuty* als mit ein paar Tröpfchen *Micropur*.

Stichwortverzeichnis

A

Abbe. du Thoronet   191
Agay   78
Aiguines   205
Aix-en-Provence   170
Allemagne   224
Antibes   87
Apotheken   264
Argens   71
Artuby   207
Aspres-sur-Buëch   19
Aups   194
Auribeau   168

B

Bademöglichkeiten   272
Basses Gorges   233
Bauduen   219
Biot   88
Bonne Terrasse   58
Bormes-les-Mimosas   45
Botschaften   264
Breil-sur-Roya   117

C

Cabasse   190
Cabris   162
Cagnes-sur-Mer   89
Callian   165
Camarat   59
Campingplätze   253
Cannes   86
Cannobio   19
Cap Dramont   80
Carcès   189
Carros   151
Castellane   236
Castérino   126
Cavalière   50
Certosa di Pavia   19
Château-Arnoux-St.-Auban   246
Chateaudouble   192
Cogolin   69
Col de Braus   145
Col de Brouis   117
Col de Turini   133
Col du Canadel   50
Colmiane   139
Comps-sur-Artuby   208
Concise-Lac   19
Corniche des Maures   49
Corniche Sublime   205
Cotignac   198

Couloir Samson   209
Croix de Provence   180

D

Diebstahl   254
Draguignan   191

E

Entrecasteaux   191
Entrevaux   240
Esparron-de-Verdon   230
Esterel-Gebirge   77

F

Fayence   165
Fontan   122
Fort St. Roch   145
Freie Übernachtung   256
Fréjus   72
Fremdenverkehrsbüros   258

G

Gas   259
Gassin   62
Gattières   151
Geld   260
Getränke   262
Giens   30
Gonfaron   69
Gorbio   103
Gorges de la Vésubie   143
Gorges du Loup   154
Gotthard-Pass   18
Gourdon   154
GPS   260
Grand Canyon du Verdon   206
Grandson   19
Grasse   159
Gratadis   81
Gréolières   154
Gréoux-les-Baines   227
Grimaud   66
Grottes de St.-Cézaire   163

H

Hyères-les-Palmiers   39

I

IÎle de Porquerolles   38
Internet   276

K

Klima   268

Kloster Thoronet 190
Konsulate 264

L

La Bollène-Vésubie 133
La Brique 123
Lac de Carcès 189
Lac de Castillon 238
Lac d'Esparron 230
Lac de Ste. Croix 214
Lacs Jumeaux 126
La Favière 44
La Garde-Freinet 68
La Londe-des-Maures 43
La Maline 210
La Môle 50
La Morra 19
Landkarten 261
Lantosque 139
La Palud-sur-Verdon 213
Laragne-Montéglin 250
La Turbie 109
Lausanne 19
L'Authion 132
Lavendelanbau 225
L'Ayguade 43
Le Bar-sur-Loup 156
Lebensmittel 262
Le Boréon 138
Le Dramont 77
Le Lavandou 44
L'Escalet 59
L'Escarène 143
Les Issambres 71
Les Lecques 22
Les Mées 243
Les Milles 176
Les Salles-sur-Verdon 215
Le Suquet 140
Literatur 263
Lucéram 143

M

Madonne d'Utelle 142
Malpasset 76
Manosque 244
Massif de la Ste. Baume 184
Menton 96
Mercantour-Massiv 134
Monaco 92
Montagne Ste.-Victoire 178
Mont Bégo 125
Mont Faron 28
Moulinet 132
Moulins de Paillas 62
Moustiers-Ste.-Marie 201

N

Neuhausen 18
Nice 90
Nizza 90
Notfälle 264
Notre Dame des Fontaines 124
Notrufe 264

O

Öffnungszeiten 272
Orpierre 251
Ottmarsheim 18

P

Palmensterben 40
Pannendienst 264
Peille 104
Peillon 106
Pic de l'Ours 82
Pic du Cap Roux 82
Plage de Pampelonnne. 56
Plan-d'Aups 184
Plateau d'Anthéor 81
Plateau von Valensole 225
Point Sublime 209
Pont-du-Loup 153
Port-de-Miramar 43
Port-Grimaud 63
Port-la-Galère 83
Pourrières 182
Preise 265
Presqu'Île de Giens 30
Puget-Théniers 241
Puyloubier 183

Q

Quinson 233

R

Rallye Monte Carlo 130
Ramatuelle 57
Reifen 265
Reisezeit 268
Restaurants 271
Rians 183
Riez 223
Roquebrune-sur-Argens 72
Route de Lavande 225
Route des Crêtes 207
Route Napoléon 14, 243
Roya 117

S

Saint-Martin-Vésubie 136
Salernes 197
Salzstraße 119

Sanary-sur-Mer 25
San Bartolomeo 19
Saorge 119
See von Esparron 227
Sehenswürdigkeiten 272
Sentier Martel 211
Sillans-la-Cascade 195
Sisteron 247
Six-Fours-les-Plages 27
Sospel 113
Sprache 272
St. André-les-Alpes 238
St. Aubin 18
Staumauer von Malpasset 76
St. Aygulf 71
St. Blaise 19
St.-Cézaire-sur-Siagne 164
St. Cyr 23
St. Dalmas 125
Ste. Agnès 99
Ste. Croix-du-Verdon 220
Stellplätze 256
Ste. Maxime 69
St. Jean-la-Rivière 141
St. Jeannet 152
St. Julien-du-Verdon 239
St. Maximin-la-Ste. Baume 186
St. Paul-de-Vence 147
Strände 272
St. Raphaël 76
Straßenverhältnisse 274
St. Tropez 51

T

Tanneron 166
Telefonieren 276
Tende 129
Thoronet 190
Toiletten 276
Toulon 28
Tourrettes-sur-Loup 152
Tourtour 192
Trigance 208
Tunnel de Tende 15

U

Unfall 277
Utelle 141

V

Vallée de Fontanalba 126
Vallée des Merveilles 126
Vauvenargues 178
Venanson 134
Vence 149
Verdon 204

Verkehrsregeln 274
Vernante 19
Viadukt von Anthéor 83
Village des Tortues 69
Villecroze 194
Villeneuve 245
Volonne 246

W

Wanderungen 278
Wasserversorgung 280
Wohleibrügg 18
Wohlensee 18

Der WOMO®-Pfannenknecht

ist die saubere Alternative zum Holzkohlengrill.

* Kein tropfendes Fett,
* Holz statt Holzkohle,
* vielfältige Benutzung –
* vom Kartoffelpuffer bis zur Gemüsepfanne.

Massive Kunstschmiedearbeit, campinggerecht zerlegbar, Qualitäts-Eisenpfanne von Rösle, bequeme Handhabung im Freien, einfachste Reinigung.

Nur 49,90 € – und nur bei WOMO!

Der WOMO®-Aufkleber

* passt mit 45 cm Breite auch auf Ihr Wohnmobil.
* ist das weit sichtbare Symbol für alle WOMO-Freunde.

Nur 2,90 € – und nur bei WOMO!

Der WOMO®-Knackerschreck

* ist die universelle und **sofort sichtbare Einbruchssperre**.
* Wird einfach in die beiden Türarmlehnen eingehängt, zusammengeschoben und abgeschlossen.
  (tagsüber unter Einbeziehung des Lenkrades, nachts direkt, somit ist Notstart möglich).
* Passend für Ducato, Peugeot, MB Sprinter sowie VW (LT & T4).
* Krallen aus 10 mm starkem (Edel-) Stahl, d. h. nahezu unverwüstlich.

Ab 44,90 € – und nur bei WOMO!

Info-Blatt für das WOMO-Buch: Provence (O) '11
(ausgefüllt erhalte ich 10% Info-Honorar auf Buchbestellungen direkt beim Verlag)

Lokalität: _____ **Seite:** _____ **Datum:** _____
(Stellplatz, Campingplatz, Wandertour, Gaststätte, usw.)
○ unverändert ○ gesperrt/geschlossen ○ folgende Änderungen:

Lokalität: _____ **Seite:** _____ **Datum:** _____
(Stellplatz, Campingplatz, Wandertour, Gaststätte, usw.)
○ unverändert ○ gesperrt/geschlossen ○ folgende Änderungen:

Lokalität: _____ **Seite:** _____ **Datum:** _____
(Stellplatz, Campingplatz, Wandertour, Gaststätte, usw.)
○ unverändert ○ gesperrt/geschlossen ○ folgende Änderungen:

Lokalität: _____ **Seite:** _____ **Datum:** _____
(Stellplatz, Campingplatz, Wandertour, Gaststätte, usw.)
○ unverändert ○ gesperrt/geschlossen ○ folgende Änderungen:

Lokalität: _____ **Seite:** _____ **Datum:** _____
(Stellplatz, Campingplatz, Wandertour, Gaststätte, usw.)
○ unverändert ○ gesperrt/geschlossen ○ folgende Änderungen:

Lokalität: _____ **Seite:** _____ **Datum:** _____
(Stellplatz, Campingplatz, Wandertour, Gaststätte, usw.)
○ unverändert ○ gesperrt/geschlossen ○ folgende Änderungen:

Meine Adresse und Tel.-Nummer:
Nur komplett ausgefüllte, zeitnah eingesandte Infoblätter können berücksichtigt werden!